U0013497

Richard Taylor
理查・泰勒
甘鎮隴 譯

在成為凶手之前

THE MIND OF A MURDERER

透過犯罪心理學直擊殺人犯內心的黑暗實錄。
英國逾百起命案的司法精神科權威，

人為什麼殺人？
殺人犯天生就是怪物嗎？
在失格的漠視下，
任何人都可能成為凶手。

what makes a killer

獻給凱瑟琳、露易莎和漢娜

推薦序 I

台灣司法心理學會理事長、諮商心理師．**林明傑**

個人於二十年前留學美國返台任教至今，從事性侵者、家暴者、成癮者的研究與治療。也曾參與刑事案件的心理鑑定工作，有時也要以鑑定人身分出庭陳述。故當有機會讀到本書時，對於理查．泰勒醫師的司法精神醫學工作經驗，甚覺心有戚戚焉。

理查．泰勒醫師是英國專職的司法精神科醫師，本書是他將長期執業生涯的豐富經驗，以一個個真實的案例並穿插他的生命經驗與專業觀察，寫成司法精神醫學實務的故事。裡面詳述其專業生涯中有關性犯罪、親密暴力中男殺女及女殺男、母親殺子、精神疾病犯罪、恐怖攻擊犯罪等類型的鑑定歷程，也介紹了憂鬱症、思覺失調症、反社會型人格、邊緣型人格、解離型失憶症等常見的精神疾患及人格異常的犯罪型態。其中更說明受暴婦女症候群在法庭上的抗辯依據及所受到批判的觀點，也探討了塔拉索夫原則（Tarasoff Rule）的保密例外及預警的重要性。書中也特別提示我們在接觸被告的過程中，若感覺到不舒服，千萬不可忽略這種不舒服的反應，鑑定人或治療師都要經常檢視這種互動所帶來的感受，並利用它們來了解案主的經歷，不要讓這種感受成為自己在做鑑定或助人工作時的盲點。這些都是從事暴力傷害領域的心理治療者必須了解的議題與實務準則，本書非常值得我國心理諮商、社會工作、精神醫學界從業人員參考。

司法精神科醫師的工作最主要是參與重大刑案的精神鑑定，泰勒醫師所處的英國體系有其專門的司法精神科醫師編制，是名專業專職的司法精神科醫師。然在我國的制度則不同，一般多是委託給精神科醫師或心理師鑑定，精神鑑定上多以團隊進行，成員包含精神科醫師、心理師、社工師等。刑案的精神鑑定多半是涉及評估被告在案發的相關時間所處的精神狀態，是否符合《刑法》第十九條的「行為時因精神障礙或其他心智缺陷，致不能辨識其行為違法或欠缺依其辨識而行為之能力」或是「致其辨識行為違法或依其辨識而行為之能力，顯著減低者」。經專業鑑定後提出報告給法院了解參考，由法官裁判其是否符合行為不罰或得減輕其刑。而心理鑑定則是我國司法院在二〇一八年訂定《刑事案件量刑及定執行刑參考要點》第五、七條評估被告再犯之危險性，並以此讓法官於量刑及定應執行之刑時有參考之依據。

然而，單一份鑑定報告是否就真完整呈現了被告的精神狀態？不同的精神或心理鑑定團隊是否有類似的鑑定結果？而當兩個專家的意見不一致時，又該怎麼辦？泰勒醫師提及英國的方式是再找另位專家意見，在一些比較複雜的案件，通常會有四個意見，常見是檢辯雙方各兩個，這是較為嚴謹的方式。然而目前國內常因經費不足或其他因素而無法再另找專家鑑定。

我曾經看過在一份法官請醫師對被不確定有無性侵害的智障女童鑑定被害人有無創傷後壓力症的鑑定報告結論中，竟看到鑑定的女醫師是這樣寫的：「該女童未顯現出創傷後之相關反應，只是加害人利用身心障礙者之能力弱勢、無戒心、不知防衛及職務之便侵犯被害人，其心可議，其行不可恕。」該案件的被告被判了重刑，法院也引述該報告做出判決。該醫師很明顯地違反了不得作過度推論之倫理原則，實該受到懲戒才能使日後的鑑定者更為謹慎才是。

所以泰勒醫師提到：「如果你需要『專家意見』，就務必慎選『專家』。」這個原則很值得我國的審判與檢察體系借鏡。**鑑定人在從事司法精神鑑定時，必須遵循科學、邏輯、誠實、倫理的原則來完成鑑定報告，並為報告負責。**當被傳喚出庭時，也要用淺顯易懂的字句陳述你的專業見解，讓法庭上的所有人都能了解你的論述。

泰勒醫師將他豐富的司法精神醫學臨床經驗融合自己的生命歷程，娓娓道來他對於這個工作的熱愛，以及對每個被告生命的憐憫，我很榮幸也很高興能有這個機會閱讀並介紹這本書。

推薦序 II

法律白話文資深編輯、律師．江鎬佑

一如所有專職人士在出版時所會遇到的問題一般，任意地描述個案細節會與職業所應恪守的保密義務相違，因此在閱讀本書前我們已經知道本書的若干內容是取自作者所經歷的不同案例並合併，且專家證言也經過化名，但書中提及的故事會因此而喪失其價值嗎？當然不會，因為這些經過合併的故事與化名的證言，絲毫不減作者在書中揉合其經歷後的感觸與陳述，作者夾敘夾議的陳述方式，以及因自身家族而產生的反思，都十分引人入勝。

不同於在揀選證據時勢必要主張對被告有利之部分的律師，從事司法精神科醫師的理查．泰勒，其主要的工作為評估犯下重大刑案的凶手，以及為患有精神障礙的凶手進行治療並撰寫報告。這意味著作者在法庭上所提供的專家證言必須公正，且在審酌凶手應當在醫院或監所時的評估也必須確實。但是這並不代表他的執行觀點不會受到社會的影響，一如當幾個月前的受評估者再次犯案時，精神科醫生便可能出現「風險意識」、「防禦性醫療行為」，而伴隨這些影響而來的則會影響該凶手所將受到的處置——該名患有「精神病」的凶手。

「精神病」究竟代表著什麼意思，當精神病與犯罪（特別是謀殺）掛上關聯後，這樣原本廣義的詞彙，在人們的腦海裡卻會因恐懼而濃縮成瘋子、殺人等標籤及負面字眼。然而，正如作者在序篇提供的英國統計數據——在英國，每年平均發生八百起命案，其中有九成其實都與精神病患者無關，而相關案件中則約有三分之二的凶手為正在接受精神科醫師治療的病患。精神病患者的犯罪問題如果僅從數據上觀察，便容易得出過分標籤化的結論，但如果論及生命的無價，人們又容易呈現「標籤化又如何」的態度；生命確實無價，因此即便該族群在統計上並非犯罪歸因上的大宗，人們也依舊難以輕鬆對待。

視角切回台灣，一切又更加困難。犯罪對於台灣民眾而言，最重要的就是「凶手是誰」，至於「凶手在犯罪前是誰」、「犯罪的原因為何」、「偵查單位是否有以合理的方式偵查」、「被告是否應受拘禁」、「何種人身自由限制算是合理」、「犯罪者有沒有能力受到審判」、「審理後應該受到何種處分」……全然不在多數民眾的腦海裡，也因此當報導提起犯罪者患有精神病症時，多數人不會往「該去監獄關或是應受到治療的監護處分」思考，而會想著「這是不是脫罪」、「恐龍司法」、「垃圾醫生」等等。然而，腦海中出現這類想法又如何?難不成有專業知識的司法工作者、精神科醫生就可以擺起架子來，對民眾冠以「法盲」、「醫盲」或「愚民」並拒絕溝通嗎?答案自然也是否定的。

作者在書中不只一次地提到部分在一九九〇年代末期常見的「好措施」，其中包括了將精神病患移出監獄的政策，並予以受刑人相對應的「住院治療時間」及「獄中服刑時間」，儘管九〇年代以來許多國家無論在實證醫學、法醫服務與病患照護方面皆有所進步，卻仍有許多力有未逮之處。英國二十多年來因為社區精神照護的碎片化、風險規避、減少健保開支等原因，使得理想者原先建構出的理想制度紛紛瓦解或效果打折，而當使用制度的人及社會風氣影響了專業的判斷基準，制度制定者為種種難題所擘劃出的空間，也只能消逝且無法達到預期中的效果。那麼，溝通的目的為何？或許就在於不要讓美好的事物消失或可以追求更好的未來，而這也是為什麼知道一名英國的司法精神科醫師的執業心得是重要的。

當然我們也未必要如此正面，近年在台灣最為一般民眾熟知的精神病患者刑事案件——嘉義的「鐵道殺警案」，這起案件從行為人犯案遭逮捕、偵查程序終結並進入審判程序後一二審見解歧異的過程，皆未曾得以從媒體的鎂光燈與大眾的腦海中逃離。只要簡單比較維基百科的簡略文字、鑑定醫師的專訪與相關報導，我們便不難發現其中的爾虞我詐。我們無從探究其中的爾虞我詐從何而來，而或許我們也不會因為探究而過上如童話故事般的快樂生活，或是因此得以看著台灣奔向康莊大道。透過閱讀一名他鄉的職業工作者的工作經驗，即便不去期待「也許台灣可以不走人家的來時路」，光是能夠從其中得到一些「哈哈！先進國家也差不多慘」的阿Q心態，也許就足以構成閱讀此書的理由了。

作者聲明

為了保護每一名當事人的身分，本書中的個案細節皆經過變造，或取自不同案例並合併——個案的生平、地理環境、時空和文化背景……雖有所修改，卻不影響案件的本質。我會在提及命案凶手以及醫師、博士、警察、律師、證人和家屬等相關人士時以化名稱呼之。

唯獨當該個案已廣為人知、屬「公共領域」時，我才會使用當事人的真實姓名。我在提及這類「公共領域」案件時，除了描述我所扮演的角色之外，只會使用來自詳細命案報告、媒體報告或法律報告的資料，同時我亦會避免洩漏我曾取得的任何保密偵訊資料，除非該資料已屬「公共領域」——例如有關連續殺人犯安東尼·哈迪（Anthony Hardy）的精神鑑定報告摘要（其中包括由我監督的某次鑑定），皆已公布於調查報告。

而相關細節尚未公布於「公共領域」的當事人，也已同意讓我於本書中提及他們的姓名。我會在引用部分已公開的研究或書籍時提及該文章的作者姓名，並在文末註明我所參考的文獻資料；部分專業術語則會直接在文中說明。

我曾參與、使用真實姓名，並且相關細節皆已公諸於眾的案例如下（按出場順序排列）：安東尼·哈迪、丹尼爾·約瑟夫（Daniel Joseph）、瑪克辛·卡爾（Maxine Carr）、寧法·王（Nimpha Ong）、莎拉·桑頓（Sara Thornton）、凱斯琳·麥克魯斯基（Kathleen

McCluskey）、約翰・威爾默特（John Wilmot）、克里斯多夫・努茲（Christopher Nudds（aka Docherty-Puncheon）；他的另一個姓氏為達徹提龐奇恩）、阿布・哈姆扎酋長（Sheikh Abu Hamza）、迪倫・巴洛特（Dhiren Barot），以及共謀犯下「氣瓶禮車案」（gas limos）和「飛機炸彈案」的穆海汀・邁爾（Muhaydin Mire）與羅伯特・史都華（Robert Stewart）。

至於我未曾親自接觸、完全透過「公共領域」取得相關資料的案例則有：泰德・邦迪（Ted Bundy）、艾德・肯培（Ed Kemper）、安德魯・庫納南（Andrew Cunanan）、亞倫・艾力克西斯（Aaron Alexis）、娜芙吉特・希督（Navjeet Sidhu）、路易絲・波頓（Louise Porton）、塔妮亞・克拉倫斯（Tania Clarence）、維多利亞・克林比（Victoria Climbie）、嬰兒P（Baby P）、亞當（Adam）、安德莉雅・耶茨（Andrea Yates）、米拉・韓德莉（Myra Hindley）、彼得・薩特克利夫（Peter Sutcliffe）、蘿絲瑪麗・韋斯特（Rosemary West）、柯蘭吉・阿魯瓦利亞（Kiranjit Ahluwalia）、吉賽兒・安德森（Giselle Anderson）、莎莉・查倫（Sally Challen）、岡瑟・波多拉（Guenther Podola）、魯道夫・赫斯（Rudolf Hess）、史蒂芬・霍金（Stephen Hawking）、艾米爾・希利爾斯（Emile Cilliers）、穆罕默德・阿塔（Mohamed Atta）、蒂莫西・麥克維（Timothy McVeigh）、羅伯特・漢森（Robert Hansen）、ADX佛羅倫斯聯邦超級監獄（ADX Florence federal supermax prison）的一些獄友、布蘭頓・塔蘭特（Brenton Tarrant）、安德斯・布雷維克（Anders Breivik），以及卡里德・馬蘇德（Khalid Masood）。

目錄

推薦序Ⅰ 005
推薦序Ⅱ 009
作者聲明 013
序章 017
第一章 性謀殺 021
第二章 因精神疾病而引發的凶殺案 095
第三章 女子殺害孩童 145
第四章 男子殺害伴侶 185
第五章 女子殺害伴侶 231
第六章 失憶的殺人犯 283
第七章 因金錢而引發的謀殺 309
第八章 恐怖主義 335
第九章 判刑、治療、復原和釋放 381
後記 408
附錄 413
作者鳴謝 416
引文出處 420

序章

謀殺不只是犯罪，還是一項重大的公眾健康（public health）問題，光是在二〇一七年，全世界登記的命案受害者便高達四十六萬四千人。按此發生率，幾乎每天都發生了超過一千件的命案，謀殺所造成的死亡人數遠高過武裝衝突（每年八萬九千人）及恐怖攻擊（每年兩萬六千人）。在二〇一七年，大約有八萬七千名成年與未成年女性遭到蓄意殺害，其中有五萬人是被其親密伴侶或其他家庭成員所殺。

有些地區在這方面格外嚴重——美洲的命案一向偏高，部分拉丁美洲國家的命案率甚至比西歐高出五十倍，而謀殺更是當地最常見的死因之一，尤其針對年輕人。歐洲整體的謀殺案例數雖已下降，但近幾年發生於大不列顛和北愛爾蘭的八百起謀殺案當中，刀械致死的案例數則明顯上升。

聯合國對「謀殺案」（homicide）的定義是：「懷有使某人死亡或重傷的意圖，並使其非法死亡。」而英國法律裡的「謀殺」（murder）則不同於「過失殺人」（manslaughter）——是指一個人在「心智健全」的狀況下，於「女王的太平時期」違法地殺死任何「有智力的生物」，且懷有殺害或造成對方身體嚴重傷害的意圖。

人為何殺人？多數命案都和處於極端「正常」的（或至少「可理解」的）精神狀態有關，例如生氣、憤怒、衝動、恐懼或嫉妒，然而，在凶手殺人的那一刻，這些「精神狀態」和「精神障礙」之間便存在著微妙的差異。尤其因精神疾病而引發的凶殺案，其部分精神狀態的變化便超出了正常範圍。在此種命案中，凶手通常和現實徹底脫節，陷於精神病（psychosis）所造成的妄想和幻覺，這種狀況最常發生於思覺失調症（schizophrenia）患者身上。思覺失調症是一種極嚴重的精神疾病，全球有百分之零點五的人口患有思覺失調症，但這些人卻犯下了全球百分之六到十一的凶殺案。某大型研究指出，此族群犯下凶殺案的機率比一般人高出十九倍，然而，大部分的思覺失調症患者，其實更可能成為暴力事件或自我傷害的受害者——而非加害者——不該因少數人的暴力行為而將患有精神疾病之患者汙名化。但我們也不能忽視此種犯案機率提高的可能性，因為雖然凶殺案的整體數量下降了，但思覺失調症患者所犯下凶殺案數量卻增加了。

倫敦警察廳每年能偵破大約九成的凶殺案（相較之下，美國許多城市的破案率只有六成），部分原因是其擁有專門處理凶殺案的團隊，並有足夠的資源以調查凶殺案（但在處理與街頭或幫派相關的命案時，證人經常不願出面作證，也因此形成越來越大的挑戰）。高破案率的另一個原因，是凶殺案很少為「陌生人」犯下——多數受害者都認識加害者，因此警方通常很快就能找到凶手。事實上，最常見的凶殺案發生於正處於分手之際的情侶之間，而此種凶殺案的受害者則通常為女性（此類案例每年只有百分之一為男性被伴侶所殺）。另外，最可能成為受害者的族群則為一歲以下的嬰兒，而其加害者通常為其母親。

在所有凶殺案當中，幾乎有一半涉及酒精和非法藥物，但此類物質很少是案件的唯一原因。令人意外的是，金錢所引發的凶殺案其實很罕見，在英國和美國的所有命案當中只佔了百分之六（其中包括搶劫和竊盜所造成的死亡案件）。而性謀殺則更為罕見（不及所有命案的百分之一），但此類案件卻最常引來關注，尤其當凶手出於性動機而連續殺害多名陌生人時。

我身為司法精神科醫師，職責在於評估犯下重大刑案的凶手，並治療被發現患有精神障礙的凶手。我通常會在凶手犯案不久後評估他們的心理狀態、撰寫報告，並於法庭和判刑庭上提供專家的證言，但我涉及的工作並不侷限於刑事法院的審判。

當眾所矚目的刑事審判程序結束後，命案凶手將被送入監牢以保護社會大眾，而我們也必須試著瞭解他們為何犯案？不只是為了治療他們的精神障礙、協助他們復原，同時也是為了降低其他殺人行為的可能性。此外，當相關單位正在考慮是否釋放某位受刑人時，我也必須評估後續的危險性、監督釋放過程，並且視情況於日後傳喚他們，將其交由精神病院管控或由警方監護。我除了負責處理已知的殺人犯，也負責進行風險評估——判斷某人是否可能做出暴力行為，甚至再次殺人（雖然可能性很低）。換言之，我的存在是為了避免日後可能發生的凶殺案，雖然「風險預測」這回事是出了名地不可靠。

我剛進入司法精神科時，這一行瀰漫著創新和樂觀的氣氛。雖然業界依然有著許多優秀的象徵，例如部分精神病院的改善，以及許多監獄心理健康中心所提供的良好服務，但當時的樂觀氣氛，還是因為物質成癮相關服務及精神病院床位的大幅減少而受到影響。現今，與毒品、刀械相關的命案大幅增加，使得社區精神健康服務單位難以負荷、資源不足，只能以警察和其他緊急服務人員代勞，而這也使某些案例引發嚴重的後果，包括謀殺。

本書將透過我的工作探討性謀殺、因精神疾病而引發的凶殺案、弒母、殺嬰、弒子、男子殺害親密伴侶、女子殺害親密伴侶（通常為對她們施虐的人）、因酒精和腦部損傷所引發的凶殺案、謀殺後失憶、因金錢而引發的謀殺，以及因暴力極端主義和恐怖主義而執行的謀殺或大規模屠殺。我將提供比媒體更深入的報導，以利人們明白迥異的案例之間皆有可觀察的規律。除了我以專家身分參與的案件之外，我也曾與某件凶殺案有著切身的關聯，我也將於本書描述該案及其對我的家庭所造成的影響。

本書旨在探討凶手的心態、如何試著理解其罪行以盡量確保他們不會再殺人，以及如何察覺其他潛在凶手的警訊。雖然本書描述了大量的謀殺案，但真正所要傳達的訊息是「理解」以及終極的「人性」。

第一章 性謀殺

個案研究：安東尼・哈迪

第一節

使他落網的其中一個原因，是他使用了英國森寶利超市的「花蜜積分卡」（Nectar card）——為了處理被他殺害的受害者屍塊，他前往森寶利超市購買黑色垃圾袋，並忍不住在店裡兌換點數。警方因此看見他被監視器捕捉到的身影。

這名殺人犯名叫安東尼・哈迪，但大家都叫他「卡姆登開膛手」。想瞭解他對花蜜點數的喜愛如何與我的工作扯上關係，就需要先回到二〇〇二年一月的某天。警方在那天造訪他位於倫敦的公寓（想必當時只當作是一次例行公事）。五十一歲的哈迪因為水管漏水而與鄰居起了爭執，並用汽車電池的酸液在鄰居的房門留下不堪入目的訊息。警察進入他的公寓後，因為裡頭一間上鎖的臥室而起疑，問他：「裡頭有什麼？」哈迪假裝沒有鑰匙，直到警察在他的外套口袋裡找到一把並打開房門。

房間裡有一張床，床旁有一桶溫水，以及一臺架在三腳架上的相機。躺在床上的是一名三十八歲女子的屍體，她的名字是莎莉・「蘿絲」・懷特（Sally“Rose”White）。

你大概會覺得，這些充足的證據已經不言而喻。沒錯，哈迪因此很快就以謀殺罪遭到起訴。然而，莎莉右大腿上的咬痕及頭部的小擦傷並非致命傷，且病理學家弗萊迪・帕特爾（Freddy Patel）發現了其患有心臟病的相關證據，他判斷死因應是心臟病發作。

因為這項發現，警方只能撤回謀殺罪名。二〇〇二年三月十二日，哈迪在破壞鄰居房門的這項刑事指控上認罪；依據英國精神衛生法的入院令，他因此從本頓維爾監獄被轉移至馬斯韋爾山的聖路加醫院的開放式精神病房。由一名全科的精神科醫師負責治療他，處理他的「情感性疾患」（mood disorder）——指各種精神失常狀態，輕如長達兩週的情緒沮喪、對事物失去興趣、覺得疲憊或覺得自身毫無價值；重至憂鬱症、憂鬱的心理狀態、自殺念頭和精神疾病等跡象。情感性疾患也包括躁鬱症——可能使當事人出現明顯的「狂躁」舉動、持續感到憤怒和情緒激動、對睡眠的需求減少、說話速度很快（稱作「壓迫性言語」（pressured speech）），或是自大型妄想（grandiosity）。

哈迪的症狀是輕度至中度的情緒低落，而使其惡化的因素包括酗酒及情緒波動，但考慮到他不太尋常的狀態，他們決定找名司法精神科醫師來進行風險評估。

我因此登場。

司法精神科醫師（forensic psychiatrist）是一個數量稀少且作風神祕的團體。在英國醫學總會登記的三十三萬名醫師當中，我們大概只有三百五十名，而世人對我們的工作內容也不太瞭解。不同於臨床心理學家，我們接受過醫學訓練，換言之，我們是醫師；嚴格來說，我們的首要身分是精神科醫師，其次則是法醫。

我進這一行的路走得迂迴曲折又出乎意料——我唸了六年的醫學院，當了三年的初級醫師，其中包括急診室和海外援助的工作。後來我進了「莫斯利（Maudsley）精神病學高等訓練課程」，在長達六年的訓練中接觸了專科領域，如精神病、成癮症以及兒童青少年精神醫學，最後才決定專攻法醫。在那之後，我才真正開始思索自己為何要做出這個決定。

常有人問我：「你需要接觸屍體嗎？」我其實有過這種經驗——進倫敦大學學院醫學系的第三天，我初次見到我們將耗費幾個月時間解剖的大體。法醫病理學家會透過所學技能來判斷受害者的死因，而法務會計師、法醫口腔學家、法醫毒理學家及法醫人類學家等其他相關人員，則會將自己的專業能力應用於「法庭」（forum）上，而這也是「法醫」（forensic）這個詞的由來。司法精神科的工作，是觀察一具屍體能如何透露出凶手的心理狀態。我們是精神科與法律之間的介面，最常見的工作便是治療患有精神障礙的犯人，意即犯下重罪的精神病患。我們負責評估患者、撰寫報告，並以獨立專家的身分在刑事和民事法庭上提供有關其精神狀態和刑事責任的證據。我們可能在謀殺訴訟中扮演關鍵的角色，例如主張被告「因心神喪失而無罪」、責任減輕、案件是被告和受害者之間的自殺協議，或被告是因受害者挑釁（provocation，如今改稱為「被告失去控制」（loss of control））等等，而這些主張是否成立全都取決於司法精神科醫師的意見，期間可能引發激烈的爭論。

我們在乎的不是「人是誰殺的」（儘管如此，我們仍需判斷被告是否適合接受警方的偵訊，或其是否在具有爭議的「自白認罪」案件中承認犯下自己其實沒犯的罪？）我們更感興趣的是「為什麼」，我們的焦點在遭到羈押的凶手身上——他們在犯案前是什麼樣的人？謀殺發生的原因和方式是什麼？他們是否適合被拘留？他們是否適合受審？他們是否應該負擔所有或部分的刑事責任？他們的行為是否能以精神障礙來解釋？

而在他們被定罪後，我們也必須決定他們的處置方式——送去精神病院還是監獄？他們究竟是瘋子還是壞人？還是又瘋又壞？如果送去醫院，該接受何種程度的看守？我們該如何治療他們？他們會復原嗎？他們（以及我們）是否理解他們所犯下的罪行？我們能否為他們發展出一套「預防復發方案」？他們能否被釋放，並且不再構成威脅？

這些疑問在他們被捕後接踵而至。一般而言，我們雖然不需要對未知嫌犯進行心理側寫，但我們確實會奉命對尚未犯下嚴重罪行的人進行風險評估。而我的其中一件風險評估案例，就是安東尼．哈迪。

我清楚記得哈迪的風險評估。我訪談他的那天是二〇〇二年的八月二十八日，他的背景有幾個不尋常的細節（雖然精神訪談的內容需要保密，但哈迪的背景歷史和精神報告摘要在獨立調查報告中皆已屬「公共領域」，因此可以在本書進行討論）。哈迪出生於斯塔福郡的特倫特河畔伯頓市，據說他在學校時很努力求學，為了離開他有些清貧的出身環境。他在倫敦帝國學院唸工程系時遇見他日後的妻子茱蒂絲（Judith），兩人於一九七二年完婚，後來生了四個孩子，並在澳洲住了一段時間。儘管哈迪三不五時便毆打妻子，甚至懶得遮掩他的婚外情，但茱蒂絲仍舊願意多次嘗試與他重修舊好。

住在澳洲的期間，他曾在一九八二年對茱蒂絲造成嚴重傷害並遭到調查。當時，他以一瓶結冰的水毆打她的頭部，還試圖將她溺死在浴缸裡。會選擇使用凍結的瓶裝水，是為了辯稱茱蒂絲被瓶子絆倒且腦袋撞到浴缸。「水瓶結冰」的靈感來自於羅爾德．達爾（Roald Dahl）所著的短篇故事《屠宰羔羊》（*Lamb to the Slaughter*）——故事中的女子用一隻凍結的羊腿將丈夫活活打死，最後還煮熟了這隻羊腿，請負責調查的刑警享用（媒體經常討論電玩遊戲和饒舌音樂的有害性，卻沒人討論羅爾德．達爾的那些短篇故事如何腐敗人心）。總之，哈迪面對的指控都遭撤銷，婚姻也為之破裂，雖然這對夫妻又過了四年才徹底離婚。他丟了工程方面的工作，在社會階級中持續滑落——先是開非法計程車，直到最後完全失業。

哈迪回到英國後被診斷出患有躁鬱症、人格特質異常，以及酒精濫用。他後來在牢裡待了一小段時間，原因是他對前妻的房子造成了刑事損害，同時還對她做出一系列不妥的舉動（在今日被定義成「騷擾」的行為），並且偷走了她的新伴侶的車子。他曾在一些精神病院短期停留，曾住過倫敦的幾間廉價旅館，也曾因為竊盜和酒後擾亂秩序等罪名而被定罪。一九九八年，他被一名妓女指控強姦並遭到逮捕，但最後因為罪證不足而不予起訴。二〇〇二年，他靠福利金過活、成天酗酒且患有嚴重的糖尿病，他在卡姆登鎮皇家學院街附近的一棟低矮、破舊的社會住宅過著近乎隱居的生活。

他體型肥胖、身高超過六呎，魁梧得令人印象深刻。他在接受訪談時十分謹慎，每次開口答覆前似乎都經過深思熟慮。他否認自己有任何躁鬱症狀，少有情緒表達——在精神科術語中稱作「情感平淡」（flattened affect）。他把自己對前妻所做的騷擾行為說得輕描淡寫，就算他曾經大老遠驅車前往貝里聖埃德蒙茲鎮，只為了朝她家的窗戶扔石頭。我記得他當時讓我感到不安；他在接受訪談時，表現得心不甘情不願，而他的內心世界也依然是團謎，但我記得他說過他很容易煩悶、衝動，並且喜歡尋求刺激。他承認曾對鄰居的房門造成刑事損害——他在門板上寫下「妳這蕩婦去死吧」，並把一個剪開的汽水罐當成漏斗，將電池酸液灌進門板上的送信口。他說他當時一直大量酗酒，並宣稱他不記得蘿絲．懷特是如何進入他的公寓的，不過他也說可能曾邀請她去他家。他承認曾在國王十字車站周圍召妓。當天值勤的一名護理師表示，哈迪曾告訴她，我對他提出關於蘿絲的疑問害他心情很差，而且我質問的方式使他產生自殺的念頭。

他在聖路加醫院住院期間，曾在醫院外頭拿了一份戒酒活動的邀請函；他在活動當天獲准返回自己的公寓一段時間，而且據說沒發生任何問題。他為自己對鄰居所做出的行為表示後悔，並且之後沒再對她做出任何敵對的舉動。

我們整理出一份報告（一般而言，我和由我指導的一名精神科實習醫師都會訪談他，並互相交叉比對彼此的筆記），列出他曾對前妻表達的敵意。死者蘿絲的相關細節令我們感到不安（尤其命案現場還有攝影機和三腳架），我們因此建議將此案例通報給當地的

「多機構公眾保護安排專門小組」①（Multi-Agency Public Protection Arrangements，簡稱MAPPA，是由警察和緩刑單位管理的跨機構委員會，負責監控具有危險性的個案），請他們在他獲釋前擬定相關計劃。我們的結論是，無論他處於何種精神狀態、是否使用酒精……他都可能對女性施加嚴重的暴力行為。然而根據驗屍報告，我們也必須承認他應該與懷特的死無關。

在那之後的幾個月，我沒繼續處理哈迪的案子，而是忙於其他案件，直到二〇〇二年的十二月三十一日發生了某些事件。

我總是攜帶著兩支手機，一支是私人電話，另一支用於公務。十二月三十一日那天晚上，我將私人手機放在長褲的口袋裡，公務手機則放在一件掛在廚房外頭走廊的外套裡，就在三道崎嶇不平的矮階下方。

我的兩個孩子當時分別是三歲和一歲。那晚，我們沒有出門慶祝新年，而是邀請了一些客人到家裡共進晚餐。那晚天氣潮溼，颳著大風，我因此很慶幸自己能待在家裡，況且那晚是由我掌廚，我感到如魚得水。

我和妻子都是全職醫師，因此在家庭生活方面需要一套複雜的分工制度。我們會輪流去托兒所接兩個兒子回家，而這取決於誰較晚下班；和其他年輕的家庭一樣，我們的行程非常忙碌，但我很樂意將洗衣服、顧孩子的工作換成主廚的職責。儘管我平時會選用較為方便且輕鬆的烹飪方式，像是將裹上麵衣的魚送進烤箱，但在週末花點時間製作新鮮的海鮮義大利麵，能有效地讓我忘卻平時工作的疲憊。更重要的是，我會利用去探訪監獄和偏僻的精神病院之便取得有意思的食材——來自於像是霍洛威監獄附近的「薩維諾西西里雜貨店」、從沃姆伍德斯克伯監獄回家途中會經過的「Spice Shop」香料店，以及舊式魚店中碩果僅存的「海岸加利西亞」魚鋪。

跨年夜的兩名嘉賓也都是精神科醫師。那天晚上，我開了一瓶酒體飽滿的美味紅酒，製作出一道道美味的料理。我當時很忙，一邊聽著邁爾士．戴維斯（Miles Davis）的《帕薩迪納市政禮堂演奏會》專輯中的曲子〈麥克斯正在製蠟〉，過了幾秒鐘才意識到從走廊飄來的公務手機鈴聲。當我匆忙地從外套口袋裡拿出手機時，已經錯過了接聽。

我查看螢幕，心中浮現一絲不安。來電的是道格．卡迪納（Doug Cardinal），他的職務頭銜是「警方聯絡人」，顧名思義，他就是我們和警方之間的聯絡人，負責與警方協調事宜。既然他打電話來，就表示發生了所謂的「重大不幸事件」（serious untoward incident，簡稱SUI），尤其他還是在我不需值勤時打來，這表示情況格外嚴重。

我回電給他，但被轉進語音信箱。**他現在大概在拘留室的地下樓層**，我心想。我重新投入邁爾士．戴維斯的悠揚樂聲，但晚餐的平靜氣氛已然消退，被擾人的擔憂感給取代。所有醫師都會擔心自己做錯決定而傷害患者，但我們這些司法精神科醫師還有另外兩種恐懼——首先，我們擔心患者可能奪走自己的生命——全世界每年大約有八十萬人自殺，比凶殺案的數量多了一倍。在二〇一八年，英格蘭和威爾斯地區一共發生了六千五百零七件自殺案，為當年凶殺案的十倍，更遠高過車禍死亡人數（一千七百七十件）。在那些自殺案例中，大約有一千七百人是精神病患，這在精神科領域中是令人難過卻相對常見的特點。然而，更令我們害怕的是，患者可能奪走他人的生命——英國每年平均發生八百件命案，其中大約有七十五件是精神病患犯下的凶殺案（佔其中的百分之十），而這些案件當中，大約有三分之二的凶手為正在接受精神科醫師治療的病患。

換言之，由精神病患所犯下的凶殺案雖然相對罕見，但一旦發生了，就會成為災難，更會成為司法精神科醫師最大的惡夢。

那晚的我在腦海中思索，判斷我的病患當中，是誰「失控」並成了殺人凶手？我懷疑凶手可能是蓋文．福克納（Gavin Faulkner），他來自蘇格蘭的格拉斯哥市，患有思覺失調症。他曾用刀械襲擊一名陌生人並將對方推進攝政王運河，只因為他說他聽見這名受害者呢喃著〈大衛．瓦茲〉（他長久以來幻想自己遭到歌手保羅．韋勒跟蹤，而〈大衛．瓦茲〉則是韋勒的曲子）。我也懷疑凶手可能是保羅．甘迺迪（Paul Kennedy），他是名性情愉悅的愛爾蘭人，住在某間酒館旁的廉價公寓。他曾砍下與他參與同間山達基教會的某名成員的頭顱，他妄想自己的女友跟那人有染，因此在「病態嫉妒」的狀態下做出行動（「病態」（morbid）在醫學和精神科中是指因疾病所造成的狀態，或不處於我們所謂的「正常」精神狀態）。

半小時後，我又撥了兩次電話給道格，但都被轉進語音信箱。我們的客人來了，我雖然灌下一杯葡萄酒，但還是無法放鬆，我的心思全在公事上。我再次走出廚房，按下手機上的綠色通話鈕，再次打給道格。這次他終於接聽了，他證實了我的恐懼——出大事了！有人在垃圾箱裡發現人類的屍塊，而警方目前正在追捕殺人凶手。他們朝幾個方向進行調查，同時正在尋找我的某名前任病患**以協助警方辦案**。

那名病患就是安東尼・哈迪。

這令我十分意外。就我所知，哈迪應該正依英國精神衛生法而受民事監管（戒護就醫），時間長達六個月，因此他現在應該還在聖路加醫院。我後來才知道他早在十一月就出院了，有個審查小組在我不知情的情況下放了他。當時最令我震驚的是，他竟然已經出院，甚至還成了謀殺案的嫌犯。

話雖如此，曙光尚存。**他可能是出於警方的例行程序而被列入嫌疑名單？**畢竟當時的不久之前，才有名年輕女子被發現因心臟病而死在他的公寓裡。警方想跟哈迪談談，這也許不值得大驚小怪。得知消息的一小時裡，我緊抱著這份希望不放，接著道格回了電話給我，當時我正在切一份煮得不夠熟、帶血的鹿腰腿肉。

「理查，我很遺憾，但哈迪絕對是頭號嫌犯。」他說。

「了解。」我感覺我的心臟往下沉。「你為什麼會這麼覺得？」

「他們在他公寓的垃圾袋裡，發現了一具沒有頭顱的上半身遺體。」

好吧，這倒是難以辯駁，我感覺頸部的汗毛倒豎。

「他被捕了嗎？」我問。

「不，他還在逃。他們即將宣佈這是重大事件。」

我有一種怪異的感受，彷彿這件事不是真的。犯下這起命案——**雙屍命案**——的人，是我們幾個月前才評估過的某人。我匆忙地思索這件事是怎麼發生的？我想到克里斯多夫．克魯尼斯（Christopher Clunis）的案例，他患有思覺失調症，並於一九九二年在芬斯伯里公園站殺害了喬納森．齊托（Jonathan Zito）。社會大眾一開始並不關注這件事，但在喬納森的遺孀潔妮（Jayne）漫長的努力下，相關單位決定開始進行公開調查，結果發現克魯尼斯曾在五年間待過九間精神病院，還曾用小刀襲擊其他病患和護理師。他在遇到喬納森．齊托之前，曾接受倫敦各處的幾個精神照顧團隊的治療，他在出院後獨自住在一間分租房裡，並且沒有吃藥。

克魯尼斯的調查報告是在我進精神科不久後公布的，帶來了重大的改變與影響，世人因此開始注重「風險意識」和「防禦性醫療行為」，我曾在某間醫院的食堂裡，聽見兩名資深的精神科醫師輕聲討論一名曾被該報告提及的同事。經過重大修改的監督制度，意味著我們必須更努力地安排、討論並記錄所有出院的患者及後續治療。而「風險評估」——例如我們針對安東尼．哈迪實行過的措施——則完全是另一回事。許多病患雖然沒被管束，卻確實曾表現出令人擔憂的精神狀態或舉止。我一向認為風險評估本身其實充滿風險，我們現在所使用的那些更有結構性、以證據為依據、結合精算學和臨床措施的工具，在二〇〇二年時並不普遍。縱使我們的預測能力有些進步，實際上卻依然貧瘠，我們就像是在今年的九月預測明年七月一日的天氣——或許可以暢談屆時可能會有的氣候規律，卻無法準確預測哪天會下雨，而只能模糊地判斷某天下雨的風險是低、中或高。

既然我們無法準確地預測風險，至少必須試著管控風險。除非我們建議立刻將某名病患予以拘留、送去布羅德莫（一間戒備森嚴的精神病院），否則出人意料的熱帶風暴總是有可能發生，而這種致命後果經常使我們的判斷力受到質疑。同行的前輩常說：「你得懂得保護自己……務必留下文字紀錄」，還有「先從命案調查開始，然後反推回去。」

我們的確曾在哈迪的案例上觀察他的風險歷史，並且參考了「蘿絲·懷特是死於自然因素」的結論。哈迪的風險歷史指出，他可能會對妓女或親密伴侶施加暴力、威脅和騷擾，卻不包括謀殺。架在三腳架上的相機在當時確實是個令我們不安的細節，也促使我們猜測那間房間裡究竟還發生過什麼，然而，因為那臺相機裡根本沒有底片，因此我們無從得知他是否曾綑綁那名女子或對她做出性虐待。而我們也沒什麼資格挑戰英國內政部派來的病理學家所做的報告，於是我們將這些懷疑放在一邊。

但現在，我再次想起蘿絲的遺體，看來她的重要性遠比我們原本所想的更大。**她究竟經歷過什麼？**

數小時後，我們的客人終於離去，二〇〇三年也正式展開。我一個人在廚房裡將碗盤放進洗碗機時，這些思緒在我的腦海裡打轉。那晚我輾轉難眠。

隔天——也就是元旦——我醒來時覺得胃袋深處有種緊繃感。我換上勇敢的表情，叫醒兩個兒子並為他們做好一天的準備。我的大兒子坐在兒童餐椅上，嚼著半熟水煮蛋配吐司條。

外頭的灰天下著毛毛細雨，我從朝北的落地窗能看見綠龜在灌滿雨水的後院池塘裡游泳。我試著用日常瑣事來轉移注意力，拋開腦裡的病態沉思，例如專注清掉昨晚蠟燭在餐桌上留下的溶蠟。昨晚並不是我原先計劃的那種輕鬆的新年夜。

身為咖啡癮君子的我沖洗了咖啡壺，放進幾匙研磨咖啡粉（購自蘇活區的阿爾及利亞咖啡店，那是我最喜愛的店鋪），點燃瓦斯爐。我的妻子試著阻止我將情況想像得比實際情況更糟，她早已習慣我經常在法醫工作方面所出現的焦慮。

「事情經常沒有我們想像得那麼嚴重。」她指的是幾年前、發生在我們準備補度蜜月的兩天前的某件命案。我很感激她這樣安撫我，就算我覺得事實會比我想像得還要嚴重。

我想到由我指導的實習醫師克雷格（Craig），他的個性謹慎又多慮，在我指導過的實習醫師中算前段班，我很慶幸此刻的他對昨晚的事件仍一無所知。我在廚房裡來回走動，三杯濃縮咖啡也沒能安撫我緊張的情緒，直到十點左右我才打給他，告訴他這個壞消息。

「我想再看看我們的那份報告，」我告訴他：「我不認為他會表現出狂躁的一面，你覺得呢?就我對他罪行的瞭解，他比較像是個井然有序的人，不會做出這樣的行為。」

我所謂的「狂躁」，是指病患在一段時間裡情緒激動，出現「擴張」（expansive）或「暴躁」（irritable）等情緒，或者出現反常又長期的大量活動及亢奮狀態。躁鬱症的定義是，病患在一天內的大部分時間出現這類症狀長達至少一星期，且並非因為藥物或酒精而直接造成的影響。

當然，我和克雷格在這方面都沒有答案，事件的相關細節在此時變得非常模糊，我感覺得出來克雷格相當不自在。「別擔心，」我安撫他：「這鍋得由我來揹，畢竟你是由我指導。」

這點沒得商量，這鍋我是揹定了。

我再次致電道格．卡迪納，他向我澄清了一些細節──這起重大事件的開端，起於一名流浪漢於十二月三十日在垃圾箱裡翻找食物時發現人類遺骸，而該垃圾箱則靠近哈迪位於卡姆登鎮皇家學院街的住處。當時，那名街友打開了一個綠色的垃圾袋，結果一股惡臭撲鼻而來，才發現裡頭竟是一雙人類的腿。他立刻報警，警察封鎖了該區域並進行搜查。他們分析了裡頭的人類遺骸，發現這些殘肢來自於兩名女子：三十四歲的布莉姬．麥克倫南（Bridgette Maclennan），以及二十九歲的伊莉莎白．瓦拉德（Elizabeth Valad）。她們倆都曾在國王十字車站周圍當阻街女郎。

為了搜查哈迪的公寓，警方在隔天取得搜索票，理由是該地點於同年的幾個月前曾發生過某些事件。其實他們大可不必這麼做，因為他們在抵達現場時，發現前門是敞開的。

屋裡開著一盞燈，但公寓裡卻空無一物。臥室鎖著，即使門縫下塞著布條也完全擋不住從裡頭傳來的強烈惡臭。

他們打開門，發現臥室裡有一具被黑色垃圾袋和膠帶包裹、綑綁的上半身遺骸。這具上半身屬於麥克倫南，同時，警方也在裡頭發現了瓦拉德的兩條斷腿。

接著，警方在公寓外頭的大型垃圾箱裡找到瓦拉德的斷臂與左腳，連同麥克倫南的下半身。而其他屍塊也在卡姆登鎮的各處被陸續尋獲，唯獨兩名女子的頭顱和手依然下落不明。

我再次想到那臺相機和三腳架。對我而言，這一切都是「性謀殺」（sexual homicide）的特徵，而且情節重大。我很熟悉美國聯邦調查局的羅伯特．瑞瑟勒（Robert Ressler）和約翰．道格拉斯（John Douglas）在一九八〇年代所發展、用於分析「性謀殺犯罪現場」的分類法②，並且明白這類謀殺案在概念上被分成「有組織的」和「無組織的」（雖然英國犯罪學家大衛．坎特（David Canter）曾對此種過度簡化的二分法提出質疑③）。但無論如何，有組織的犯罪現場並不能協助我們判斷凶手是否患有足以造成影響的精神疾病，因為就連患有離奇妄想的病患也有能力事先安排與計劃。話雖如此，把上半身屍塊包裹起來的作法，實在不像患有嚴重躁鬱症的人會做出來的事。

我打開撥號數據機，待連線時發出的熟悉噪音平息後，在電腦上輸入我的密鑰卡（security fob）所顯示的加密密碼，接著點開克雷格透過電子郵件寄來的報告。我在閱讀報告時感到安心，因為裡頭寫得非常詳盡，這點讓我稍感安慰。

第二節

隔天的天氣陰鬱且灰暗，十分符合我的心情。我前往我主要的工作場所，是一間中度戒備的精神病院。

所有中度戒備的精神病院都坐落於倫敦的郊區，其外觀完全看不出是戒備中的精神病院。我當時的工作據點是一間建於維多利亞時期的全科醫院，坐落於倫敦綠帶圈的邊緣、M25高速公路的內側。只要開車駛過單行道並經過一座立體停車場，接著在抵達太平間門口前左轉進一道向下的斜坡，就能到達醫院後側的一棟低矮建築物，裡頭的每間住院病房大約有十五名病患。患者們大多是短期住院，過去大約都會待數星期，但現在有時候只會住個幾天。這類無戒備的病房如今大多已經關閉，因而使得更多病患流入社會（官方說詞是為了提供最無拘束的醫療照護，但其實是為了節省成本）。

斜坡底端一排排擁有棕磚和斜屋頂的雙層建築，便是興建於一九九〇年代初期的中度戒備病房。在諸多「瘋人院」（asylum）於一九七〇和八〇年代關閉後，人們清楚地發現有一小群病患無法融入社會——當時本地將超過一千名的患者轉去不同型態的社區照護，並將一群最具挑戰性及侵略性的病患送到這類的臨時戒備病房。這類為特定目的而設的病房，是為了提供介於布羅德莫那種高度戒備精神病院和地方精神服務之間的設施，也是為了配合「把精神障礙患者移出監獄」的某項政策。

現代風氣更為自由樂觀，我們向荷蘭一些資金充裕的先進法醫中心看齊——例如位於荷蘭烏特勒支市的凡德霍文診所（Van der Hoeven Clinic）——在荷蘭，刑事責任會依據一套「滑尺」（sliding scale）系統來計算，法庭也會給受刑人相對應的「住院治療時間」及「獄中服刑時間」。我們這個領域的先驅者們向荷蘭人看齊，並且在安排中度戒備服務方面懷有更大的雄心壯志；這套服務在英國國民保健服務（National Health Service，簡稱NHS）中，成了擁有高水準和充足資金的明燈。

然而令人難過的是，二十多年後的現在，儘管司法精神科的實證醫學、法醫服務的品質，以及病患的照護都獲得明顯的進步，事態卻還是往反方向發展了。我們走向了更具懲罰性、更傾向於風險規避的作法——現今刑事法院的法官們更不願意將患有精神障礙的謀殺犯送去醫院，反而傾向於將他們丟進牢裡，這點也反映於判例法。除了這種在法律和法庭方面的態度轉變，許多相關人士也想減少英國國民保健服務用於住院和司法精神科照護的開銷。

我在下著雨的早晨來到戒備病房，將車停在半滿的停車場。我當時終於將我那輛修了好幾次的紅色愛快羅密歐164，換成一輛擁有兒童座椅的實用掀背車。

戒備病房的入口是一扇電子氣密門，由一名接待員負責操作——當時是二〇〇二年，過了幾年才能開始使用指紋鎖之類的生物識別技術。

和現在一樣，當時的臨床區域也是由諸多獨立病患臥室所組成的，而每名患者都有自己的鑰匙。這種相對自由的環境需要比監獄更多的工作人員（監獄的一側通常只需要一名獄卒看守便足夠了）。不同於監獄，患者會在入住病房且狀況穩定後獲得各種量身打造的治療，包括醫療、戒癮團體、個人心理諮商以及各式各樣的職能治療。

通常這裡的氣氛都很平靜，然而一有事情發生就會來得又急又快——快速應變小組會在警鈴的召喚下趕來控制場面，或在嚴重的狀態下隔離任何突然變得激動又暴力的病患。

不同於昔日的「瘋人院」，這裡的病房乾淨又明亮，以挑高的天花板打造空間感，給人一種「自由」的錯覺。然而，這座設施的外圍不僅設有五點二公尺高的鐵網圍籬，其頂端有防止攀爬的鉤刺，同時還有學過「控制與拘束」等武術技巧的巡邏人員。

我把鑰匙和個人警報器掛在腰帶上，進入病房，來到醫療主任的辦公室，加入裡頭的輕聲談話。在場有醫療主任、我的兩名同事（皆是司法精神科醫師）以及道格．卡迪納，他打從事件發生後就一直在這裡。雖然我們後來獲得了一名法律顧問，但我們還是一心只想著「如何避免為他人造成更多的風險」，而非「如何降低損害」。

哈迪的精神健康紀錄在當時已被封存，以避免日後遭到竄改，因此我為了讓在場的人士明白狀況而簡要地說明了個案史。迫在眉睫的問題是，哈迪目前依然在逃，因此我們也討論了該與警方分享哪些情報。

「我相信他們一定知道他的妻子有過什麼樣的遭遇，但我會再次確認這點。」我說。我擔心他現在可能正在去找她的路上，或許還會有最後的報復舉動。

任何找上門的新聞記者，我們都請他們去詢問我們的聯絡部門。我們在處理這類重大案件的標準程序是：「不承認也不否認」我們曾對哈迪提供服務。

當然，提到哈迪，就難免會想起其他廣為人知的精神病患所犯下的命案，我不禁想起「路克．沃姆．路克」（Luke Warm Luke）案件。那名病患的本名是麥克．福克斯（Michael Folkes），他為了向保羅．紐曼在電影《鐵窗喋血》中飾演的角色致敬而取了這個怪名字，他曾因為犯下不算嚴重的罪行而受到精神科監護。

福克斯在莫斯利精神病院時處於極不穩定的狀態，但後來仍被醫療人員允許放行。而就在他出院的隔天、在相關單位決定要緊急讓他重新入院的八小時後，他刺了蘇珊．克勞福（Susan Crawford）七十幾刀，還用滅火器毆打她。一九九五年，他在老貝利法院被判定過失殺人，被送進布羅德莫精神病院。

後續的訴訟拖了整整四年，耗費了七十五萬英鎊，最後得出的結論是：應持續為精神病患提供住宿與照護。同時，審判也指出當初有人做了錯誤的決定：允許福克斯將強制性的長效藥物注射改成自行吃藥。這項判定對當初負責該決定的那名資深司法精神科醫師造成了極為嚴重的後果。

該案塵埃落定後不久，相關單位便決定加強法醫案例的後續照護安排，專家團隊也開始更密切地觀察離開戒備醫院的病患，尤其是殺過人的患者。

也因此，司法精神科醫師們自然更傾向於風險規避，在允許病患短期或長期出院方面更為謹慎，然而，我們也不願讓這種避險本能影響了患者的自由。如今，管理階層在要求我們讓更多患者出院並為醫院省錢時，常常將「正面風險承擔」（positive risk-taking）和

「病人流」（patient flow）等詞彙掛在嘴邊。但這類口頭禪所造成的後果，就跟該詞彙本身聽起來一樣輕率——到頭來，一旦發生問題，精神科醫師就必須為自己的決策負責。

這一切對我本來就很脆弱的精神狀態而言毫無幫助。雖然同事們輕聲地向我表示同情，但所有人都知道這場凶殺案很可能終結我的職業生涯。只要一次錯誤的評估，就算是因為不夠完整的情報，也很有可能使當事人被停職、革職或公然羞辱，同時還要面對醫療過失的罪名或遭到英國醫學總會調查。無法避免的是，這一切都與程序有關——你的確可能做出錯誤的判斷，除非你的行動跟同事們會採取的行動有著太大的差異，但真正的問題還包括你是否曾正式地將你的發現記錄下來，並與其他相關單位分享情報。

就此案而言，我將需要在幾個月後將證據交給SUI小組，並於一年多後面對公開的命案調查。

這場會面結束後，還有幾項重要的任務正等著我。避免重大傷害風險的迫切性已經壓過了保護病患隱私，於是我打了電話給我在警察局的聯絡人，他建議我直接跟資深調查警官（senior investigation officer，簡稱SIO）談談。我撥打了他提供給我的手機號碼，接聽的是高級警官安迪．貝克（Andy Baker），他是倫敦警察廳命案組的組長。「我能如何幫你，醫師？我今早還挺忙的——忙著在垃圾掩埋場裡尋找幾顆人頭。」

我屏住呼吸。**我原本真能避免這件案子發生嗎？我當初應該把哈迪轉去我們的戒備病房，並徵求布羅德莫精神病院的意見嗎？**我描述了哈迪如何騷擾他的前妻，而貝克警官表示他的調查小組知道此事，並且他們已經在哈迪的前妻家中部署了幾名穿制服的警員。

與此同時，哈迪已經逃亡了大約一週，直到一架監視器捕捉到他在他公寓附近的森寶利超市購買黑色垃圾袋、兌換花蜜積分卡的點數。按照畫面來判斷，他在公寓裡肢解屍體時，應是態度平靜且動作明確的。

警方也發現，哈迪曾在二〇〇二年十二月致電給住在卡姆登鎮的二十五歲女子法蘭西絲．梅修（Frances Mayhew），他說他撿到了她的手提包——她在某個晚上將手提包忘在卡姆登鎮的一間酒吧裡，那酒吧離哈迪的公寓不遠。梅修後來表示，她去他的公寓想拿回手提包時，哈迪曾試著誘使她進屋，但她拒絕了。她說：「我當時開始感到害怕，所以我對他說：『聽著，你可以留著包包，我已經不想要了……』而在我試著逃走時，他說：『好吧，妳還是自己留著吧。』然後他把包包丟還給我。」三天後，她收到來自哈迪寄來的幾封信和一張聖誕卡片。她在聖誕假期期間離開了鎮上，後來回到卡姆登鎮時才發現哈迪已經遭到警方通緝，因此她出面說出這件事。「如果他那時突然使用暴力，試著把我拖進公寓……我現在搞不好已經成了碎塊。」她說。警方在搜索哈迪的公寓時發現一幅畫，畫中是頸部被套上繩索的法蘭西絲．梅修。

哈迪依然在逃，警方有理由擔心他在落網前會再次殺人。

經過令人提心吊膽的幾天後，一名警察在非值勤時，發現哈迪出現在大奧蒙德街兒童醫院的食堂裡。這間醫院離哈迪的公寓大約一哩半，哈迪為了憑藥單領取胰島素而來到這間醫院的健保藥局（為了避免被人發現他出現在卡姆登鎮的藥局）。警方在試圖逮捕他時與他發生了打鬥，一名警察因此被打昏，而另一名則被刺傷手部。支援警力抵達後，才終於順利拘捕了哈迪。

一名刑警在哈迪被捕後對他進行搜身，並將手上鑑定用的手套換了一副新的——哈迪見狀後發笑，說自己比較喜歡菊花牌的橡膠手套。警方的確曾在搜查他的公寓時發現過菊花牌橡膠手套，以及幾副惡魔面具——他會在受害者們拍照前先為她們戴上這種面具。他的公寓裡有大量的色情錄影帶。警方還發現他所寫下的幻想信件，信中宣稱自己曾發生過的各種性經驗，他原本打算將這些信寄到雜誌社。他在一支玻璃瓶上留下「蘿絲・懷特安息」這幾個字。

警方在他的公寓裡搜查了七個星期，發現了各種具有十字形塗鴉及奇怪的撒旦風格的畫作。哈迪也寄了一些底片的負片給他的朋友，那些相片在蘇活區的一間照相館被沖洗出來，當中有四十四張是他的受害者們（一名法醫病理學家從照片確認她們在拍照時已經死亡，因為她們的皮膚呈現鐵青色，是人死後因血液沉澱和重力才會有的色澤），她們在相片中戴著面具和情趣玩具一起擺姿勢。照相館人員以為這是在你情我願之下所拍攝的相片，也看不出她們死後的膚色變化。在瓦拉德小姐的案例中，哈迪為她穿上了他於十二月六日買的「快樂先生」襪子。

分析命案發生之前、期間和之後的行為向來很重要，能讓我們試著判斷凶手在「相關時間」（material time，為法律術語，指緊鄰凶殺案發生前後的時間點）處於何種精神狀態。哈迪的審前評估原要交由其他人進行，那些人與本案毫無關聯，但我不得不開始考慮這麼做會對審判造成何種影響。哈迪雖然有憂鬱症病史——源自於他可能患有的躁鬱症——但目前似乎沒有證據顯示他在犯案時的精神狀態曾出現過明顯的症狀。而他所犯下的雙屍（或三屍）命案中的典型特徵，皆顯示可能由出於性動機的精神變態（psychopath）或性虐待者（sexual sadist）所犯下。

對司法精神科醫師而言，訪談當事人通常只能獲得有限的情報，因此我們有必要試著依據現有的紀錄來拼湊出哈迪口供中的空白處。他說自己小時候就喜歡尋求刺激，而他所描述的婚姻指出他可能是個以自我為中心、自戀或惡毒的人；他曾虐待他的妻子，並透過婚外情以尋求自我滿足；我們有證據顯示他熱愛色情影片，也喜歡召妓。而兩具屍體也顯示出他是依序掐死了她們，換言之，他是在殺了第一人之後，又誘騙了第二人進入他的公寓（一開始大概是雙方都同意的交易，但在他掌控局面後就轉變為凶殺案）。屍體的姿勢和其所遭到的羞辱也顯示出他的施虐傾向，他喜歡控制受害者們。他很可能因為糖尿病而無法勃起，這使得我們合理地推測，他是以支配受害者的方式來取代實際的性行為。

性謀殺很罕見，其中包括衝動且有組織的亞型——紐約法醫心理學家路易．施萊辛格（Louis Schlesinger）表示：「性和侵略的融合，會形成強大的內在驅動力（internal drive）」，而這種殺人行為能帶給凶手性方面的滿足④；然而，性謀殺也可能是狂亂且無組織的，因為凶手必須突破自己心中的諸多「性衝突」（sexual conflicts），這兩種亞型可能會事先計劃，也可能沒有。舉例而言，如果凶手湊巧碰上一名合適的受害者，就形成了「機會型」（opportunistic）的性謀殺。另外，有些含有性因素的謀殺案，也可能是因為凶手在進行性侵後因為驚慌失措而殺人，並試圖透過這種徒勞的舉動來逍遙法外……犯罪案各不相同，以上為較為簡化的分類方式，但我主要會依據以下的這些特定疑問而判斷：哈迪是不是衝動且有組織的性謀殺犯？他是不是性虐待者？他是不是個精神變態？

於一八八六年問世的經典法醫著作《性病態：兩百三十八個真實檔案》（*Psychopathia Sexualis*）中，作者理察・克拉夫特艾賓（Richard von Krafft-Ebing）便指出，性慾和殘酷行為經常同時出現，他如此寫道：「施虐狂……可能懷有一種想羞辱、傷害、致傷甚至摧毀他人的內在慾望，並藉此獲得性快感……這種心態可能促使他們持續地想征服他人。」

當然，許多「性癖」（paraphilias：「強烈且持續的」性偏好，像是對衣服和鞋子之類的物體產生性興奮感，或雙方同意的性舉動，例如綁縛、支配或施虐與受虐）——並非反常或犯罪行為，但一旦對其他人造成「心理的痛苦、身體的傷害或死亡」時（例如戀童癖，或在公眾場合偷拍女性裙底，便會越界地成為「性偏差」（sexual deviance）或「性癖症」（paraphilic disorders），進而構成刑事罪刑⑤。事實證明，這種區分雖具爭議性卻十分重要。

戀物癖凶手麥克・溫漢（Michael Wenham）於雷丁刑事法院受審時，這件事便成了關鍵的議題，帶給我一種很不自在的怪異經驗。溫漢因為進行陰莖手術失敗而患上抑鬱症，因而殺害了一名妓女；該手術的費用是一萬五千英鎊，取自於他與妻子為了買露營車而存下的錢。在他受審期間產生的爭議，是他的性變態傾向是否影響到任何人？他們在他電腦裡發現偏激的色情影片，並指出他有這種傾向。我雖曾對此提出抗議，表示精神科醫師沒有判斷「色情影片裡的演員處於何種精神狀態」的相關專長，但法官寧可讓兩名專家在法庭的旁聽裡解決這項爭議。你應該能理解他的判斷，因為另一個選擇會使法庭變成低級的電影院。因此，當陪審團在休息時，我奉命與另一名精神科醫師和我的初階實習精神科醫師進入一間會議室，與裡頭戴著假髮的律師一同觀看在凶手的筆記型電腦裡發現的色情影片。影片中的這幾人，究竟是樂在其中，或是陷於痛苦？換言之，這究竟是「性癖」還是「性癖症」？

我認為「征服」和「羞辱」是該色情影片整體主題的一部分，而在場的一名著名教授則抱持反對的意見，他表示影片中的人們似乎都樂在其中。

你大概也料到，溫漢的謀殺罪名依然成立，不管我們對他收集的色情影片提出何種法醫分析。我搭乘通勤列車從雷丁返回倫敦時，不禁納悶（這不是第一次，也不會是最後一次）自己怎麼會進入如此古怪的醫學領域。

帕克．迪茨（Park Dietz）是美國著名的司法精神科醫師，也是影集《法網遊龍》的技術顧問，他曾描述「性癖」會按照以下步驟而持續升溫——階段一：性幻想和手淫。階段二：誘使一名性伴侶使性癖付諸行動。階段三：雇用妓女使性癖付諸行動。階段四：誘拐或逼迫受害者使性癖付諸行動⑥。溫漢顯然便是按照這個規律——他先是誘騙妻子來參加這種活動，後來開始雇用性工作者，其中包括所謂的「SM女王」（dominatrix）。

馬爾康．麥卡洛克（Malcolm MacCulloch）曾在高度戒備的布羅德莫精神病院研究十六名精神變態的性罪犯，他注意到施虐幻想會持續加劇，也會為了維持性興奮和愉悅而持續改變，他也注意到這類「行為嘗試」在有組織的強迫性性犯罪中扮演了重要的角色⑦。我們由此合理懷疑哈迪因此發展出有關支配和殺戮的幻想，然而，在蘿絲命案發生前，哈迪是否也曾誘使其他妓女答應被他綑綁，藉此使他的「嘗試」付諸行動？新澤西州的精神科醫師尤金．拉維奇（Eugene Revitch）曾寫道：「不同於一般人所想，（性慾所引發的）暴力傷害或謀殺未必會伴隨勃起、射精和性交，因為殘忍的舉動本身就可能替代性行為⑧。」哈迪因為糖尿病而性無能，因而很有可能透過此方式來獲得滿足。

瑞德．梅洛伊博士（Dr Reid Meloy）是法醫心理學家，他在加州大學擔任教授，訪談過許多連續犯案的性謀殺犯，同時也曾與聯邦調查局合作評估許多重大罪犯的心理狀態，其中包括奧克拉荷馬市爆炸案的凶手蒂莫西．麥克維（Ted Kaczynski），以及犯下「大學航空炸彈客」（the Unabomber）的泰德．卡辛斯基。梅洛伊也著有關於精神變態心理⑨、掠奪性暴力（predatory violence）及威脅評估的重要著作⑩。我意識到哈迪其實符合梅洛伊對「性虐待者」及「精神變態暴力」的定義⑪。精神變態是指一個人在「精神變態測評量表修訂版」（Psychopathy Checklist-Revised，簡稱PCL-R，又稱「精神變態測驗」）上的分數很高，這項經過大量研究的測量方式是由加拿大心理學家羅伯特．哈爾（Robert Hare）所發展，被廣泛地用於法醫環境，雖然其評分方式的可靠性至今依然具有爭議⑫。

該測驗會評估一個人的人格特質和行為，包括冷酷無情、缺乏同理心、病態性說謊、衝動，以及寄生蟲般的生活方式，在該測驗上的分數越高，就越可能出現暴力行為、腦部功能異常⑬及受損的道德推理能力⑭。

在美國於總分四十分的該測驗中拿下三十分，便符合精神變態的門檻，但歐洲的門檻通常更低（因為據說在美國比較多「能言善道、表層魅力」的人）。

然而，指明某人是精神變態者的這種做法帶有很多問題。司法精神科醫師約翰．岡恩（John Gunn）認為在日常用語中將此標籤跟令人髮指的殘忍行為劃上等號，容易產生汙名化的效果⑮。另一個危險是「具體化」（reification）——若賦予某項假說（例如精神變態）一個時髦的名稱，聽起來就像心理學家和精神科醫師發現了一種新的病症，但它其實只是一種描述。但因為在該測驗得分很高的人經常是性謀殺的凶手，因此我會為了方便而在本書使用「精神變態」一詞，儘管它不夠精確且帶有貶義。我在本書使用此詞彙時，指的是在總分四十分的PCL-R評估中至少拿下二十七分者。

梅洛伊指出，想殺害自己的性慾目標的這種「心願」，對於部分具侵略性的精神異常男性而言「其實莫名地可以被理解」，這種心願一部分出自於性渴望，另一部分則是凶手極力想貶低自己所渴求的女性目標的價值，這可能是因為他過去曾被女性拒絕。但是將「蓄意殺害性渴求目標」這種事付諸「行動」——而不只是個「心願」——是性攻擊的最極端型態，也是相對罕見的事件，在美國的所有凶殺案當中佔不到百分之一。然而，這種從懷有殺害性目標的「心願」提升至做出凶殺「行動」的進展，似乎符合哈迪的惡劣違法行為。

梅洛伊也認為，連續性謀殺（serial sexual homicides）就是掠奪性暴力（predatory violence）的體現，是經過安排、懷有目的且沒有情緒的行為。這種掠奪行為的進化依據便是「狩獵活動⑯」——就如同哈迪的目標是年輕且脆弱的妓女，他以懷有性慾的方式攻擊、殺害甚至支配受害者，並以帶有羞辱意味的方式展示屍體並予以肢解。而另一種更常見、經常發生於謀殺案的暴力型態，是衝動性、反應性、情緒性、通常被稱作「情感性」或「自我保護」的暴力行為，我晚點會再談到這點。

許多研究指出，相較於其他罪犯，精神變態者更可能做出掠奪性暴力，而且似乎特別適合做出這種舉動。

貓的行為很適合用來說明這種差異——貓被狗圍困時會毛髮倒豎、發出嘶吼並進入警告模式，牠們會拱起背脊、瞪大眼睛、亮出尖牙與利爪，這就是「情感性暴力」（affective violence），是為了在威脅中生存的本能行為。然而，我曾觀察在我的後院悄悄接近一窩黑鳥及其幼雛的一隻貓，牠靠著牆面蹲得很低，靜悄無聲並且沒亮出爪牙——貓在掠食時，若想成功擊殺獵物，就必須壓抑自己的亢奮舉動。而（未）成年謀殺犯也常有這種「缺乏情緒」的特徵，他們的非法暴力行為幾乎一定屬於掠食性。

梅洛伊表示，精神變態者比較擅長掠奪性暴力——他們的亢奮和反應程度較低，加上他們自大、自視甚高、缺乏情緒，且對受害者所受的痛苦缺乏同理心。

這是否也適用於哈迪？因為他殺害並肢解了受害者？或是他只是名性虐待者？嚴格來說，這兩者之間存有差異，但兩者都會對受害者施加痛苦或傷害，並對自己所造成的折磨缺乏情緒。

性虐待者和精神變態者會先使用廣泛的「幻想準備」（fantasy preparation），接著才會進行掠奪性暴力。而哈迪似乎因為經常接觸色情影片，而逐漸從原本對「你情我願的綁縛、施虐與受虐」的無害偏愛，演變為施虐的極端型態，也就是透過支配受害者的生死而獲得快感，且對受害者及其家屬的權益和感受漠不關心。

這一切都指向某個疑問：「性虐待者和精神變態者究竟是後天養成或是先天決定？」研究從比例上發現，有少數行為異常的孩童擁有惡毒和無情緒的特質，而這些未成年的精神變態者在長大後極有可能做出嚴重的暴力行為。倫敦大學學院的埃西．維丁（Essi Viding）透過研究證實，暴力行為很可能源自於基因，也就是透過遺傳而來⑰。然而，在先天上就可能做出精神變態和暴力舉動的孩童，通常會因為他們所經歷過的嚴重虐待，而使該傾向更為強烈⑱。

哈迪也許確實惡毒又冷漠；他坦承自己有「尋求刺激」的傾向，而這可能是因為他缺乏亢奮反應而試著自我刺激（self-stimulate）。但如果他曾在小時候遭受虐待，該傾向是否在長大後變得更為惡劣？

因為證據顯示他做出了性虐待行為——這在之前並沒有被發現——我們因此明白哈迪的高漲和低落情緒（被精神科醫師診斷為躁鬱症），其實跟他的殺人行為沒有太多關聯。

一名奉命加入辯護團隊的精神科醫師評估了哈迪。我們原以為相關問題會隨著老貝利法院的開庭而獲得討論，但哈迪似乎已經猜到了這些可能性，因而做出令人意想不到的決定——他終於認了三宗謀殺罪名。

如此一來，檢方和辯方都必須為判刑做準備，雙方必須提出能加重或減輕刑責的相關因素。他的刑責似乎無法被減輕太多，畢竟他一定會被判終生監禁，因此唯一的問題是：「他至少必須坐幾年牢才可能申請假釋？」

從道德、哲學和法律的角度來看，精神變態者——或哈迪這類性虐待者——在神經生物學、低亢奮水準，以及缺乏同理心的方面與一般人不同，而這對他們的自由意志究竟是限制還是強化？從法律的角度來看——尤其在美國——性虐待症及精神變態通常會被視為加重而非減輕刑責的因素，這是可由法律懲處的人格缺陷，而不是值得減輕刑事譴責的精神障礙。

人們常在聽聞這類殘酷的多屍命案時問我：「為什麼英國沒有死刑？」當然，英國如果恢復絞刑，想必會有一些人拍手叫好。二〇一三年，李．里格比（Lee Rigby）謀殺案的兩名凶手被判刑時，我便看到一些人拿著吊頸套索在老貝利法院外頭示威。我希望我們在這個議題上永遠不會進行公投。目前有幾個論點主張支持死刑——例如「以眼還眼」及更大層面的嚇阻作用，而部分遵循民粹主義、走強硬路線的「法律與秩序」的政客偶爾也會支持這個論點（包括英國內政大臣普莉提．巴特爾（Priti Patel））；然而，也有許多論點表示反對——等候死刑的冗長體驗，既違反憲法的「殘酷且不尋常的懲罰」，也是對人權的侵犯，而且毒劑注射所需的藥物很難取得等等。也許最有說服力的論點，是在每一次透過絞刑、槍決、電椅或毒藥殺人時，自問是否百分之百不可能殺錯人？我們最好百分之百確定犯罪現場或鑑定室裡的DNA沒有發生交叉汙染，因為如果有，死刑的判決就會讓我們有些不安。

目前大約有五十八個國家依然存在著死刑，方式通常是槍決（中國）、斬首（沙烏地阿拉伯）或絞刑。在美國大約有六十名獄友正等著接受毒劑的注射，而美國的司法精神科醫師則會因此被提出各式各樣的請求或疑問，例如要求他們以醫學知識來確認囚犯的心智能力是否已恢復到足以執行死刑的程度，或是詢問醫師能否提供治療，使其處於適合被處決的狀態？信不信由你，但這種事在美國確實會發生。

這年頭，發生在英國的謀殺案經定罪後，法官並沒有判刑處理權。英國在一九六五年廢棄了死刑，以終生監禁取代絞刑套索，藉此向社會大眾確保謀殺犯不會因為逃過絞刑而逍遙法外。謀殺犯將自動成為「終身囚」（lifer），他們必須在監獄待很長的一段時間，並且只有透過假釋（life licence）才能獲釋；而就算他們在日後獲得假釋，餘生也將遭受監管，且還是有可能被關回牢裡。法官雖然沒有判刑處理權，卻能決定「最低刑期」的長度——即犯人為了贖罪和受懲而必須服刑的時間，之後才能申請假釋。如今終生監禁的最低刑期是從十五年起跳，也可能長達三十年或甚至一輩子，端看犯行的嚴重性。另一方面，取決於加重或減輕刑責的因素，也可能影響最低刑期的長度。

哈迪認了罪。

三項謀殺罪，等於三次的終生監禁。

哈迪的最低刑期後來延長至「終生不得釋放」，這在英國只有七十例，但我相信往後還會看到更多這類的案例。

一名曾在開庭前見過哈迪的專家（在公開調查報告中被稱為「K醫師」）也表示，糖尿病的發生為哈迪帶來了重大的打擊。

「他因為性能力降低而感到痛苦、憤怒和沮喪，並透過持續增加的性虐待活動來表達……我相信被告的犯案有關他的性虐待人格、酒精成癮，以及他因為糖尿病造成的性無能而感到的憤怒。」

我覺得這番總結說得很好。

另外還有個問題，就是哈迪「如何」以及「為何」在十一月被獲准離開聖路加醫院。後來我們發現，我們那份詳盡的風險評估報告被放在郵件室的托盤上，根本沒人看，而當時審查小組已經決定讓哈迪出院。也因此，我們提出的建議——透過MAPPA（多機構公眾保護安排專門小組）通知警方——當然也沒被實行。

MAPPA在當時還處於草創期，世人並不完全瞭解它的定位，但無論如何，精神科醫師們都明白與警方分享情報的重要性。後來我試著改善這個問題，我們的法醫服務都將率先與警方合作；但在二〇〇二年，某名上訴委員會已經讓哈迪出院回家了。當時相關單位表示願意提供他受監督的住宿，他拒絕了，他說這種生活太嚴格，他想住在更自由的環境。他在當時有資格如此選擇，因為有關「有工作人員監督的生活環境」這方面的法律機制到二〇〇七年才出現。他在二〇〇二年十二月二十七日為了領取一些藥物而出現在某間精神病院時，看起來狀態穩定，然而同一時間，他的兩名受害者應該都已經橫屍於他的公寓。

幾個月後，當地的SUI小組才開始聽取證據。該委員會的三名成員在此案件上嚴密地偵訊諸多證人，並寫出一份報告。一年多後，經過大量的媒體報導，獨立命案調查委員會才終於成立。幸好媒體當時都沒提到我的名字——雖然我現在在這裡自曝身分。二〇〇二年時，包括我在內有五個人見過哈迪，而另外還有幾人在幾年前也見過他。

你大概能想像，那場調查會對我而言就像隨時可能劈下來的懸頂之劍，然而我在繼續工作的同時，還是必須壓抑我對那場調查會的擔憂。我不斷質疑當年自己所下的每個決策，這在意料之內——在發生凶殺案後，我很自然地傾向於風險規避。身為司法精神科醫師，我們負責處理社會中汙穢又困難的事項，每天都被困在兩個麻煩的立場之間；一邊是再次犯下重案的精神病患，使我必須出席死因裁判法庭，另一邊則是充滿爭議的精神健康審查庭，討論著病患是否需要被拘留。律師、壓力團體和媒體要求我們不該拘留、監管或給病患投藥，但一旦發生大問題，專業團體和獨立小組也會嘲弄我們為何放走病患。

公開調查小組的成員是知名律師羅伯特．羅賓森（Robert Robinson）、一名精神健康專家，還有另外負責提供審查意見的兩名精神科教授，分別是湯姆．森斯基（Professor Tom Sensky）教授，以及東尼．麥登教授（Professor Tony Maden）。麥登教授當時以獨立專家顧問的身分，在布羅德莫精神病院負責管理剛成立的DSPD（Dangerous Severe Personality Disorder，簡稱DSPD，危險嚴重人格障礙）小組。我當時寫下一篇詳盡的宣言，該文章被寄給我的醫療失誤保險公司「醫療保護協會」以便他們取得我的言論，接著我們花了一整天與奉命代表法醫服務的律師們一起進行準備。

終於，在二〇〇四年某個燦爛的艷陽日，我搭乘地鐵來到維多利亞車站，並前往英國國民保健署位於倫敦的現代辦公室。森斯基教授和羅伯特．羅賓森對我提出了有關命案各層面的犀利質問，包括評估、診斷、風險評估和情報分享。我不記得他們那天究竟提問了些什麼，但我一直記得我當時的焦慮與不真實感（伴隨著整夜待命後的疲憊感），地板彷彿是傾斜的，而我也彷彿不在現場，我呈現一種類似作夢的狀態。我想必曾回神，因為當森斯基教授問我：「你當時有沒有考慮到他可能是名性虐待者，也許會連續殺人？」

「不，我沒這麼想。」我如此答覆：「他顯然有厭女症，且個性扭曲並具有侵略性，但我們當時必須依據某項推論來評估他，也就是死於自然因素的第一起命案的死者。與其他案件相比，他的憂鬱和躁鬱其實不算嚴重，當時他也答應會服藥並與醫療團隊接觸。簡而言之，依據英國精神衛生法，我們無法拘留他。」

當然，此時我們已經知道蘿絲．懷特原本的驗屍報告有問題。更有經驗且深受尊敬的法醫病理學家奈特．凱瑞（Nat Cary）後來查看了弗萊迪．帕特爾提出的證據，發現了一個不可思議的問題——帕特爾所寫的報告並沒有將犯罪現場納入考量。此外，既然蘿絲被發現後腦有血跡，就應該在當時將她的大腦送去做神經病理學檢驗。也因此，她的可能死因被修正為「窒息」。

在惡名昭彰的「湯姆林森命案」（Tomlinson；一名報販被激動的鎮暴警察推倒在地後死亡）發生後，帕特爾被吊銷了病理學家資格；事實證明，帕特爾經常在驗屍報告上敷衍了事地將死因推給心臟病——他的行為造成了悲劇性的後果，不僅影響了哈迪案，英國醫學總會也認定他的工作表現「不符合稱職的法醫病理學家水準，而且令醫學界蒙羞」。

我雖然不記得那天審查小組究竟還問了我什麼，但我記得其中一題是：「你覺得他在二〇〇二年十一月被獲准出院時，警方是否應該被通報？」

「完全應該。」我告訴他們：「我們當時曾提出建議，他應該被交給MAPPA處理。」

「可是事情沒這樣發生，泰勒醫師。你能不能向本小組說明原因？」

「MAPPA還是個很新穎的組織，精神健康團隊還不熟悉組織應該如何運作。精神科醫師和警方並不習慣和彼此對話。」

這點即將改變，此案在這方面帶來了很大的影響。

「你還有沒有其他話想說？」

「我只想說，我明白上訴委員會必須讓不符合規定的病患出院，但如果當初曾透過MAPPA通知警方，也許就能讓各機構之間開始對話。而我們的評估從一開始就依據了錯誤的情報，當時我們根本不知道他是性虐待者。」

事實上，就算當時警方知道他出院，能確保他不會犯案的唯一辦法就是二十四小時監視他，但無論警方多麼擔心他，也不太可能真的這麼做。

他們記下了我的論點並讓我離開。我回到晴空下的街道上，午餐時間的白領族們正享用著三明治，但我沒有胃口，也完全沒有放鬆的感覺。我無視晴日，慢慢走向聖詹姆斯公園的地鐵站，我無法面對維多利亞車站的人群。我行走時，哈迪那些受害者們的悲劇臉龐不斷閃過我的腦海。

調查小組又過了一年才公布報告，意思就是那把懸頂之劍在我頭上懸掛了整整一年。我在那段期間繼續著我每天的工作：審查與住院患者會談的報告、判斷並詳細記錄每一個允許患者返回社群的決定。每一項建議和風險評估都帶給我腐蝕性的焦慮，我根本不敢想像再經歷一次命案調查。工作持續下去，其他案件紛紛湧入，像是病房巡視、審查庭、蓄意傷人，還有縱火。

後來又出現了另一起性謀殺案，將我的心思從哈迪案上扯離。

個案研究：李・華特森（Lee Watson）

第三節

有個說法是：「不是你選擇了司法精神科，而是司法精神科選擇了你。」這一行需要有體力前往偏僻的監獄，能忍受令人噁心的事物，並且能沉著地面對暴力的病患。此外，你還需要將精神科和法律語言的相關細節牢記於心，因為被告的自由可能取決於你在法庭上的陳述。同時，你的臉皮也必須夠厚，才能忍受「中殿律師學院」和「林肯律師學院」的菁英們的質詢……這些都只是最基本的條件。精神科不同於一般的醫學系，醫師必須坐在閃著藍光的救護車後車廂裡，處理任何可能發生的狀況；司法精神科醫師必須坐在一輛來自貝爾馬什監獄的囚車的後車廂裡，管理任何戒備監獄無法處理的精神病患。

司法精神科醫師通常符合三種亞型。第一種是所謂的「精神科的外科醫師」，他們氣焰囂張、自信滿滿、穿著西裝，並為自己行事果斷且拒絕聆聽同事意見而感自豪——他們的作風傾向於起訴凶手，同時拒絕懷疑自己的想法可能暗藏破綻。與他們完全相反的另一種亞型是所謂的「光輝派」——他們沒興趣以專家證人的身分承擔更多起謀殺案；他們會穿著肘部有補丁的燕麥色羊毛套頭衫，認為自己是在照顧社會上不幸的弱勢族群——不管這些病患多麼邪惡——在工作上總是著重於病患的復健與照護。

我和大部分的精神科同行，都視自己為這兩種亞型的中間值，並且同時沾染他們的部分特質。我們具有清晰的思路和詳盡的分析，但也要求自己理解精神病患及受害者的心境，最重要的是，我們會與他們進行溝通。

不管是哪一類的精神科醫師都必須瞭解大腦、心智、社會關係與行為之間的複雜互動。我們在所屬的團隊裡擔任領導人，職責是拘留病患，並且提供他們能改變精神狀態的藥物。我們必須謹慎地在法庭上將這一切轉換成法律術語，也必須在審判庭上將這類術語轉換成陪審團聽得懂的日常用語。

因此，這項工作不適合膽怯之人，雖然其中的挑戰經常吸引新人，但其中的壓力也常令他們難以承受。

我認為最重要的能力是瞭解自己的心理狀態和文化偏見，如此才能監管自己對多元的病患群體及具有挑戰性的情境所產生的反應，同時更要三思而後行。我在成為顧問一段日子後，才開始像許多同行那般思索著精神疾病對自身家庭所造成的悲劇性影響——我之後會更詳盡地描述此事。我認為，對心理脆弱面的省思和注意，使精神科醫師能包容瘋狂和自毀式思想，而這也是我們與其他醫療人員及外科醫師的差異。

在處理李．華特森的案子時，這些能力全都是我所需要的。

二〇〇三年三月的某個星期五下午，我正在等司法機構處理哈迪案時，我的祕書遞給我一個四吋厚的信封，上頭的免費遞寄郵戳顯示它來自莫茨．路易斯（Motts Lewis）律師事務所。那天我原本打算稍微提早下班，但在好奇心驅使下，我還是扯開信封翻閱裡頭的文件。

封面文件上印著我熟悉的「皇家檢控署」徽章。這疊文件涵蓋了不同的類別，包括起訴書、證人陳述書、拘留紀錄、錄影偵訊紀錄文字稿、證據、未使用的資料，以及起訴案件摘要。我移開辦公桌上的骯髒咖啡杯和一些沒拆開的期刊，將這疊不同類別的文件排列開來大略瀏覽，並準備好便利貼和螢光筆。

證人陳述書的內容，包括了警察描述自己如何在達特福德市附近的A2公路地道旁的樹林裡發現一具年輕女子的屍體，以及當地人描述自己曾注意到一名年輕男子——他有著深色的短髮，身穿綠色或棕色的短版外套。

我直接拿起犯罪現場的相片，犯罪現場所留下的行為痕跡經常能透露許多端倪。曾有名命案刑警因為辯方的專家沒將犯罪現場納入考量而感到惱火——也因為警察都喜歡黑色幽默——因此問我：「一個人如果不喜歡畢卡索的作品，又有什麼資格評論這名畫家？」

這些相片按辦案順序排列，首張只是個稀鬆平常的景象——一個林木稀疏、被秋葉覆蓋的地點。這片土地位於一條遠離道路的低矮圍籬的另一側，只有部分象徵「警方鑑定中」的細節顯示該處有些不對勁，例如裡頭被警方圍起警戒線的背景，以及為了避免接觸可能的腳印證據而架設的塑膠腳墊。

發現屍體的是一隻在現場到處嗅聞的狗，牠的主人因此發現有幾根手指的尖端從地底伸出來。警方在這些相片中展示他們移除現場覆蓋物的程序——先把落葉拂到一邊，移除一塊老舊托貨的木板，並且揭露一具深色頭髮的年輕女子的裸屍。她是來自米蘭、二十三歲的齊雅拉．李昂尼提（Chiara Leonetti），她在龐德街擔任店員。

我在查看相片時，已經開始建立對這件案子的大略印象。此案看似出於混亂又衝動的行為，甚至是在光天化日之下所犯——大概是個悲劇性的巧遇，而非精心計算的掠食行為，例如像哈迪那般將受害者騙進公寓再予以襲擊。

犯罪現場的相片接著紀錄了被送往停屍間接受驗屍的屍體——受害者的屍體起初仰臥在鑑定檯上，她的左腿有很嚴重的傷——少了左腳，雖然後來事實證明這是狐狸所造成的——身上也還有其他的傷勢。她的頭顱和臉部左側的傷口尤其嚴重，研判應該是被人用沉重的石塊毆打所致。

相片接著紀錄病理學家大衛．格林博士（Dr David Green）切開其胸腔並拿出重要器官秤重、解剖的畫面，以確認她並非死於自然因素。她的頭皮和臉部組織也被切開，以便更詳盡地察看其皮肉底下的傷勢。一系列相片展示了受害者的屍體如何被逐步拆解，並讓病理學家仔細地尋找能指明死因的證據。

格林博士的結論是受害者確實死於嚴重的頭部傷勢。她的頭部曾遭受連續的重擊，其中幾次使用了具有硬角的物體，警方注意到她的屍體旁邊有個染血的磚塊；她的左耳、左乳和陰部上有她在死後被咬的痕跡，身上也有幾道死後造成的擦傷，這顯示她是在死後才被拖去陳屍地點。

但最糟的是，她身上有嚴重的性攻擊所留下的證據，而犯罪現場沒有找到她的下半身衣物和胸罩。格林博士發現幾道傷，表明她的腹部和性器部位曾遭受嚴重的破壞，幸好這些傷勢都是在她死後才造成的。她身上沒有DNA證據顯示凶手曾強姦她或射精。

格林博士後來曾在此案開庭時告訴陪審團，在他進行過的兩萬多件驗屍中，他只在另一件案例上見過如此嚴重的「死後破壞生殖器」的傷勢。**凶手是為了再次破壞受害者的遺體，才又重返犯罪現場？**我必須親自問他。

我注意到時間已晚，我決定回家去，這意味著我得加入星期五晚間的擁擠車潮。我不禁在駕車時開始後悔自己在星期五下班前看了那些文件。隔天，我帶孩子們去附近的公園，看著樹下成堆的秋季落葉，忍不住回想起那個犯罪現場；那天晚上，我躺在床上的時候，妻子的黑髮也讓我想起那具屍體。我似乎看向哪邊都會看見那些相片上的畫面，它們影響了我原本應該開心的家庭時光。

到了週日晚上，我不再試著讓這件案子離開腦海，而是開始閱讀一些證人陳述書。

事實證明，被當地人注意到曾在該地點出沒的年輕男子，是李·華特森。

華特森的妹妹坎蒂絲（Candice）描述他是在二十幾歲時開始出現怪異的行為——她說他在「做什麼工作」這件事上說了謊，並且因為一起傷害案而遭到逮捕，但她相信那是他空口編造的案子。她也指出，他們的母親曾在他的房間裡發現一些擺出性交姿勢的妓女相片。

另外還有許多證人，包括他的家人、前任女友及熟識，也都指出他習慣說謊，這是我們所謂的「自我強化的謊言」（self-aggrandising lies）。我們後來得知他的同事們都叫他「說謊者比利」（此暱稱來自一部同名電影），因為他經常編造一些故事，例如他曾說自己擁有諸多女友與汽車，而他也常因為遲到而編造藉口。事實上，他的家醫諮商師（他因為憂鬱症而去見她）也確認他曾承認自己撒謊，而他同時也因為自己撒謊導致與女友分手而感到難過（我為那名家醫諮商師感到難過，這起凶殺案想必有些超出她的能力範圍）。

與此同時，諸多曾在案發前後見過被告的證人，都用「瘋狂」、「瘋癲」和「瘋子」之類的詞彙描述他。他曾對其中一名證人說自己擁有槍械，還說有人在不久前毆打了他的女友。他們說他「種族歧視的心態挺嚴重的」，而且他「總是瘋瘋癲癲又行為怪異，不是喝醉就是嗑了藥」。

警方也判斷他和北肯特郡部分女子遭到襲擊的案件有關，那些案件全都在同一天發生。首先，他從後方接近四十四歲的希琳．努爾（Shireen Noor），抓住她的手提包與胳臂，並用力地拉扯她的頭髮，害她的頭皮禿了一塊。努爾被往一片林地的方向拖行了大約十五公尺後，華特森才放手逃離。

二十分鐘後，七十八歲的受害者丹妮絲．華勒斯（Denise Wallace）從身後遭到襲擊。華特森用一隻手摀住她的嘴，但被她狠狠地咬了手指，因而放手逃跑。在同一天的傍晚五點二十五分，五十一歲的蒂娜·哈里斯（Tina Harris）也從後方遭到襲擊，臉上還挨了拳頭。華特森奪走她的手提包逃跑，目擊者看見他跑向附近的一個圓環。

不久後就是凶殺案發生的時間點——那天，齊雅拉·李昂尼提從貝克斯利希斯市搭乘492號公車返回她位於福茨克雷的住處，途中提早下車。在命運殘酷的安排下，她搭上了不同於平時的另一班公車。傍晚五點五十一分，她的一名朋友從米蘭撥打她的手機，接通後聽見她痛苦地啜泣或嚎啕大哭，以及手機按鈕被按下的聲響。

齊雅拉·李昂尼提的屍體在隔天被發現。

這一切都支持了我一開始的猜測——凶手的個性混亂又衝動，並非深思熟慮、城府極深；他利用了一場巧遇，而非事先計劃。我開始構思訪談時要提出的疑問。

隔週，我前往貝爾馬什監獄去見李·華特森，貝爾馬什監獄是英國八座高度戒備監獄的其中之一，建於泰晤士米德旁、昔日的沼澤地上，靠近倫敦東南角的克羅斯涅斯汙水處理廠。這是一座陰鬱莊嚴卻現代的磚砌建築，在設計上複製了一座美國監獄，想必是為了節省設計費。

一些較為嚴肅的獄卒——這種人在貝爾馬什監獄數量不少——對前來造訪的精神科醫師投以鄙視和懷疑的眼神。我們來這裡是為了協助檢方和辯方瞭解這些案件，雖然是「好人」派我們來的，但獄卒們依然覺得我們的目的，是想讓該坐牢的囚犯被轉移去舒適的醫院。

這意味著我們通常不會受到熱烈的歡迎，並且經常會白跑一趟。「抱歉，醫師，」獄卒會這樣告訴我們：「他不想見你，他拒絕走出牢房。」但我們接著則會被律師告知，他們的客戶焦急地想見到我們，但就是沒人去敲他們的門。

因此我後來都會採取更堅定的態度，我會要求獄卒帶我去被告的牢房裡，如果他們拒絕，我便會要求與管理階層的人談話。當然，狀況隨時都在改變，我也必須調整——「適應力」是我這一行所需的重要能力。我曾不只一次隔著牢門與多疑又具侵略性的囚犯訪談，有時還必須站在穿著鎮暴裝備的獄卒們身後；而有些時候，訪談就是無法成真——如果囚犯拒絕配合，或正處於嚴重的精神疾病狀態，例如毫無反應地躺在牢房的地板上或渾身沾滿自己的糞便，我就只能靠觀察並描述他們的行為來提供意見。

我來到貝爾馬什監獄的前門，他們確認了我提前傳真的訪談請求。我把我的手錶、鑰匙和皮夾放進一個置物櫃，身上只留著紙張和兩支筆（不能使用迴紋針或用來固定紙張的文件繩）。這裡的搜身程度比機場安檢還高一級，我走過金屬探測器閘門，獄卒用電子偵測器和手搜索我的全身，並要求我拿掉袖扣、腰帶和鞋子。我必須耐心地等監獄的保健護理師來護送我走過中庭；在此巡邏的人員們都穿著黑色的軍裝並戴著通訊設備，而他們身旁用繩子拴住的德國牧羊犬則蓄勢待發。

這種地方會讓人感到恐懼和多疑。我第一次來到這裡時，便不禁開始想著自己能不能離開這裡？他們會不會隨便編個罪名，或用我小時候犯過的什麼罪來拘留我？

今天和平時一樣，囚車在一旁等著囚犯，就像高度戒備的計程車陣仗。你可能以為一座擁有一千五百名囚犯的監獄平時不會有什麼動靜，但倫敦的押候監獄每天都有上百名囚犯進出，有些往返於法庭，有些被送去高度戒備監獄，還有些是來自法院的被拘留者。

每名囚犯初來乍到時都會經過處理，他們身上的私人物品會被裝袋並且記錄。接著，他們會獲得監獄提供的衣物，通常是灰色或紅色的大件運動服，顏色取決於各監獄的決定。然後，護理師會進行簡略的健康篩檢，工作人員會填寫文件，監獄全科醫師則會處理任何有更嚴重健康問題的人。三分之一的囚犯將度過戒斷期，有些是海洛因，有些是酒精，他們會透過某種排毒療程以避免他們在牢房裡出現癲癇或其他問題。

一般來說，精神症狀嚴重的病患以及可能犯案的高風險患者，會直接被送去照護中心的單人病房以便密切觀察；同時也會記錄在「獄友病歷」上，這是一份特別的橘色文件，在二〇〇三年時也可能伴隨著另一份稱作「2052SH」的文件（SH為「自我傷害」（self-harm）的縮寫）。照護中心裡有兩間病房，大約各有十張病床，有些住在裡頭的患者有需要接受觀察的輕微精神症狀，有些患者則有重大的生理健康問題，例如腿部打了石膏，而高風險患者則會住在裝有監視器的單人病房裡。工作人員包括了穿著制服的護理師和獄卒，只要警鈴一響，就能在幾秒內召來由魁梧獄卒所組成的快速應變小組。

我們走過一系列沉重的鋼製門扉，每一扇門都需要用一種雷射切割製成的特殊鑰匙才能打開，或透過監視器與控制中心的人員對話確認才能開啟，以免任何囚犯試圖闖關。

我發現自己期待見到那個殺害了窈窕淑女的禽獸，我不願等獄方準備會談室，而要求直接去他的牢房見他。我終於走進他的牢房，他就在這裡——李．華特森。

常有人問我，我是否能在第一次見面時就立刻判斷某人的人格？當然不行，精神科醫師可不會讀心術。但只要讓我跟願意配合的受訪者談個一、兩小時，我就能大致地瞭解對方。標準的評估作業包括查看病患的詳細生平，以及進行「精神狀態檢查」（Mental State Examination），所有精神科醫師都是利用這些可調整的範本來探索患者的內心世界。

但重要的不僅是患者對我們說了什麼，還包括「用什麼方式」說出來，例如他們在訪談中出現的行為和互動。我們會記下他們的模樣與說話方式——是否提高警覺？音調是否缺乏抑揚頓挫？是否喋喋不休或者情緒激昂？我們會注意特定的跡象，例如患者的情緒狀態，觀察他們是否有任何自殺或殺人的念頭，以及焦慮、執念或衝動的態度。我們有必要詳盡地探索患者為何種型態的精神病。

觀察患者是否有反常的行為和精神狀態能幫助我們瞭解（也能提供同行或法庭需要的情報）患者的精神病理學、內心世界和正在經歷的精神現象。這些措施能描述患者的思緒和感受，進而協助醫師做出診斷。這種作法是我們這一行的基礎之一，最早是由德裔瑞士精神科醫師卡爾．雅斯佩斯（Karl Jaspers）於一百多年前所提倡。一般而言，我們對受訪者提出的最後幾個問題，會著重於他們是如何看待自己——他們是否覺得自己有問題？如果是，他們覺得自己究竟出了什麼問題？會這樣問是因為他們的自我認知或「見解」非常重要，尤其當我們想判斷如何提供治療的時候。

精神訪談其實有點像裁縫師使用的假人。我們會先從標準的架構開始，而受訪者的每個反應都能幫助我們瞭解對方；隨著更多情報的出現，我們會逐漸調整並修改自己對受訪者的印象。我們經常提出的疑問包括「跟我說說你的家庭生活」以及「你最近有沒有發展出什麼新的嗜好？」（這個提問有時會得到令人毛骨悚然的答案）。如果受訪者侃侃而談，我們會讓他們繼續說下去，但如果他們的答覆缺乏音調變化、模糊不清或是離題，我們就需要打岔、追問，或請對方說得更清楚一些。最重要的是不讓他們的答覆因我們的意見回饋而受影響，我們必須避免出現太多反應，一旦我們出現震驚的情緒，就可能使他們有所保留。

華特森沉默寡言，個子瘦小，身高大約五呎六吋。他頂著平頭，臉上有種困惑的表情。他的外表就像名膽怯的小學生，那種會躲在操場角落的害羞孩子。乍看之下，他不像犯罪現場跡象所暗指的那種行事凌亂的精神病患或凶狠的精神變態者。不過在司法精神科的領域中，我們對凶手的先入之見經常需要調整。

他打從一開始就樂意與我互動，並且態度愉悅。煩悶漫長的牢獄生活，能讓桀驁不馴的囚犯變成樂意配合的受訪者。他告訴我，他不打算承認謀殺，但他願意承認自己過失殺人，他宣稱：「我不太記得當時發生了什麼事，我不知道自己當時是誰，或者是在什麼地方。」

失憶自然不是脫罪的理由，他顯然誤解了他的律師對他說過的某些話。在當時，律師會考慮訴諸於一九五七年的《殺人罪法》（*Homicide Act*）中對「減輕刑責」的定義，該條法案原本是為了讓精神障礙患者免於謀殺罪所必定帶來的死刑；相關法律在二〇〇九年變得更為嚴謹，會要求辯方提出「被承認的醫學病況」，但在二〇〇三年，只要華特森證明自己「心智異常」，他該負擔的責任便會因此「大幅減輕」。

（我經常造訪美國監獄和醫院，知道只有「精神障礙抗辯」能讓殺人凶手免於極刑，而如果換作美國的某些州，華特森一定會面對死刑。）

這成為我最重要的問題：「華特森究竟是否心智異常？如果是，又是哪一種？」

他告訴我，他在貝爾馬什監獄的醫療室待了大約兩個半月（這是標準的預防措施，因為以前的獄中謀殺犯經常自殺身亡）。他說他在牢裡大多都在睡覺、吃東西或閱讀，他覺得自己的狀態不錯，也不感到憂鬱；事實上，他對未來充滿了樂觀的想法——「我能看見一線曙光。」他告訴我。

我們談到他的家庭史，他說他出生於達特福德市，他的父親在席德卡普（Sidcup）經營一間珠寶行，而他母親患有憂鬱症。他說：「我在小時候並不正常。我的心裡總有一股恨意……我對我收到的聖誕禮物從不感到滿意……我覺得心裡好像有顆炸彈。」

我不禁心想，這是不是他的「後見之明偏誤」（hindsight bias），因為他知道自己現在是什麼處境？

我問他有什麼嗜好，而他的回應令我感到不自在。「我以前很喜歡在後院用空氣槍射動物。我那時候收集了一大堆武器，像是裝了空包彈的槍械、被拿掉射擊功能的真槍、砲彈、彈藥，還有開山刀。」

我早已料到他會說出令人不安的成長史，但他的答覆還是出乎我的意料。我努力維持著一張撲克臉，溫柔地鼓勵他繼續說下去。

他描述當年收集的槍械：一把被拿掉射擊功能的李恩飛（Lee-Enfield）栓動式步槍、一把模型烏茲衝鋒槍以及一把模型貝瑞塔92FS空氣槍。他同時也擁有一把廓爾喀庫克力彎刀、一支美軍制式的卡巴多用途刀、一支第一次世界大戰時期的刺刀以及一大堆巴克刀和美工刀。他告訴我，他曾改造步槍並成功地讓它發射出空包彈，他在把玩彈殼（小至小口徑彈匣，大至坦克砲彈）時非常興奮。他也改造了空氣槍並裝入特殊的彈簧和墊片，使它們的威力超越法律允許的範圍。

「我以前常用陷阱獵捕鴿子、雉雞、椋鳥、兔子和老鼠。」而如果陷阱裡的動物還活著，他有時候會看著牠受苦，有時候會直接一槍讓牠解脫。他覺得格外有趣的一次，是他將一隻活生生的兔子綁在滑板上，接上一支大型的沖天炮並點燃引信，讓兔子沿著路面高速衝出去，最後被爆炸的沖天炮「炸成碎片」。他還笑嘻嘻地描述自己曾將一隻活生生的鴿子塞進排水溝，「看著牠斷氣、腐爛」；同時，他也曾踹踢另一隻鴿子，然後「把牠丟進半空中」。

他告訴我，他在格雷夫森德市的小學遭到霸凌，他比同齡人都瘦小且滿臉雀斑，這使他在學校成了殘酷孩子們眼中好欺負的獵物。他覺得自己以前太天真也太友善，他會借玩具給朋友，後來卻被偷走。他以前在到學校前天天挨揍，因此在八歲時開始逃學。

他後來在天鵝谷鎮的中學就讀並持續遭到霸凌，但他已經學會還手，他的報復性反擊經常下手極重。他喜歡自己打贏他們，並且很享受傷害他們的感覺。

他在放學後開始接受「英國國家職業資格」的在職訓練，學習上油漆和裝潢，並成為「聯結車維修工」的學徒，負責整備及用蒸氣清理卡車和聯結車，但他做得不開心，因為工頭經常欺負他，罵他是「小屎球」。他說這種霸凌在他的工作生涯中是家常便飯，因此他經常翹班，一整天坐在往返於格雷夫森德市和提伯利市的渡輪上。

在因為經常曠職而被炒魷魚後，他於二十二歲那年以技工的身分加入英國陸軍的皇家綠衣軍。他在接受基礎訓練時，曾從一輛百福卡車被丟出去，而其他的新兵也總是扯他後腿、嘲笑他，他們有次甚至拆解了他才剛修好的引擎。軍隊願意讓他提前退役。

他以前在工作時很魯莽，偶爾會忘了將車輪的螺帽拴緊，或在值勤時開小差。他在擔任裝卸工時，工頭曾因為他不小心丟下鋼條而對他冷嘲熱諷，華特森因此「把那傢伙摺倒在地」，心想「老子絕不允許你嘲笑我」。他因為這件事而遭革職，他說：「我唯一想要的，是一份不會有人來惹我的工作。我那天捍衛了自己。」

他在做過油漆、裝潢、注射製模及機械裝料等工作後，失業了將近一年，「生活一團糟」，成天酗酒，還跟女友分了手。「事情開始出差錯。」他告訴我，雖然這種說法略嫌保守。他開始吸食「快克、大麻、搖頭丸、古柯鹼以及安非他命」，而且常常「跟風箏一樣飄飄然」。

我問他有什麼樣的性偏好。他否認對性虐戀、戀物癖或性癖的任何興趣，也否認自己去過脫衣舞店。我問他是否曾召妓，他答道：「我想不起來。」

他說他最近開始花時間在性愛聊天專線上，但他對跟他談話的女子們說了謊：「我只是想遇見一些願意尊重我的人，就這麼簡單……我讓她們以為我很有成就，她們會說：『你聽起來是個很好的人。』」

既然他覺得有必要對性愛聊天專線的女孩們撒謊（當時還不是網路時代，不像如今能上網滿足各式各樣的性幻想），看來他顯然急於重建自尊。

他的說詞有多少可信度？他在談到一些十分負面的事情時，坦率得幾乎讓我願意全然地相信他。然而，我懷疑他對我隱瞞了一些更黑暗的人生史。我繼續追問，詢問有關他的犯案紀錄。他告訴我，他曾被控竊盜未遂，他當時出現在「一扇小窗戶的外面」。

「我當時在小便，我逃跑了，因為她打開了窗戶。」他說當時沒有任何對他不利的證據，「我身上沒有小刀，也沒有暗中窺視她。什麼證據也沒有。」這聽起來像暴露症，也可能是「戀物癖竊盜」未遂，甚至可能是「竊盜強姦」未遂……我還沒問下去，他便自顧自地做出否認，這證實了我的猜測。

「我當時完全沒暴露自己的身體，也沒試著進入她的公寓。」

我覺得他反駁得太大聲了點。**這會不會是他「性癖升溫」的跡象？**戀物癖竊盜這種行為可能涉及竊取內衣和自慰，並且常出現在許多性謀殺犯的病歷上。**暴露症、對強制性**

交的幻想、對戀物癖竊盜的「嘗試」、性侵……姦殺？

他的女友在最近與他的家人接觸時揭穿了他的諸多謊言，但他坦承他撒謊是為了「讓自己顯得更了不起」。他曾對許多人說，他擁有福斯高爾夫敞篷車等昂貴車輛，並表示車子是因為引擎墊片出了問題而停在修車廠裡。「過去我在每件事上都說謊，因為我覺得自己微不足道。」他解釋這麼做是為了讓自己覺得「有歸屬感」。

他曾有一定程度的憂鬱症和自殺念頭，他的父母力勸他去就醫，他因此見了一位諮商師，但他說：「我跟她見面的時候，我的狀況變得更嚴重。」他說那名諮商師開啟了一些他原先沒想到的話題，他因此明白自己的謊言傷害了親友，也因為這個原因，他無法忍受諮商的療程。

他的謊話顯然使他自我感覺良好。我開始覺得，那些用意良好的諮商療程原本也許能幫助他跨越障礙，使他不再依賴說謊以處理自己的低自尊。而其中還伴隨了使用毒品及他女友對他的排斥——他在某人窗外所做出的暴露狂舉動，暗指了他有性挫折（慾求不滿），並且心中暗藏著厭女症。

我開始建構一幅畫面，以瞭解華特森的狀況是如何急遽惡化。

第四節

製作謀殺案的精神分析報告最好的辦法是先建構時間軸，從凶手的家庭起源開始做起。分析者必須仔細觀察凶手的生平，並為命案的「相關時間」賦予更多細節，其中包括仔細地詢問犯案前一天的白天與夜晚、犯案當天的早上，以及犯案時間的相關細節。

有些被告不願描述行凶的確切時間點，因此你必須迫使他們進入行凶的時間範圍，以便接近你想瞭解的殺人行為。請凶手說出行凶的舉動向來很敏感，我們必須提醒他們其中的風險，因為我曾不只一次擔任「控方」的證人。如果某人否認或說明自己如何涉及一起謀殺案，但後來又給了精神科醫師一套不同於給警方的說詞，資深控方大律師（Queen's Counsel，又稱「御用大律師」）便能輕易地利用這點在審判庭上對付被告（或精神科醫師）。因此我們必須忠實且詳盡地記下我們聽見的說詞，因為法庭可能要求我們提供訪談筆記，由辯方或控方律師察看其中是否有任何矛盾之處。

我曾在老貝利法院不自在地坐了兩天，面對著御用大律師比爾．克萊格（Bill Clegg），他緊抓著我寫的訪談筆記與報告，而我則等著他傳喚我這名控方證人。該案的凶手使用日本武士刀殺人，雖然被告向我認了罪，但在那之前他卻在由警方偵訊時全盤否認自己有殺人。

哈迪當然從沒跟任何人說過他在犯案時的想法，但華特森沒有這種問題。他描述自己在案發幾天前：「喝了一堆酒、嗑了一堆藥，像是大麻、安非他命、大概八瓶思美洛調酒、大概五品脫的啤酒、葡萄酒、伏特加……我當時已經大約兩個星期沒睡好了。」

然後他告訴我，他在案發當天四處晃蕩，進了一間他想不起是哪間的酒館，喝了更多酒。他那天也灌了一大堆啤酒，還嗑了安非他命與大麻，「直到他們逮捕我。」

被問到襲擊希琳．努爾的這件事，他說：「我不記得了。我只記得被人用狗繩打頭。我的頭部有一道很長的傷口，而且還流鼻血。我應該是被突然竄出來的鳥兒嚇到跌倒。」

「我只有一些大略的印象……我記得我把自己的靴子弄得滿是泥濘。」

問及其他起襲擊案，他說：「我不記得了，不過我記得我給了一些孩子一枚戒指——我把我的銀蜘蛛戒指給了他們。」

問到齊雅拉．李昂尼提時，他說：「我記得我遇到她的時候，她正走出一條地下通道……我那時候有對她說話之類的，但我表現得像個傻子……我認為我跟她當時是郎有情且妹有意。」

「她當時想翻越一道圍籬，結果卻掉了下來……不是我掉下來就是她掉下來，我記不清了。我們穿越一片樹林，她朝我的腦袋扔了石子。」說到這裡時，他發出了笑聲。「我記得我的手和牛仔褲沾滿了暗紅色的酒漬。我用一塊石頭打她，她的嘴角好像有吐出某種泡沫。」

「她提到HIV，她說：『我有HIV。』我不知道……我當時喝茫了，但我還是很冷靜沉著。」他再次發笑，「我記得我有回家，還脫了衣服上床睡覺。」

他這番看來嚴重扭曲的說詞，讓我得以窺見當時大致的情形——看來他在那天遇見齊雅拉之前，曾「試過」他的襲擊手法；她在遇到這個如不定時炸彈的人時，心中毫無防備，也沒多少時間做出反應。她想必曾在偏僻的林間小徑上拒絕了他的接近，她想必也曾絕望地試圖擊退他已醞釀多日的襲擊行動。他因為被拒絕、被羞辱而壓抑許久，而根據他嚴重缺乏同理心的情形來看，他當時顯然完全沒打算控制自己。

我不得不對他提出有關強姦行為的疑問，而他在他扭曲的邏輯影響下，試著將它描述為兩情相悅。「我不記得那場性交是否美好，因為我當時有酗酒跟嗑藥……我記得我吻了她，我們想必愛上了彼此。」他說。

他說他「大概」有把手指插進她的陰道，口氣輕鬆得令我驚恐。

他的說詞雖然扭曲，卻大致符合犯罪現場；他對自己的殘酷行的輕描淡寫，是個充滿線索的特色。

但他笨拙地試圖隱藏屍體的這件事，又該如何解釋？

「事情發生後，我去了貝克斯利的一間酒館。我記得我在那裡弄到一些快克古柯鹼。」

然後他說他回去「事情發生的地點」。

「我想看她是不是還在那兒，所以我回去了。我確定我當時曾試著往她的肺臟裡吹氣。我記得我拿了一塊貨板蓋住她，但我不確定她當時是不是已經少了一隻腳……我不記得了，那件事可能有發生……我不記得我在這件事上是怎麼警察說的。」

他說他於兩天後的星期日在斯旺利鎮被逮捕，他對警方說了一些話，其中包括「我醉得瘋瘋癲癲」。

被問到對他不利的證據時，他說：「我當時看到她的相片，我為那頭可憐的小母牛感到遺憾。」

「我還是有很多事情不記得……在我看來，這件事令人髮指。但我無法感到痛苦或憂傷，我對這件事沒有任何想法，我沒有任何情緒。」

「我希望我能為這件事掉淚……但整體來說，我根本不在乎這件事。」

「我覺得自己恢復正常了。我對那女孩沒有任何感覺。我的心為她淌血。我的同牢獄友因為謀殺而坐牢，他常看見回閃記憶（他將「閃回記憶」（flashbacks）說成「回閃記憶」（back flashes）），但我總睡得很香。」

我坐在這裡，想著納粹戰犯阿道夫・艾希曼（Adolf Eichmann），以及作家漢娜・鄂蘭（Hannah Arendt）用「邪惡的平庸性」來描述他在受審時的那種儀態——她指的就是我現在所看到的嗎？

「我記得零碎的畫面，」我們繼續訪談時，華特森說下去：「我心裡的感覺很複雜……我哪還有臉見我爸媽？我怎麼會跟其他禽獸一起在這兒？」

然而，他接著談起他感受到其他獄友們對他的尊敬。「其他傢伙看出我是什麼樣的人……我不需要再說謊了……我不需要美化自己。」

這次的精神狀態檢查並沒有特別重大的發現，除了他說有時候會聽見腦海裡有些第二人稱的聲音——罵他是「婊子」或「白癡」，那些聲音很模糊，並且具有「假性幻覺」（pseudo-hallucinations）的特徵，但沒有證據顯示他患有真正的精神病。

真正的精神病患者會與現實脫節，並且經常有妄想症的型態，例如認定自己遭到迫害——覺得自己的身體被一種外來的力量操控，而腦子裡的想法也是從外界而來。這些妄想可能伴隨真正的幻覺，並且可能涉及「指示」（commands）。

精神病可能發生在原本發育正常的年輕成年人身上，但華特森顯然是在小時候出現了「行為不當」的發展規律：再三說謊、衝動行為、無法從經驗中學到教訓……這類不當規律符合「反社會人格障礙」（antisocial personality disorder）。

一個人為何會變成反社會？許多學者研究過這個議題，多數反社會人格障礙的案例並非先天決定，而是後天養成或出自於童年的經驗。想診斷一個人是否具有反社會人格障礙，必須觀察當事人是否曾在十五歲前出現行為不當的相關證據，並且在成年後做出非法、衝動、危險和不負責任的行為。反社會人格障礙其實很常見；尼古拉．辛格頓（Nicola Singleton）和傑里米．寇伊德（Jeremy Coid）的研究指出，服刑男性中有三分之二皆屬於反社會人格障礙[19]。而反社會人格障礙者當中，有少許患有更嚴重的精神病，符合精神變態的標準（或在精神變態測評量表上的分數很高）。有越來越多證據顯示，此群體中的部分生物學特徵為可遺傳的。

詹姆斯．布萊爾（James Blair）在美國國立精神衛生研究院擔任研究員，他曾表示大腦的神經生物學能解釋精神變態者的「道德推理能力」較低的原因[20]——研究指出，位於大腦顳葉深處的杏仁核是負責處理記憶、決策和情緒反應（例如厭惡、恐懼、焦慮和侵略性）的關鍵結構，但精神變態者的杏仁核卻無法將正確的訊號，傳遞給用於決策的大腦結構（位於腹內側前額葉皮質）。但這個解釋無法適用於所有的案例，我們還需要瞭解其人生經驗與大腦和行為之間的關係。

像華特森這種天生就擁有惡毒和無情緒特質的人，在遭到霸凌、適應不良和低自尊後，便容易成為精神變態者。我記得我以前在學校裡，有個男孩很喜歡拔掉大蚊（crane flies）的腿，藉此嚇唬年紀比他小的男生；他喜歡找其他男生挑釁、幹架，後來因為拿網球拍恐嚇一名年老的數學老師而遭退學。我不知道他後來的遭遇如何，但我相信他的人生經歷一定會帶給他深遠的影響，希望他後來沒有被送去少年感化院。而華特森對鴿子和老鼠所施加的暴力也暗指了一點——雖然他的成年人格很可能被他過去的人生經歷影響，但塑造他的不只是長期的霸凌經驗。

哈迪和華特森之間可能的共同點是「性無能」。當時只有華特森的說詞和驗屍報告能支持我的這項假設，哈迪的性無能顯然是因糖尿病所造成，而華特森的病因則大概是物質的濫用。雖然這兩起凶殺案都是受性慾所驅使，但其犯行並不包括當時法律所定義的「強姦」。

我在幾年後評估了一名中產家庭的男子，他的性偏差十分嚴重。從一開始無害的戀物癖——像是對香菸產生「物戀」（objectophilia）心態（他喜愛以香菸為主要道具的色情影片或性活動）——到後來喜歡上極端的綁縛、性虐戀和三人性行為，同時還有坎道列斯症候群（Candaules Syndrome）（他喜歡看妻子與其他男人發生性行為，並藉此獲得受虐的快感）。他曾出現嚴重的謀殺幻想，部分原因是因為看了恐怖片《恐怖旅舍》；他在某天起床後沒有開車前往他位於政府機關的辦公室，而是安排了與一名妓女相見，並差點用一把史丹利牌小刀割下她的腦袋，然而，他卻沒有與她發生性行為。在此案例上，「謀殺」本身就成了某種性癖——可以被稱作「凶殺癖」（homicidophilia）——殺人的行為本身就讓凶手感到興奮或滿足，這是性偏差的終極型態。

判決：謀殺罪成立。終生監禁，最少服刑二十六年。

我離開監獄，消化我訪談華特森後的資料，開始撰寫報告的草稿並尋求同行的看法。首先，我建議辯護團隊找名臨床心理學家。臨床心理學家雖然沒受過醫學的訓練，但也曾受過長達六年的其他嚴格訓練，包括進行博士級的學術研究。我們與臨床心理學家密切合作，因為他們能提供另一種觀點：他們採用「向度法」（dimensional）或「滑尺」方式評估心理和異常的行為，不像精神科醫師所使用的「類別法」（categorical）或「醫學模式」等診斷方式。臨床心理學家常使用結構式訪談、標準化測驗和評定量表，同時他們也受過特殊訓練，懂得使用各種不依賴藥物的「談話治療」，這些在法醫環境中非常重要。

我的同行伊恩・亨特（Ian Hunter）曾參與我的團隊，我們一同監管了卡姆登鎮的部分患者，他在律師們的指示下與華特森進行了兩次訪談並做了大量的測驗。雖然第一次訪談因為華特森變得太過侵略性而提早結束，但他在第二次測驗時冷靜了下來，並做了一些關於智力和記憶力的基本認知測驗。華特森的智商介於七十五和八十之間——一般人的智商大約為一百——他不算聰明，但也稱不上「學習障礙」。

伊恩也施測了「米隆臨床多軸量表」（Millon Clinical Multiaxial Inventory），這份詳盡的問卷共有一百九十五題，用於判斷一個人的人格特質和臨床症狀。其最後的測驗為**PCL-R**，又稱「精神變態測驗」，能量化我於臨床訪談中所發現的特質。

PCL-R共有二十個「計分題」，包括人格特質異常和偏差行為規律，例如「能言善道、表層魅力」、需要刺激、病態式說謊、缺乏悔意和罪惡感、寄生蟲般的生活方式、惡質的缺乏同理心、無法接受責任、衝動、不負責任、缺乏行為控制、青少年犯罪，以及犯罪多樣化。

為了提高「施測者間信度」（inter-rater reliability），我們進行了為期兩天的訓練課程，詳盡地定義每一個計分題。

伊恩結算分數後告訴我，米隆測驗證實華特森有反社會人格障礙，我對此並不感到驚訝。而且華特森的精神變態相關分數很高，在總分四十分中拿下二十八分。

這些評定量表強化了我們對受測者的臨床印象，也提供了另一個角度來協助我們瞭解這些極端的人類行為。

我也聯繫了我在醫學界的同行。我向來認為「非正式同儕審閱」（informal peer review）是我這一行的重要工具，而如今這已成為每名醫師、博士「專業重新驗證」的正式項目之一。數小時後，走廊的人潮變得稀少，我開始翻閱諸多文件和犯罪現場相片，並向隔壁辦公室一名我信賴的同行展示這件案件。我認為和同行交換意見非常重要——司法精神科醫師若試著獨自做出判斷便經常會產生誤判，與同行交換意見不僅能檢驗他們對診斷的假設，也能減輕這類困難案件所帶來的情緒影響。我和比爾．希考克（Bill Hickok）互相切磋，同時改善自己的法醫能力；我們會在各自扛起重大且複雜的案件時交換想法，檢驗自己的意見，最後才會將正式的判斷寫在報告上。我花了兩個週末的時間寫好了有關華特森的報告，並和伊恩在週五的座談會（又稱「期刊俱樂部」）上陳述此案件；我們會在此場合提出有趣又複雜的案件或研究報告，與同行們一起討論，以便多方檢驗我們的看法，最後才會在重要的報告「意見欄」上定稿。

為了確保報告毫無破綻，這一切都是必要的準備工作。我透過在證人席上的慘痛教訓學到自己現在所寫下的每一個字，都將被吹毛求疵的出庭律師們仔細審查，並會在幾個月後帶來後果——在老貝利法院的謀殺審判上，被御用大律師冷眼質詢。

我的華特森報告長達二十多頁，其中包括我與他的訪談以及所有進行過的測驗。我在報告中指出（其他人也確認了這點）他的重複說謊是為了提高自尊，並放大自己的成就，他製造出一個「假我」（false self）。他曾公然地說過，他說這些謊是為了描述他希望能成真的事物。這種說謊行為被稱作「幻謊」（pseudologia fantastica）、「病態性說謊」，又稱

「華特．米堤症候群」（Walter Mitty Syndrome）——借用自詹姆斯．瑟伯（James Thurber）所著的經典短篇故事。

病態性說謊者會創造出具有幻想性的謊言以獲得優勢或地位，而極端的幻謊則可能成為幻想暴動，包括自欺欺人的謊言。

獨來獨往的華特森，其童年充滿憤怒、霸凌經驗及在校所受到的羞辱，而他的成年生活也差不多是同一個走向。他發展出長期的低自尊和多疑，並且為了應付社交場合而發展出「假我」。他可能擁有惡毒且無情緒的人格特質，證據是他喜歡收集顱骨和武器，並且喜歡折磨動物。他失去了工作和女友，使得吸毒問題變得更為嚴重，而曾試圖揭露其說謊問題的家人和諮商師，似乎反而將他推下懸崖。

他曾做出暴露狂舉動，以及他妹妹所指出曾在他房裡發現的妓女性交姿勢相片，都顯示他的性幻想和行為越來越嚴重。但能確認這一切的相關證據，直到幾年後才出現。

華特森對其他人的感受漠不關心，有著嚴重且長期的不負責任態度，無法維持長久的人際關係，並且難以忍受挫折——他顯然符合人格障礙的定義，主要為反社會的型態。

他在描述自己犯案時發出了不恰當又愚昧的笑聲，且對受害者缺乏悔意，甚至做出惡毒的評論……都證明了他符合PCL-R上「精神變態者」的特質。而犯罪現場和驗屍報告則指出，這是機會型且無組織的襲擊，並且對受害者做出了極其暴力的行為和身體破壞。

華特森的犯罪現場顯示這是一場一時衝動的無組織殺戮，相反地，哈迪的駭人犯案則是有組織且有計劃的。這兩起案件清楚地描繪「淫樂殺人」（lust murder）的兩種類型——

此概念最初由聯邦調查局的隆．黑澤伍德（Ron Hazelwood）和約翰．道格拉斯提出，他們對三十六名被定罪的性謀殺犯進行了一系列的深度訪談，其中包括泰德．邦迪和艾德蒙．肯培。邦迪後來因為諸多案件中的其中幾案被定罪而遭到處決，就算他其實跟另外三十多件命案有關；肯培殺害多人且有戀屍癖，他曾一度入獄，但相關單位拒絕了精神科醫師的建議並決定釋放他，結果他出獄後又再次殺人。

有組織和無組織的凶手所留下的犯罪現場並不相同。像哈迪這類有組織的凶手會使用計劃和控制，並且會反映於犯罪現場。有組織的凶手極可能使用話術以接近受害者，他們通常擁有高於一般水準的智商——哈迪原本是名工程師，而他顯然便是透過話術誘騙他的受害者進入他的公寓。相較之下，華特森這類無組織的凶手則是在一時衝動下犯案，他們缺乏事前準備或想法，且通常會使用犯罪現場既有的道具（例如使用磚塊的華特森）；他們通常智商較低，社交能力也較差。

然而，我們必須在老貝利法院解決的問題，並非像聯邦調查局進行犯罪的分類。我和伊恩都認為有足夠的證據指出，華特森在殺人那一刻的精神狀態符合「心智異常」的法律標準，他擁有反社會人格障礙，連帶還有精神變態的特徵。至於心智異常是否會影響了他的法律責任，則會由法庭——嚴格來說是陪審團——來決定。在此之後，法律有些改變——在解決「決定性的問題」（ultimate issue）時，專家將背負更多責任。專家可以發表意見，但最後必須由陪審團決定。

我把我的報告交給律師們。因為這是刑事案件，而不是擁有充足資金的民事案件，因此我們不用前往「中殿律師學院」，與在裡頭的辦公室享用咖啡和餅乾的大律師們開審前會議。我們來到一棟閣樓式的半球型屋頂建築，牆上繪有「倫敦大轟炸」（London Blitz）的場面。這棟老舊的建築位於老貝立法院四號法庭的外頭，建於一九〇七年。我們圍坐於一張會議桌，而討論被限縮為一小時的輕聲談話。

老貝利法院的正式名稱是「中央刑事法院」，擁有悠久的歷史和莊嚴的氣息——這塊土地過去曾是惡名昭彰的新門監獄（Newgate prison）的所在地——就連建於一九七三年、較為現代的延伸部分，也是以實心的義大利卡拉拉大理石建成，欄杆則是由倒過來的黃銅「正義之劍」組成。法院裡的十八間法庭，平均每年要審理超過一百五十起謀殺案和其他重大刑案。

我和伊恩都很清楚我們打算提出的精神病抗辯十之八九會失敗。老貝利法院找來的陪審團（我相信這些人也會覺得這座法院的環境很壯觀）將會清楚地瞭解這起犯案有多麼罪大惡極。但我認為只要有證據顯示凶手患有精神障礙，就必須通報辯護團隊及其客戶，好讓他們決定是否應該在法庭上提及此事。我曾幾次在法庭上提出被告處於「心智能力減損」的狀態，而這麼做的部分原因是，如果精神科醫師表現得既像法官又像陪審團，並不公平地關上門，那麼被告就能責怪辯護團隊沒給他們提出精神病抗辯的機會，無論其成功率有多低。如果他們在接受建議後決定認罪，就可能在之後的漫長時間裡為這個決定感到後悔，並且可能會因此決定上訴，採取「精神科醫師的專家證言害他們失去了公平受審的機會」的論點。我的幾名同行都曾有過這種遭遇。

簡而言之，我們的職責是忠實地報告我們所發現的「心智異常」跡象。華特森想賭一把，他想透過裁量判刑而被判較輕的過失殺人罪，而非因謀殺罪而判終生監禁，但他同時也被警告，如果因此迫使受害者的家屬參與審判程序，他「申請保釋前的最低刑期」便可能因此拉長。然而，他還是想在法庭上為自己的行為辯護。我的前輩保羅．波頓（Paul Bowden），同時也是法醫界的先驅者，他在參與老貝利法院的謀殺案審理多年後說過，被告如果痛哭認罪，下場會比較好；而如果被告在法庭上聲稱自己是精神變態，就一定會使法官認定其會危害社會，並做出符合這種印象的判刑。

在我看來，謀殺案審判是一種具有淨化作用的社會劇場——被告坐在被告席，受害者家屬則坐在旁聽席；所有相關證據獲准呈上後，檢方提出的案件就此展開審理。**社會是不是透過這種以長袍和假髮組成的法庭劇場，來為混沌且殘酷案件帶來秩序和結局？這麼做能幫助受害者家屬嗎？或是為他們帶來更多的痛苦？**我常想著這些問題。

在這種精神科案件上，唯一的辯方證據就是我和伊恩所提出的，因為檢方提出的謀殺相關事證早已被接受。陪審團的疑問不是「凶手是誰」而是「凶手為何行凶」。皇家檢控署請來他們最喜愛的一名精神科專家來為檢方反駁我們的論點，我們會進行「受爭議的心智能力減損抗辯」。皇家檢控署請來的專家在法庭上自信滿滿，但他有個令人惱火的習慣——他總在與陪審團說話時將自己當成了大律師，而非應該保持中立的專家。

我和伊恩參與了最後一天檢方描述證據的整個過程，不久後我便被叫進證人席，在陪審團眼前宣誓。

一開始，我方的大律師對我提出幾個輕鬆的疑問，進行所謂的「主詢問」，接著我逼自己鼓起勇氣，接受檢方團隊對我進行的交叉質詢——與我對立的專家會把犀利的提問寫在便利貼上，遞給檢察官。多年的經驗已經讓我懂得在撰寫報告的同時預測檢方的質疑，但真正面對時，還是每每令我緊張且充滿挑戰性。這有點像在醫學院接受口試，並決定你能否度過一個愉快的暑假（如果口試沒過，就代表你整個暑假都得拚命抱佛腳，並等著接受決定生死的重考）。

「醫師，你說被告在犯案的相關時間中處於心智異常的狀態。」

「是的，我是這麼說的。」

「醫師，我能不能請你協助我們瞭解『心智』是什麼？而『心智異常』又是什麼意思？你能否向陪審團說明？」

我曾經因此皺著眉看著一名專家且說不出答案，但「心智異常」的定義在一九六〇年的布萊恩案中已有所說明。和華特森一樣，布萊恩（Byrne）也殺害了一名年輕女子並破壞了她的遺體，相關紀錄指出他有「暴力慾望」。上訴法院的判定是，「心智」應該指心靈所有層面的活動，不僅意味著一個人對實際行為的感知，也包括這個人有沒有能力判斷是非對錯；「心智」包括一個人是否能運用意志力做出符合合理判斷力的行為。上訴法院的法官們也以令人困惑的循環論證指出，異常的心智必須與正常的心智截然不同，好讓一個正常人將它稱作「異常」。

相反地，精神科認為「心智」介於大腦的生理和化學結構之間——心智功能包括感知（例如視覺、聽覺、嗅覺）、處理感受和情緒、意識、語言、記憶和思考。心智讓我們能想像、分辨和瞭解，是我們的想法、態度和希望的儲存處，並且能讓我們能做出合理的判斷。心智涉及了許多複雜的層面，而當精神科醫師坐在證人席上對謀殺犯的心智表示意見，卻沒事先考慮過這些層面時，就很難說服法官或陪審團相信其擁有必要的專業能力。你可能會覺得這種事不可能發生，但它確實會發生。

法庭上的司法精神科實務常需要試著讓當代的精神科觀念與晦澀過時的法律定義對齊。奈傑．伊士曼（Nigel Eastman）是倫敦大學聖喬治學院的司法精神科教授，他表示這種實務對任何專家而言都深具挑戰性，對精神科這種「不精確科學」更是如此，那感覺就像是拿橄欖球來打板球賽一般㉑。

午餐時間到了，我暫停提出證據。在老貝利法院，你得喊法官們「法官大人」（My Lord），因為他們雖然是巡迴法官，卻擁有等同於高等法院法官的尊貴地位。那天，法官嚴厲地提醒我，不准在休息時間跟任何人討論我的證據，因為我正處於宣誓作證的狀態，大律師也絕不能偷偷指導自己找來的專家該如何發言。也因此，雖然法院旁的萊姆伯納巷裡有許多吸引我的壽司店和居酒屋，我還是選擇在法院三樓的食堂裡吃著口感宛如野戰口糧的棕麵包乳酪三明治。我趁著這個機會將自己的報告再看一遍，思索著該如何應付可能的質詢；檢方提出的疑問會試著破壞我的可信度以及我對證據的分析。

辯方的發言結束後，皇家檢控署的專家有權決定是否「推翻」精神病抗辯。在美國，檢方可能會找來「推翻『免除死刑』論點的專家」，來挑戰任何不想讓凶手接受毒劑注射的精神科意見。我很慶幸我不用面對這種道德兩難。

皇家檢控署的專家借用了學生辯論社會使用的狡猾伎倆——他幾乎認同了我們報告中的所有論點，但他雖然同意我們的診斷，卻指出如果「性滿足」確實是犯案的一部分，那麼陪審團便應該考慮這是凶手的「有目的的行為」，因此凶手就算心智異常，該負的責任還是完全不可減輕。透過這個高招，皇家檢控署的專家就不用對我們辛苦準備的診斷做出任何反駁，同時也避開了一個核心問題：「精神異常狀態能否解釋凶手為何殺人？」

謀殺抗辯的第二個部分，是詢問凶手的刑事責任是否應該大幅減輕，這有關道德而無關醫學。我向來避免在責任議題上發表意見，除非法官堅持要求我作答——若真要我回答，我會說陪審團必須自行判斷：「法官大人，我認為心智異常能讓被告大幅減輕責任，但能否減輕關於犯案相關時間的責任不是由我來決定，而是由事實審理人來決定，也就是這個法庭、法官大人您，以及陪審團的成員。」

陪審團一致裁定：華特森的謀殺罪名成立。他聲淚俱下時，法庭上正在播放他接受偵訊時的紀錄磁帶。從他與我們的訪談上來看，我們都同意他是為自己而哭，而不是為他的受害者而哭。

判決：終生監禁，最少服刑二十五年才能獲得第一次假釋審查。

幾年後，華特森在一場懸案審查中，被判犯下兩起嚴重性侵案和一起暴力強姦案，這些案件都發生在最後那起姦殺案之前。這對我來說還算合理，因為從最後一起姦殺案的時間點來看，他的行為在一瞬間就升溫成「性謀殺」的可能性似乎太過極端。

我在第一次訪談華特森並提出最後一個疑問時，我正在思考他在貝爾馬什監獄的起居制度。他被關在最高戒備的牢房——為了保障他的人身安全，而讓他住在一間單人牢房。他每天會有二十個小時待在房間裡，伙食會以托盤送上，而房裡沒有任何自然的光源。他會隻身在操場活動，並且在每次接受探訪的前後接受體腔搜索；他的電話會被監聽，並且不准接觸酒精或毒品，只能吃味如嚼蠟的食物。我問他適應得如何，他微笑地說：「我很好，醫師。這裡很溫暖，我覺得很安全。我覺得我終於待在一個適合我的地方。」

華特森的審判在二〇〇四年終結，但我必須等到二〇〇五年才能公布有關哈迪案的文章。判決的延遲無可避免地剝奪了我對豔陽晴日的享受。

我無法在文章出版後出席記者會，因為這會使我的情緒過於激動。某個晴朗的早上，我駕車穿越馬斯韋爾山並在收音機上聽見相關新聞，隔天的報紙上也刊登了：「精神科醫師們已被免除卡姆登開膛手案的相關責任。」

這項調查也發現，精神健康專家們在哈迪出院時所掌握的情報，使他們在當時無法依據英國精神衛生法繼續拘留哈迪。由於二〇〇二年一月的謀殺罪名已被撤銷，因此在本頓維爾監獄中見過他的兩名精神科醫師，將他從法庭轉去精神病院是正確的決定。而工作人員對待他的方式則是依據他曾在酗酒期間做出的刑事損害，考慮到他的躁鬱症病史，相關單位認為讓他在精神病院待上一段時間會比直接從監獄釋放好。

他入院後會配合治療，包括接受用於治療躁鬱症的鋰鹽藥物，並且他也答應會參加社區的戒毒戒酒中心來處理酗酒的問題。他在醫院待了幾個月，沒有出現異常的行為。一個獨立小組審查了他被拘留的原因，以判斷他是否「必須為了患者本身的健康或安全而被繼續拘留」或「是否有必要為了保護他人而被繼續拘留」，因為「除非他是因為這些理由而被拘留，否則他不能獲得療程」。

進行這些檢驗的舉證責任在於醫院，而由於哈迪當時也答應會接受社區治療和後續療程，因此院方完全沒有權力留住他。MAPPA的轉介步驟在當時還很新穎，而他所造成的刑事損害嚴重性太低，並不符合MAPPA的要求（MAPPA適用於更嚴重的犯行）。

當時照顧哈迪的工作人員曾感到強烈不安，因為蘿絲・懷特命案的相關情況並未獲得解釋，加上他們覺得哈迪不值得信賴、喜歡操弄人心，並且缺乏情感。換言之，他讓人們覺得他很「詭異」，但這當然也不足以構成繼續拘留他的理由。

該調查沒有發現任何職業過失的相關證據，並指出他的躁鬱症並非造成他犯下謀殺罪行的原因。他們也表示，就算當時依據英國精神衛生法的精神病院法規繼續拘留他，也無法降低他日後犯下謀殺的風險。該調查小組的主席羅伯特・羅賓森承認，這些調查結果確實無法安撫希望這種悲劇絕不會重演的人們。

當然，我們現在已經知道哈迪確實是名冷血的性虐待者，而他在聖路加醫院住院的時間點，想必是介於三起謀殺案的第一起與第二起之間。他沒有安德魯．庫納南或泰德．邦迪那些精神變態殺手的「能言善道、表層魅力」，但他不值得信賴、喜歡操弄人心的本性，也意味著一般的精神訪談根本難以查出真相。想診斷出他真實的狀況，只能透過司法系統；換言之，連續殺人犯不會承認自己做過了什麼，除非他被抓到。

人們在當時也曾爭論精神變態者能否被治好——英國精神衛生法在二〇〇七年經過修改，鼓勵醫院更努力治療較為無害的人格障礙，而原本負責處理「危險嚴重人格障礙」（例如精神變態者）的醫院團隊則都被解散了，因為至少有一半的精神變態者都拒絕接受治療，因此根本不可能有所進展，他們甚至還很擅長「假裝配合」。近幾年，這類族群的管理責任交給了高度戒備監獄，例如懷默監獄。

這一切問題的根源就是那份錯誤又敷衍的驗屍報告。如果懷特命案的驗屍被正確執行，哈迪就會被判終生監禁並至少服刑十五年，也就不會在那一年殺害另外兩個人。我在緊繃了將近三年之後終於得以鬆一口氣並放下哈迪案，但他對我的整個職業生涯造成了重大的影響，導致我後來在處理每個案例時，都會設想最壞的打算以及所有可能的後果；我在考慮要不要採取某種行動時，常會想到：「他們會在謀殺調查上怎麼說？」

哈迪極有可能是將心中的怨恨、厭女症及糖尿病造成的性無能，轉化成性虐待、凌辱和謀殺。而殺人棄屍的行為則源自他的變態施虐需求，他需要控制他人的生死以獲得滿足感。他的憂鬱症和躁鬱症轉移了人們的焦點，他會對三起謀殺案認罪，是因為他預料到自己會被指出在犯案時的真正精神問題。

然而，精神診斷和犯罪現場分類法，只能描述凶手的內心世界和謀殺行為；儘管神經科學、司法精神科和犯罪學已有所進展，我們還是永遠無法理解任何駭人的犯罪行為。最近有越來越多男性試著以某種辦法逃避謀殺的罪名，他們宣稱受害者的死亡是粗暴性愛的意外後果，但不可能有人會同意讓自己被殺。哈迪當時曾提出一個令人難以信服的說詞——他的受害者們是在他睡著後，被他的體重壓得窒息而亡。這種說詞反而讓我們更加懷疑他真正的動機和行為，但他應該會將自己所作所為的完整細節帶進墳墓裡。

第二章

因精神疾病而引發的凶殺案

個案研究：丹尼爾・約瑟夫

第五節

深紅色的靜脈血流過她的前臂，被白紗布吸收。我用戴著手套的手拿著紗布，輕輕吸掉更多血，繼續用3-0絲線縫合皮膚。這名名叫榭莉爾（Cheryl）的傷患，用刀片在左前臂上劃出兩條很長的縱向傷口。傷口平整，而且很深，貫穿了黃色的皮下脂肪。

時間是一九九八年，地點是貝特萊姆皇家醫院的「危機復原病房」（Crisis Recovery Unit，以下簡稱「危復病房」）。這個病房的宗旨，是要管理重複自我傷害的患者，他們經常被診斷出患有邊緣型人格障礙，且大多曾在童年時期受過嚴重的虐待。麥可・克洛醫師（Dr Michael Crowe）和衛教護理師珍・邦克拉克（Jane Bunclark）所設計的危復病房採用了一種新穎的做法——不試圖使用物理方式以避免患者重複做出「非自殺性」的自殘行為，而是強化患者的自我控制力[22]，意即不同於一般的精神病房，尖銳的器具在危復病房裡不會被藏起來或被當成違禁品。相反地，患者可以使用經過消毒的刀片（有名患者甚至獲准使用強酸），因此對初階精神科醫師（當時被稱作「專科住院醫師」）而言，縫合傷口是家常便飯。而既然我們是唯一在夜間值勤的精神科醫師，就必須負責處理在這種時候發生的醫學和精神科問題。我不久前才在急診室工作過，因此在這方面的經驗比我的初階精神科技能更能派上用場。

我們被指示不要對患者的自殘行為做出獎勵，但也不要做出懲罰。換言之，我們不能提供太多安慰，而要提供正面的注意力，同時不能太嚴厲或對患者不屑一顧。因為自我傷害的動機十分複雜：流血、感受疼痛、想獲得懲罰和其他人的回應……其中都可能具有「增強」（reinforcing）作用。因此我們必須對患者採取「適中」或「剛剛好」的方式，維持冷靜且中立的態度，並積極地修復患者所造成的傷害。

我又抽取了五毫升的利多卡因，並將這種局部麻醉藥注射於第二道傷口，同時告知樹莉爾這類藥物會使她感到一陣激烈的疼痛。我停頓片刻等藥效發作，在平靜且沉寂的氣氛中為她的第二道傷口縫了八針，輕輕地用紗布吸掉傷口滲出的血。護理師在一旁幫忙噴灑一些聚維酮碘並為傷口蓋上敷料。樹莉爾面露微笑，感謝我幫她縫合傷口。我的表情盡可能保持中立，沒露出生氣的情緒，也沒試著安撫她。

手術完成後，我走出病房（這裡採開放式病房，大門皆沒上鎖）回到待命醫師的車上，這是一輛排檔有問題的破舊日產（Nissan）車，車上備有全套的急救用具，行李箱裡還有一臺心臟除顫器。

這是個潮濕又冰涼的夜晚，我擦掉擋風玻璃內側的凝露，拉出阻風門並發動引擎。我要再處理一、兩起案件才能下班，因此我沿著醫院土地的內部道路行駛，遵守時速十五哩的限制。我拐進一條側路，來到中度警戒病房的停車場，準備處理我今晚最後一個案例。

一隻狐狸跑到我的車子前方，醫院寂靜無聲。

貝特萊姆醫院又稱「聖瑪麗伯利恆醫院」，但人們最熟悉的是它的綽號「貝特萊姆瘋人院」。你想必聽過這個名稱，它曾是瘋人院時期的非人道象徵，它激發了威廉．賀加斯（William Hogarth）畫出《瘋人院》——他的《耙子的進步》（*Rake's Progress*）系列的最後一幅畫——該畫是布利斯．卡洛夫（Boris Karloff）的一九四六年同名電影的靈感來源。貝特萊姆醫院在一九九八年慶祝其創建七百五十年週年，它創建於一二四七年，當時位於倫敦城牆外的主教門，在第七世紀時搬遷到摩爾菲爾茲的老街；在十九世紀初期，該院搬遷至南華克倫敦自治市的聖喬治墓地（該地如今成為帝國戰爭博物館）。南華克倫敦自治市的某個院區成了英國的第一座刑事瘋人院，這座設施後來被獨立搬遷至布羅德莫精神病院。貝特萊姆醫院最近一次的搬遷是在一九三〇年，它被移至肯特郡的貝肯翰姆村附近一片寬廣的土地（擁有一片開放的草地和果園，甚至還有一座板球場）。這座設施後來與莫斯利精神病院合作，成了一座先進的現代精神病院，擁有一流的醫療技術，而其中的法醫團隊則是最新的成員。然而，並非所有的改變都是好的——在一九九九年的一次擴建中，競爭心態促使七百五十二年的「貝特萊姆醫院」被改名成索然無味的「南倫敦」。如果約翰霍普金斯醫院被改名成「東巴爾的摩」，你作何感想？

儘管如此，這間醫院惡名昭彰的過去還是透過凱烏斯．吉柏（Caius Gibber）的雕像而被保存了下來，傳達了「狂亂」又「憂鬱」的瘋狂。這些雕像曾豎立於醫院的門口，如今則被收藏於醫院的博物館內。

貝特萊姆醫院裡的各處隨時都可能呼叫值勤醫師，例如被叫去處理危復病房裡像榭莉爾的這類患者，或被叫去「全國精神病房」——這個開放式病房負責處理從全國各地轉介來此、極難治療的思覺失調症案例——也可能被叫去特殊病房，處理擁有學習障礙、恐懼症、需要戒酒和復原（這部分因為戒癮治療的經費被砍掉而早已停止）、青春期問題以及飲食失調症的患者（採用了處理嚴重厭食症和暴食症的密集療程）。大多數病患都能來去自如，因為他們身上暗藏的危險較可能針對他們自身而非他人。

我那天晚上的最後一項任務是前往名叫丹尼斯希爾（the Denis Hill）的中度戒備法醫病房，這是在一九八〇年代加蓋的新設施，我需要到裡頭寫些連續處方箋。我按下電鈴，一名護理師按鈕讓我進去，我走過由厚重玻璃組成的雙層氣密門。兩條走廊共有二十四間病房，裡頭靜得詭異，只有兩名患者在公眾休息區裡看著深夜電視節目。法醫患者在療程邁上軌道，並專注於復健時通常都情緒穩定，同時也會盡力改善自己的生活（如果他們變得不穩定就會被送去貝特萊姆瘋人院）。這個晚上一片太平。「加護病房」（又稱「緩和區」；為病房裡的獨立區域，較為激動的病患將在此接受照護）及隔離室裡都沒有人。

我花了兩分鐘填寫兩份表格，並交叉檢查病例以確認療程計劃。裝在文件夾裡的「病例筆記」上寫滿了筆記，紅色角落記錄著住院的患者，藍色角落則記錄著門診的患者。法醫病房的這類文件通常厚重且整理得有條有理，其中包括詳細的背景歷史、患者因為犯下何種重大刑事案件而被送來精神病房，以及我們對該案的分析，我們和患者將這種案件稱作「指數罪案」（index offence）。我之所以對司法精神科感興趣，就是因為這些辛勤的評估工作，以及臨危不亂的資深護理師——他們在面對患者的瘋狂行為時總是不動如山。與此相反，短期住院的精神病患在病房裡會引發混亂且混沌的氣氛，患者偶爾出現的暴力行為常引發不必要的驚慌失措。

我做完今晚的工作，回到醫院旁簡陋的待命公寓，房裡有一張床、一個小廚房，以及座椅區。跟大醫院的忙碌夜晚相比，貝特萊姆醫院的午夜通常很平靜，除非有人出現騷動而需要被注射速效鎮靜劑，或發生緊急的醫療狀況，否則我應該可以睡幾個小時。

我清理了外送咖哩飯的殘渣。我不幸錯過醫院食堂的營業時間，後悔從附近的一間咖哩屋點了外送的勁辣咖哩雞——我明天肯定會為此付出代價，到時候胃袋一定會咕嚕叫個不停。

我輾轉難眠了一段時間，因為我在值勤的十五小時中喝了太多咖啡，但我終究還是睡去了。

我驚醒。呼叫器正急促地鳴叫，呼叫我立刻前往法醫病房。我沒驅車前往，而是匆匆換上衣服，小跑過去。

以現在這個時間點，我其實可以將這通呼叫交給即將前去值勤的醫師，但這通呼叫確實應該由我處理。工作人員按鈕打開氣密門，我走進其中，發現每個人都神情緊繃，我聽見緩和區傳來呼喊聲。緩和區裡有一張以黃銅螺栓固定的低矮木製長椅，其周圍鋪設了軟墊，而電視機則以厚重的塑膠與玻璃覆蓋。值勤的護理長希薇亞（Sylvia）告訴我，有名病患在幾小時前從莫斯利精神病院的低度戒備精神科被轉送來這裡。

我當時不清楚這名患者究竟犯下了什麼罪行，但日後的一份獨立調查報告列出了那些駭人事件的細節——那天是一月二十二日星期四，清晨七點四十五分左右，十八歲的丹尼爾·約瑟夫踹開友人卡菈·湯普森（Carla Thompson）的公寓前門，闖進她睡覺的臥室，揪住她的頭髮並將她拖出房間。他痛毆她，同時破壞了公寓。他抓她的頭去砸牆面的暖氣片及門框，接著踹她的腦袋、用力地踐踏她。他在這場野蠻的襲擊中試圖點燃她的頭髮，但沒能成功，因此他用拖繩纏住她的脖子，將她拖出血跡斑斑的公寓，拉向外頭的停車場。

接著，他用一塊木板砸爛幾輛車的車窗，再用磚頭砸破一間公寓的廚房窗戶，該公寓的住戶是五十三歲的艾格尼絲·伊魯姆（Agnes Erume）。他進入艾格尼絲的公寓，將她拖到外頭，沿梯而下。他把她擺在卡菈旁邊，用繩索將兩名女子的頸部綁在一起，他繼續踹她們倆，就算她們早已失去意識。

這時，已有幾名警官趕到現場，丹尼爾在兩名女子前方擺出類似中國武術的架式。警察對他噴灑催淚瓦斯，但似乎沒有對他造成影響。支援警力抵達後，警察們逼近丹尼爾，但他卻突然跳到一輛車的引擎蓋上「像泰山那般」捶胸，接著又跳下車，開始朝警察扔東西。警察花了二十多分鐘才制伏他，將他押進警車。

二十一個小時後，卡菈·湯普森因五十多種傷勢而宣告不治。艾格尼絲·伊魯姆的狀況雖然原本也不被看好，但她最後奇蹟似地復原了，並且幸運地完全不記得襲擊經過。

犯下凶殺案的凶手在被逮捕後，通常會被警察拘留一晚，並於隔天早上被送去治安法院，接著被羈押在一座B級的監獄裡接受精神評估。但這次的案例非比尋常。希薇亞說他們希望我跟著應變小組進去，為凶手注射速效鎮靜劑，因為他目前情緒激動且拒絕配合。

我們只有在「走投無路」的情況下才會使用速效鎮靜劑，以確保患者的安全和健康，而現在就是那種情況。我請院方提供一套標準的速效鎮靜工具，包括蝴蝶針、酒精棉片、兩支十毫升的注射器、幾瓶「地西泮」（Diazemul，一種乳白色的可注射式「diazepam」，現在在精神科環境中已不再使用），以及氟哌啶醇（這是一種能透過肌肉注射抗精神病劑，現在一般都改成靜脈注射）。

準備就緒後，我向從另一個病房調來的應變小組說明了行動方案。「約束」（restraint）這個字眼的印象不佳，我們如果採用這種手段，就必須受到密切的監視與審查，而最好的方法便是透過監視器。這套技巧稱作「預防與管理暴力及侵略行為」（簡稱PMVA），宗旨是以妥善、安全且人道的方式約束病患幾分鐘，使工作人員得以進行緊急醫療處置或將患者送去隔離病房。

我們正準備進去時，有兩名負責觀察約瑟夫的護理師匆忙地出來了，他們將門重重甩上。我窺視門上的玻璃窗，這是我第一次清楚地看見他——他是名壯碩且肌肉發達的年輕人，身高約六呎七吋，正試著拔起固定於地板的一張木椅。他輕鬆地扯壞黃銅螺栓，並開始敲打裝在牆面凹洞裡的電視機螢幕護板。我們擔心他會傷到自己，也擔心他會逃出病房並襲擊我們。

此時，我們聽見警笛，並被告知地區支援部——嚴格來說是鎮暴警察——已經抵達現場。我來到停車場，看間三輛廂型車載來的鎮暴警察正在穿戴裝備；我與帶隊的小隊長談話後，得知他們已經出動兩次：第一次是在抓人的時候，第二次則是他開始破壞低度戒備病房不久後。

鎮暴警察廂型車的後方，還有一輛警車和另一輛廂型車。我看見一名警犬管理員和兩名武裝警察，他們的腰間都繫著葛拉克（Glock）手槍，並且手持九釐米口徑的黑克勒科赫MP5衝鋒槍。「他就算突破我們這條線，也不可能突破後面那兩條。」小隊長注意到我擔憂的眼神，因而對我說明。

這顯然已經成了重大事件，因此在我看到我老闆駕車進入停車場時並不感到意外。大衛．莫特肖醫師（Dr David Mottershaw）經驗豐富且做事果斷，他不接受廢話；他來自蘭開夏郡，說話有著明顯的當地口音。他在驅車前來的路上已經聽取了簡報，他來到我們身邊，告訴我資深階層已經討論了這件事。病患的焦躁程度顯示他顯然需要被送去最高戒備設施，而伯克郡的布羅德莫精神病院已經答應會接收他，並且願意略過平時那套冗長的轉介程序和入院審查。

我和莫特肖醫師討論現況的時候，一輛救護車來到現場。鎮暴警察小隊長、武裝警察的隊長，以及警方的高級警官共同制定了計劃。因為約瑟夫已經把木椅扯下並當成武器，對他進行PMVA的風險太高，所以我們取得共識——鎮暴警察將使用盾牌來壓制患者，讓我們趁機試著為他施打鎮靜劑，如果能順利做到，之後就能考慮「把他送去高度戒備設施」是否務實。

與此同時，約瑟夫還在加護病房區大肆地破壞。莫特肖醫師對於討論所造成的延遲感到不耐煩，他要小隊長趕緊帶人進入現場，因為約瑟夫很有可能會自殺。小隊長請莫特肖醫師對他的團隊說明病房裡可能會發生的狀況，一旁的三十名鎮暴警察開始集結成隊伍，他們都配戴了戰術頭盔、透明面甲、腿甲和鎮暴盾牌。

大衛．莫特肖看著他們，以他平時那種直截了當的語氣說：「他身高六呎七吋，是名摔角手，也是健美先生，而且**他徹底瘋了**。他八成會以為你們想殺了他，再加上他是聾子，所以別浪費時間跟他講道理。你們唯一要做的就是用盾牌把他壓制在地，讓我們為他注射鎮靜劑，之後就由我們接管。」

警察們雖然戴著透明的面甲，但我還是能看見他們瞪大的眼睛。這個狀況顯然與其他的鎮暴情境不同，並且顯然也大大地超出了他們的舒適圈。

精神科醫師能夠「將蝴蝶針、導管和靜脈注射藥物全部插進正確部位」的這種能力，會因為平時不常真正執行而變得生疏。我聽見莫特肖醫師對警員們說「讓我們為他注射鎮靜劑」時，立刻便明白他指的其實是**我**。

其他患者們都被護送去其他病房了，鎮暴警察們走進被打開一條縫的氣密門，他們如羅馬方陣兵那般挪步前進，來到病房的門外。一名護理師拿著鑰匙等待大夥倒數，接著開了門。

警察們高舉盾牌衝進病房，喊著要他趴下，他們顯然忘了莫特肖醫師的指示。約瑟夫顯然被他們嚇到了，他很快便遭到制伏。在幾聲咆哮和模糊的吆喝後，警察們喊道：「**醫護人員！**」

他們是在叫我。我進入病房，約瑟夫被壓在地板上，而他肌肉發達的兩條前臂則被兩副手銬反銬於身後。我屈膝跪地，為他施打藥物。想透過靜脈注射鎮靜劑，就必須先用酒精棉布消毒施打處的皮膚。我使用的是23G的蝴蝶針，我必須在前臂上找到一條適合的靜脈，將注射器柱塞往後拉，讓血管的血回流，以確保針頭確實插進了正確的部位。我慢慢地注入地西泮，同時觀察患者的呼吸速度和脈搏。

製成口服藥的地西泮，其名稱是「樂平片」（Valium），是屬於「苯二氮平類」（benzodiazepine）的精神藥物。透過靜脈注射五到十毫克的地西泮，便能使年長者陷入半清醒的鎮靜狀態，而年輕健康的成年人則需要使用更多的劑量。我過去在澳洲工作時，曾對一名體格魁梧的橄欖球員施打了超過一百毫克的鎮靜劑——他當時躁鬱症復發，還吸了古柯鹼，我們不得不請警察在曼利海灘逮捕他，將他送去曼利醫院的東翼病房。後來基於安全理由都改為透過肌肉注射，但在一九九〇年代的標準做法是透過靜脈注射；我按照當年的標準程序，為約瑟夫追加了十毫克的氟哌啶醇（也是透過靜脈注射），以提供更長效的鎮靜效果，並減緩偏執狂（paranoia）之類的精神症狀。

不久後，約瑟夫靜靜地睡著，護理師們監測著他的脈搏和呼吸速率。我走到門外跟莫特肖醫師和高級警官商談。

「醫師，他會睡多久？」高級警官詢問。

「很難說。地西泮的藥效大概能持續四十分鐘到一小時。」

「所以之後的計劃是什麼？」

「布羅德莫精神病院的高度戒備病房願意接收他。」

「布羅德莫已經準備好接收他？」

「是的，盧頓鎮的住院病房有一張病床。我們已經獲准直接開車載他穿過大門。我們現在唯一要做的，就是安全地把他送到那裡。」

「了解，」偵查總警司說：「我們會用開著警示燈的救護車送他去布羅德莫，但我要鎮暴警察和ARV（武裝反應車）跟我們同行，以防他醒來。」

我們取得共識——我和資深護理師會坐在救護車裡陪伴躺在擔架上的約瑟夫，同時車內還會有兩名鎮暴警察護送我們，而其他警察們則會坐在廂型車裡同行。

醫護人員將約瑟夫送上救護車，為他接上監視血氧濃度、心跳和血壓的設備；他因為正在熟睡而被拿掉了手銬。我帶著一小袋額外的藥物，在車裡的折疊式座椅上坐下，繫好安全帶。一輛警車在這支車隊（一共六輛車，包括武裝反應廂型車、救護車和鎮暴警察廂型車）前方開路，我們行駛的時速介於八十到九十哩，這是救護車的極限速度。我曾為了參加一場座談會而驅車前往布羅德莫，從貝特萊姆開過去需要花費一個半小時，但這一天我們只花了四十分鐘。

我們抵達目的地時，大門為之敞開，我們進入院區並在住院病房旁停下車。醫護人員將熟睡中的約瑟夫交給一群精神科護理師，他們的體型魁梧得令人安心，其中幾人身上還有刺青，看起來彷彿是布羅德莫橄欖球隊的先發球員。這些護理師將約瑟夫推進一間樸素的安全住院病房，裡頭有模製床鋪、模製馬桶和洗臉盆，並且沒有任何可以用來繫繩索的固定點（為了防止上吊）或尖銳物體。護理師們小心翼翼地將他搬到床上，並察看他的健康狀態。

大約一個半小時後，交接的程序便完成了。救護車人員答應送我們回去，我們沿著A322公路來到巴格肖特交流道，接著開上M3高速公路，我鬆了一口氣。我意識到身上的襯衫滿是汗水，而且雙腳疼痛，直到這一刻我才開始覺得冷。更糟糕的是，救護車突然因為引擎過熱而冒煙、減速，幸好鎮暴警察乘坐的三輛廂型車也走同一條路線，他們很樂意載我們一程。他們正吃著三明治和康沃爾餡餅，並因任務圓滿達成而心情愉快。獲救的我們乘車返回貝肯翰姆，途中聽見警用無線電宣佈南倫敦發生了一起汽車追逐案。

返回基地後，我前往護理站做了簡報，接著回到自己的辦公室製作案件的摘要，準備在星期五的每週同儕審閱上向同事們說明原委。我勉強集中精神工作時，工作人員打電話給我，他們表示值班醫師想要這間公寓的鑰匙。我收拾了過夜用的行李袋，返回我在卡姆登鎮的住家。家裡沒人，我為自己倒了一大杯紅酒，癱在沙發上，慶幸這長達三十六小時、狀況連連的待命值班順利結束。話雖如此，細想今天的事件，以及我將負責處理的那些患者後，我還是不禁打了冷顫。

我體內的腎上腺素現在才開始消退，我發現我連集中精神看新聞都無法。雖然有點恍惚，但我還沒準備好睡覺，我茫然地凝視窗外，陷入沉思。

我想起當時顯得泰然自若、冷靜沉著的莫特肖醫師，我有辦法擁有他的那種自信和經驗嗎？我當時根本不知道該對那些鎮暴警察說什麼，但莫特肖醫師卻能單刀直入地對他們說明在進行任務時他們所需知道的一切，而約瑟夫也已經被安然地送去全國最安全的精神病院，他沒受傷，工作人員也沒受傷。看來我要學的東西還很多。

隔天早上，我開始收到此病例的完整背景資料——丹尼爾．約瑟夫天生失聰，以致於他的教育受到影響，而他也一直沒學好手語，至今在溝通方面依然有著很大的障礙。調查報告詳盡地說明，約瑟夫在殺害卡菈前曾有過什麼樣的辛苦人生，以及接觸過哪些精神科服務。他被診斷出患有躁鬱症，認識他的人們說他是名討人喜歡的友善男孩（雖然他的體格極其壯碩），他們都喜歡跟這個友善的巨人相處。他從小就夢想成為舉世聞名的摔角手，並且也透過健身和飲食，將自己的龐大身軀鍛鍊成能參加頂級專業摔角的體格。後來他精神崩潰，而那些不切實際的想法則全演變成為妄想——他確信自己能擺脫失聰的狀態，能活在聽得見聲音的世界裡，並且能成為世界摔角聯盟的摔角手。

某天晚上，他帶著行李袋和護照，前往一場在倫敦體育館舉行的世界摔角聯盟比賽，希望能跟著那些摔角手們一同前往美國。而當體育館的警衛在那晚護送他回家時，他開始對家人感到惱火，認為是他們阻止他去美國。局勢就此惡化，約瑟夫用一塊路緣石砸爛家裡的前窗，警察獲報處理，而精神科醫師彼得．辛德利（Dr Peter Hindley）查看了約瑟夫的狀況；這是約瑟夫這輩子第一次被送去醫院。

失聰服務單位和精神健康單位之間的不良協調給約瑟夫幫了倒忙，之後有一項調查探討了這件事並發現只有少數的精神健康工作人員懂手語，而這使得協調增加了許多難處。

約瑟夫不幸地再次精神崩潰，並被迫搬去南倫敦的另一個地區，由另一支精神健康團隊照顧。他被安置於一間社區的廉價旅館，他後來選擇離開。卡菈．湯普森主動跟他成了朋友，湯普森曾是酒精和藥物成癮者（並且可能有過精神健康的問題），後來信仰宗教，並歡迎幾個有藥物或精神健康問題的人來共用她的單人公寓。她說服約瑟夫停止服藥，並用祈禱來取代精神科藥物；事後看來，她這麼做造成了災難性——而且最終致命——的錯誤。

約瑟夫曾在她的沙發上過夜了幾星期，精神健康的工作人員當時因為關心他的狀況而想對他進行評估（不幸的是手語翻譯員因為被提供了錯誤地址而遲到，使得這件事進行得不算順利）。這次的評估描述：「他的生活環境凌亂、骯髒。」

與此同時，約瑟夫在另一個朋友家住了一小段時間；一、兩天後，他在大約晚上九點時回到卡菈的公寓，現場發生了爭執，他被懷疑讓一名年輕女子懷了孕。調查指出，這是他在襲擊湯普森之前最後一次與她談話。

襲擊發生後，一名鎮暴警察制伏了約瑟夫，在他的手部和腳踝處上了鐐銬。他被送去布里克斯頓警察局，一名醫師查看了他的狀況，並為他手腕上的傷上了繃帶。透過手語翻譯員的協助進行溝通時，約瑟夫顯得焦躁又激動。

經驗豐富的首席調查員蘇．希爾（Sue Hill）被叫去處理，她立刻意識到約瑟夫雖然惡行重大，但其實是名需要協助的脆弱年輕人。偵查總警司希爾後來向調查小組描述，約瑟夫當時看來非常害怕；相關單位後來決定不偵訊也不起訴他，而是安排他盡快住院——他們打了幾通電話，試著找名願意去警察局的精神科醫師，他們後來聯繫到了莫斯利精神病院的資深住院醫師（比主治醫師低一級），他正準備前往莫斯利精神病院處理另一個狀況，他同意順道前往警局拘留所。依據英國精神衛生法的第二節規定，他建議讓約瑟夫去莫斯利精神病院接受更多的評估。約瑟夫被安置於一個處理急性精神病患的低度戒備病房的隔離室，我們稱作「精神科加護病房」。此病房的工作人員已經習慣應付暴力和嚴重的行為，但約瑟夫的暴力舉動過於激烈，因此鎮暴警察又再次出現，協助將他送去中度戒備的丹尼斯希爾病房，而我便是在此時參與此案例。

由於約瑟夫當時過於激動，無法被送去坎伯韋爾的治安法院，因此他必須在布羅德莫精神病院接受一場特殊的聽證會。他在這間醫院裡對重新服用的藥物很快地做出反應，在出現一次輕微的發作後，他又再次變回犯下襲擊案前的那名吸引人又友善的年輕人。

相關單位對他的案例進行了四場地方調查和一場公開調查並取得了共識——他的躁鬱症再次發作，而他的自大型妄想及焦躁又暴力的行為便是典型的症狀。調查指出，他的案例缺乏足夠的精神健康專家，且各個照護團隊之間缺乏協調，這在凶殺案調查中是經常被發現的問題。他們針對如何照護聾啞人士的精神健康提出一些建議。

這在一九九〇年代末期很常見，這種搜尋式審查的宗旨便是試圖改善服務。但現實是，過了二十多年，社區精神照護變得碎片化、資金不足，且用於短期住院的病床也減少了許多。雖然相關單位對精神病患進行了有關凶殺案和自殺案的保密調查，且雖然凶殺案的發生率也整體下降，但精神病患（例如思覺失調症）所犯下的凶殺案並沒有降低。透過調查所學到的諸多教訓似乎都被忽視或遺忘了，再加上「要求降低精神科服務的成本」的壓力越來越大，使得許多地方的精神病院因此收掉了大量的病床。這類服務原本能幫助約瑟夫這類人度過災難，可惜資源稀少。

第六節

精神科把重大精神疾病分為兩大類：躁鬱症（過去稱作「躁狂抑鬱疾病」）以及思覺失調症。這是由「現代精神科之父」、德裔精神科醫師埃米爾．克雷佩林（Emil Kraepelin）於一八九九年所做的區分。

然而，近年來的基因研究卻指出，這種區分方式需要被重新考慮，因為第三個類別確實存在——介於兩種之間的「情感性思覺失調症」（schizoaffective disorder）。但除非能獲得更明確的研究證據，並將其轉換成臨床實務，否則我們會依舊會遵照「躁鬱症VS思覺失調症」的這種區分方式。

狂躁症狀包括思緒奔湧、睡眠減少、安樂感、具感染性的詼諧幽默感以及改善的社交能力。我曾在霍洛威監獄評估一名酒館的女房東，在我走進牢房裡準備與她訪談時，長期患有躁鬱症的她正開心地唱著歌。她在出現狂躁症狀時會大量飲酒，並穿著內衣在前院跳舞；她曾在她位於一樓的公寓裡留下燃燒著的蠟燭，結果其中一支蠟燭倒下起火，導致住她樓上的年長鄰居因此死亡（消防隊員發現此人的焦屍癱坐在馬桶上），而我的這名患者也因此被控謀殺和縱火。調查員發現，一名臨時代理的精神科醫師（又稱「替班醫師」）在事發前重新診斷了她並發現她有人格障礙，這名醫師因此停止了她的鋰鹽藥物，結果造成了悲劇性的後果。（我有沒有跟你說過，精神科醫師們之間經常意見不同？）

躁鬱症通常不會出現暴力行為，在沒發作時也能過著正常的生活。這種疾病甚至成了一種時髦病，尤其當患者有較溫和的第二型躁鬱症。然而，精神病的易怒態度和缺乏自我抑制（例如妄想症），可能會引發危急生命的危險行為或暴力舉動，就像丹尼爾．約瑟夫的案例。

但所謂的「精神病」究竟是什麼意思？與謀殺又有什麼關聯？「精神病」是一種廣義的詞彙，涵蓋任何重大的精神障礙（嚴重異常的感知和情緒，導致與外在現實脫節）。除了思覺失調症患者，還有些疾病也有這類症狀或「與現實脫節」，例如妄想症、短暫的精神錯亂，以及因藥物而引發的精神病。一般而言，我們最擔心的是躁鬱症和思覺失調症，這兩者之中，法醫患者們最常患有的便是思覺失調症；事實上，在戒備病房中的住院患者有四分之三都患有思覺失調症。

和躁鬱症患者相同，思覺失調症患者大多不會出現暴力舉動。它是個相對常見的疾病，在成年人口中的盛行率接近百分之零點七，該疾病的患者大多可能成為暴力舉動的受害者，更可能自殺。然而，希納．法澤爾（Seena Fazel）進行的二十項研究發現，精神病患犯下凶殺案的機率比一般人高出十九倍㉓。

過去人們在「如何診斷思覺失調症」的這方面意見紛歧。在一九八〇年代初期之前，你如果曾有幾天在腦海裡聽見說話聲，就可能被判定患有思覺失調症。而在今日，這個疾病的定義則變得明確許多——例如，你的精神狀態必須改變至少六個月，才會被判定患有思覺失調症——然而，思覺失調症的症狀在每個人身上都未必相同。這類患者通常會在十七歲到二十幾歲之間第一次發作，這就是為什麼該疾病在過去曾被稱作「早發性失智症」，後來才被冠上「精神分裂」這個令人混淆的標籤。之所以令人混淆，是因為「思覺失調症」並不表示一個人的心智有所分裂，儘管患者在發作時的心智確實是以非常不同的方式運作。該疾病可能突然出現也可能慢慢發作，並且通常會反覆發作，使得患者的社會功能慢慢衰退，雖然有些人在發作後能順利恢復。

思覺失調症會使患者出現異常的體驗和行為，例如幻覺、妄想、解組性思考與語言障礙、行為異常以及其他症狀。患者會將幻覺當成現實，而腦子裡的聲音他可能會對患者的行動做出評論。在某些案例上，這些聲音可能會下達命令，患者可能會決定遵從，而這就可能造成嚴重的後果（例如某一道「幻覺命令」要求患者殺人）。妄想則是難以改變的堅定想法，通常涉及迫害、自大心態和宗教思想。

「妄想性知覺」（delusional perception）則是患者對正常知覺的妄想性解讀（例如，患者看見一輛車閃爍車燈，便可能將其解讀成自己遭到監視）。在此之前，患者可能會先出現「妄想性情緒」（delusional mood，覺得不自在或怪異）。患者如果相信自己受到監視、覺得自己面臨威脅或可能遭到殺害，就可能產生退縮與恐懼的心態，以及為了自保而做出的暴力舉動。有些妄想則有關愛情與嫉妒（我晚點會再談到這點），以及「錯認症」（相信自己的親友是由他人冒充）。一旦患者妄想自己遭到監視或控制，便會造成情緒緊繃並影響行為（例如，他們如果相信自己正在被某人迫害，就會對那人提出抱怨或做出騷擾，或因此戴上古怪的頭部護具），這類想法有時候無害，有時候卻有可能形成「妄想症」。美國有些大規模槍擊事件的犯案者便被發現患有妄想症，例如在華盛頓海軍工廠槍殺了十三人的亞倫．艾力克西斯（Aaron Alexis），他始終相信自己遭到某種超低無線電波的攻擊。

有些妄想可能非常駭人，例如相信自己成為某種人體實驗對象或被取走了某些內臟。部分怪異的案例，是他們相信有人正利用「煤氣燈效應」（gaslighting）試著害他們發瘋（此名詞取自英國劇作家帕特里克．漢密爾頓（Patrick Hamilton）作品《煤氣燈下》（Gaslight））。如果一個家庭裡有多名成員都患有妄想症，就可能演變成「二聯性精神病」（folie a deux；意指「二人共享的瘋狂」），而線上社群也可能將一種「團體妄想」強化成「團體瘋狂」。我們曾在全國精神病房收治一名年輕女子，她患有精神病的母親說服她相信自己的內臟正在腐爛。但在她和母親分開後，這些想法便迅速地消失了，我們也因此清楚看出這對母女當中真正需要治療的對象。

精神病造成的怪異妄想，常與各式各樣的幻覺現象同時發生，將患者推進一個陌生又可怕的世界。這類痛苦的經驗會引發強烈的情緒反應，使患者的心智嚴重受擾、思考能力變得異常。

你如果想瞭解這個概念，可以換個角度來思考電影《楚門的世界》（*The Truman*

Show）——想像一下，楚門其實並非置身於電視節目，而是因為妄想症才將一些跡象解讀成無線電波干擾，或將一些人的古怪行為解讀成自己是被演員們包圍，他的人生是因為置身於真人實境秀而遭到控制……這就是妄想症的感受，對患者而言，自己的遭遇可怕得就像一部成真的恐怖片。

行為改變可能包括焦躁、攻擊性和緊張症（catatonia），而其他負面症狀還包括情緒淡然、言語貧乏以及缺乏活動力的情緒，這通常發生於患者的急性精神病症狀因接受治療而平息之後。

這些精神病怪異的內在體驗確實令人難以想像，除非你親耳聽聞。我剛開始在莫斯利精神病院負責全國精神病房時，曾見過一名患者說他車上的化油器裡被人安裝了晶片，為了竊聽他的思緒；有名年輕人因為患有跟貓科動物相關的妄想症，結果害自己被倫敦動物園的「雄獅阿福」抓傷；一名年輕學生為了逃離迫害者，而沿著M1高速公路飛奔……最令我最難忘的案例是一名被三名英國交通警察押來、上了手銬的患者，他的臉和衣服上到處都是厚重的黑色油漬。我們後來得知，他在蘭貝斯北站為了自殺而跳軌，結果卻奇蹟似地生還。警察發現他的口袋裡有一封預約信——顯示他應該來莫斯利精神病院的門診見我——因此決定將他送來。他當時出現了嚴重的憂鬱和精神病症狀，他說他聽見天使們呼喚他去「另一個世界」。我很擔心他的狀況，為了他的健康和安全著想，我安排了另一名醫師與我共同評估他，並且讓他住院。我認為當時最好不要讓他搭地鐵回家。

我開始累積經驗並發展出一些臨床技能，同時我也為自己能處理像那名跳軌者之類的案例而感到興奮（就像我第一次進行胸腔引流，或是做中心靜脈導管的時候所感到的興奮感）。我很快地開始懂得如何分辨患者，但也時不時提醒自己：「每個案例都不一樣。」

患者的家屬在前往貝特萊姆醫院或莫斯利精神病院探望家人，並第一次目睹這類精神異常行為時，可能會感到震驚且困惑。但對試著學習精神科的人而言，這些醫院是最好的地點。我因為當時在全國轉介中心工作而見到許多特別的患者，接觸了各式各樣的精神病現象，並且也學習了如何在非正常營業時間的「緊急門診」處理突發性的精神病症。緊急門診提供了一個能用於詳盡評估患者的安全場所，也讓一些突發精神病患不用去馬路對面的國王學院醫院的急診室（雖然緊急門診為了節省經費已於二〇〇七年關閉）。

我在莫斯利精神病院任職的那六個月裡，遇到許多有著又怪異又令人好奇的精神症狀的患者，我很快便意識到我找到了最適合自己的醫學專科。此外，我也在前線目睹了精神科的實務和服務的重大變化。在一九九〇年代初期，研究活動和資金補助的著眼點不再是精神病的環境和社會因素，而是基因和生理因素。越來越多研究發現，思覺失調症的原因是大腦的神經連結出現異常，而大腦發育則是受到基因和環境的風險因子所影響。

透過腦部成像，我們知道這些患者的大腦皮質有著結構性的改變。我們除了透過靜態影像得知其異常之處，也利用「功能性造影」觀察大腦在運作時的模樣（例如，我們會請患者進行計算之類的智力工作，並對他們進行腦部掃描）。透過這些功能性掃描，我們發現患者在記憶、決策和情緒處理方面異於常人。但是思覺失調症的成因，並不完全是基因和大腦結構，充滿壓力的生活事件、使用大麻或頭部遭到傷害，都可能促使一個人產生精神病。換言之，先天和後天都有影響，但與其他精神障礙相比，這類疾病更可能源自於先天因素。

那麼，我們該如何治療？我們主要會使用抗精神病劑，這種藥物最早發展於一九五〇年代並持續改進至今。但這些藥物的副作用，以及是否該強制患者接受這種藥物一直都是充滿爭議的問題。我會花很多時間評估一名患者能否瞭解這種治療方式，而如果他們不願意接受這種藥物，相關法律也有嚴格的保障措施。

當然，幾十年前精神科的治療方式令人印象不佳，會使用像是由傑克．尼克遜（Jack Nicholson）主演的《飛越杜鵑窩》（*One Flew Over the Cuckoo's Nest*）中所描述的胰島素休克治療和精神外科手術。精神外科手術（對腦部進行手術，例如尼克遜飾演的角色被施加的「前額葉腦白質切斷術」）能帶來的好處充滿不確定性，並且可能造成嚴重的副作用。

我太熟悉這個問題。我的阿姨喬治娜在一九五〇年代末期得了一種產後精神病時，便被送進醫院進行了前額葉切斷術。這項手術看似減輕了她的精神病，卻使她出現了異常的社交抑制（這是前額葉腦白質切斷術較為輕微的副作用之一），她經常需要旁人提醒她不要於聖誕節在孩子面前說惡劣的笑話。此外，她也變得受不了泰迪熊或洋娃娃——我後來才明白原因。

雖然社會大眾看待精神疾病的態度持續改善，也更注重這個議題，但是「汙名化」依然是個問題。我那名阿姨的精神疾病，以及其他家族成員的精神疾病，都不曾在家人當中被公開討論；我雖然知道部分事件，也還是在開始接受精神科訓練後，才開始向年紀較大的家族成員詢問更多的細節。現在他們似乎覺得能討論原本不該討論的精神疾病，有一種淨化的作用。

我進入莫斯利精神病院，不是為了進行一場「你以為自己是誰」的遠征，至少當時不是。雖然我當時越來越確認自己適合這個領域，但我正處於職涯初期，還沒開始檢視自己想走這條路的所有因素。我那時候太忙著治療患者。

我必須強調一點——我們並不是只依賴藥物。我們也會使用經過證明的心理治療及其他工具，例如與家屬合作，或找出有意義的職業活動。事實上，研究發現「家庭介入」能降低思覺失調症的復發率，可惜這方面的相關資金和資源十分不足。

然而，抗精神病劑仍是實務上的重要工具，能產生改善生活的重大效果並避免凶殺案的發生。

此外，這類藥物能阻擋或有限度地刺激多巴胺受體，干擾神經傳導物質的傳遞——這類訊息的傳遞路徑會造成異常知覺，例如幻聽及妄想等異常思緒。有些患者透過藥物恢復得非常迅速，而在精神病發作時殺了人的患者，則可能在接受治療的幾星期後復原——在他們恢復洞察力後，就必須面對自己所造成的嚴重後果。

我們雖然比以前更懂得如何處理思覺失調症這類的嚴重精神疾病，但如果患者不符合治療資格，或因為服務項目減少、以財務為出發點的資源不當分配，就可能使這些治療的進展受到影響。

在一九八〇年代末期和一九九〇年代，社會大眾變得不願意接受某個想法——包括凶殺案在內的暴力精神病案件，其實是偶發事件。社會越來越需要找個人或組織來責怪，不願承認嚴重事件可能來自於出了問題的制度。在英國，這種態度反映於和健康與安全領域相關的案件：克拉珀姆交匯站火車相撞事故（the Clapham rail disaster）、侯爵夫人號船難（the Marchioness tragedy），以及哈林蓋兒童保護調查（the Haringey child protection inquiries）。克里斯多夫．克魯尼斯案件，加上珍娜．吉特（Jayne Zito：其夫被克魯尼斯所殺）所發起的精神健康運動，促使人們注意到社區照護的不足，以及精神病患所犯下的凶殺案，並明白社區照護在瘋人院關閉後缺乏計劃、過度樂觀且協調不良。也因此，在一九九〇年代末期和二〇〇〇年代初期，相關的實務和步驟都獲得了重大改善。

社會開始產生了一種值得讚揚且重要的趨勢——將患有精神問題和學習障礙的患者送進社區，並且持續至今。我們雖然試著避免讓精神科患者住院，但有些時候（尤其在患者復發的期間）讓他們住院一、兩個星期就能帶來關鍵的效果。我們可能會改變給患者的藥物、安全地管理他們的自殺風險、處理他們的暴力行為，並透過一段時間的「試驗性出院」讓患者逐漸返回社區。進行這種短期住院之後，就可以提供高品質的社區照護，將患者交由醫院服務地區的專屬團隊。

然而，就連這些原本數量就很少的病床也逐漸收掉了，這意味著我們經常見到患者緊急住院一至兩天。因為一般成人病房的病床數原本就很少，所以我們每天都要開會審查目前的住院患者，並讓精神異常程度最輕的患者出院，以騰出空間處理最近出現的案例，就算應該再住院幾天的患者數量每天都不一樣。

與此同時，獲得精神健康服務的途徑也變得更複雜，轉介步驟變得不透明且官僚化，使患者因為病症輕重而由不同的團隊處理。我與我的同行賽門．威爾森（Simon Wilson）針對這些問題共同發表了論文㉔指出，精神崩潰的患者已完全與現實脫節，現在卻要被要求處理一些信件，答覆「您是否願意因為自己的精神疾病而獲得幫助」的這類疑問。這造成了更多阻礙，因為患者可能沒有固定住址——覺得自己遭到迫害的妄想症患者會經常搬家——而這類信件可能躺在門墊上沒被拆開，因為患者正為嚴重的精神崩潰所苦。

此外，服務於特定地區、曾接受各種轉介的團隊也已被較小的團隊取代（例如危機處理小組、早期介入小組以及精神病前驅病狀小組），並且只處理出現早期症狀的病例，然而這時候的患者還沒出現急性且完整的獨特精神病症。

因此，患者想獲得治療變得比以前困難，又比以前更快結束——越來越多病患被強制出院或交給過勞的全科醫師。我最近便花了五個月的時間，說服一個精神健康服務中心處理一名具有高風險行為的患者（該患者的母親注意到孩子的變化，因而尋求幫助）。我透過工作學到的一件事，是工作人員永遠應該認真看待因孩子罹患精神疾病而擔憂的母親，因為不幸的是，精神病所引發的暴力通常都是針對患者身邊的人，也就是親友，尤其是母親。

皇室王子們和退休的足球員們也熱烈地討論，如何減少這方面的汙名化，以及如何改善人們為了整體的「精神健康」（而不是為了治療嚴重的「精神疾病」）而獲得的治療，例如憂鬱症、焦慮、創傷後壓力症候群和成癮症。這種用意當然高尚，但現實是，現在的英國雖然因為透過「心理治療普及化計劃」（Improving Access to Psychological Therapies programme，簡稱IAPT）而有了更多的心理治療，但特定成癮症的治療資金也還是持續被砍。在重大精神疾病方面，英國國民保健署雖然嚷嚷著要社區照護，但現實還是因為節省成本而造成該資源不足。住院病床確實很花錢，因為會需要隨時待命的工作人員，而目前為了提供安全照護而需要的最低限度人員數量嚴重不足。

因此，雖然一堆人高喊精神健康和生理健康同樣重要，但這些重要的床位還是紛紛關閉，「資金充足的法醫單位」和「社區成人照護的混亂狀況」之間的鴻溝變得更深。患者為了評估風險，而被轉介到法醫面前，但有時候轉介似乎成了一種請求——希望法醫團隊能訪談患者並撰寫報告，因為成人照護團隊的工作量已經壓得他們喘不過氣，根本沒有時間進行更深度的評估。

我先前說過，思覺失調症可能透過幾種方式而與暴力有關，我們必須考慮所有的風險因素，例如其過去是否曾有暴力史、人格障礙、吸毒和衝動行為。我的許多患者都有所謂的「三重詛咒」——第一，小時候曾被忽視、虐待，因而嚴重影響了人格。第二，很早就開始使用毒品。第三，年輕時曾精神崩潰。如果患者在第一次精神崩潰時犯下重大暴力事件或凶殺案，就是相當典型的法醫患者。

但是思覺失調症的相關暴力，也可能只受精神病體驗所驅動，尤其像是指令性幻覺、被害妄想症，以及妄想自己遭到外界力量控制。

彼得．阿德耶米（Peter Adeyemi）是我最早訪談過的精神病患之一，他對我說過：「我覺得自己受到影響……我懷疑我有敵人……他們用化學藥劑影響我的大腦，塞進我的耳朵裡……酸液、粉末、火藥和鹽酸……我懷疑有人用備用鑰匙進了我的公寓。」

他相信自己的思緒被透過念力偷聽，而且他認識的一些人都被冒牌貨頂替了──「他們其實不是我認識的人，而是複製人。他們看起來跟原本那些人一樣，可是我沒有充足證據。」

他說他的腦子裡有很多聲音，「不斷反駁我想做的事，直到我累了，只好順從它們的意願」，他同時懷疑自己的耳朵被人塞了一個「用體內的鹽分所驅動的迷你附著式喇叭」。

他做出的殘酷殺人行為，是朝一名年老鄰居的頸部刺了好幾刀，因為他認為那人是折磨他的共犯。這個所作所為雖然令人震驚，但如果你瞭解他所處於的精神狀態，大概就不會太過驚訝。

管理彼得這類案例總會帶來挑戰。他的案例遭到批評──他沒有服藥，也常沒赴約就醫──但他過去不曾做出嚴重的暴力行為。然而，目前的精神健康服務，在管理顯然「可能做出暴力行為的風險」的案例上，究竟成效如何？

想知道答案，你唯一要做的就是查看有關賽門．格拉契夫（Simon Grachev）的報告（這雖然不是我負責的案例，但有一份公布於公共領域的報告，大致描述了格拉契夫的長期精神病史）。他在唸大學時開始大量吸食大麻，並曾多次被強制入院，還曾用小刀威脅父母和一名精神科醫師。二〇〇〇年之後，他的狀況因為治療而穩定了大約十年。

他在犯案前與母親同住，但他的精神病開始復發，他開始覺得自己精神不正常。他和他的母親聯繫了精神健康工作人員，並多次要求住院。格拉契夫曾對一名工作人員說，他覺得自己「可能會傷害母親」。他被確認需要入住精神病房，但當時床位不足。

兩天後——在等候病床的期間——他刺死了他的母親，還放火燒了所住的公寓。此案例指出，相關單位不僅錯過了相關的警訊，而董事會還在案發前的四年間，收掉了超過一百張病床。

媒體引用了某名精神健康慈善團體執行長的說詞：「艾琳．格拉契夫（Aileen Grachev）失去了生命，這是醜聞……精神健康服務處於分崩離析的狀態。」

在責任減輕的條件下，格拉契夫認了過失殺人罪和縱火罪，否認了謀殺的罪名。刑事法院的法官依據英國精神衛生法，對他下達了禁制令，他將終生住院。

如此一來，訊息很清楚了。如果你患有重大的精神疾病，想要高品質的精神科醫院照護，以及想獲得詳盡的評估、量身訂做的療程和積極的風險管理，那麼最好的辦法也許是成為法醫患者。

警察早習慣應付精神病患，也常透過職權將他們送去安全的醫院，但通常他們在同一天就會被強制出院。二〇一八年，「英國皇家警察局和消防救援服務局」（Her Majesty's Inspectorate of Constabulary and Fire & Rescue Services）在一份報告上表示：「警察正在填補健康服務的不足……他們因為缺乏救護車，而協助將患者送去醫院，並和患者一起在醫院等候，直到有精神健康單位願意接收患者，他們同時也因為擔心患者的安全，而查看對方的狀況。警察隨時提供服務，成了唯一能做出反應的專業人士，因為患者經常在非正常營業的時間發生問題。我們認為有必要立刻調查此狀況，並且提議如何做出重大的改變。」

部分案例的患者雖然早出現警訊，卻因為相關評估或治療的不當推遲，導致他們必須在做出重大暴力或因謀殺而被逮捕後，才能受到相關單位的照護。

研究也指出，整體的凶殺案發生率有所下降，而精神障礙患者的凶殺案發生率雖然也下降了，但下降幅度卻沒有前者大，同時思覺失調症患者的凶殺案發生率甚至還提高了。是否是因為精神健康服務被砍掉經費？現在下定論還太早，況且凶殺案依然是低發生率的事件，難以判斷其中的趨勢。然而，按照相關服務目前的管理方式來看，他們不像在進行風險管理計劃，比較像在擲骰子。

精神障礙患者可能會在精神狀態異常時殺人，但就和一般的謀殺犯一樣，他們也比較可能殺害家人而非陌生人，而且通常是在起衝突或爭執的時候。在嚴重精神病狀態下殺人的患者，其過去的人生可能毫無過錯，或是在殺人之前就曾有著反社會行為的歷史。但就算他們有暴力史——例如幫派分子——與他們過去曾犯下的案件相比，殺人還是一種極端且不尋常的行為。你大概能想像，最具挑戰性的案例，就是在精神病狀態下殺人的反社會幫派分子。

思覺失調症患者犯下的凶殺案，在全球比例大約佔百分之五到八；在英國，我們每個月可能會發生三起這類的案件，而其中兩起的凶手可能曾經接觸過精神科醫師。

那麼，沒接觸過精神健康服務的殺人凶手呢？以下這段話堪稱人生的事實，或是「流行病學的常數」：「患有精神問題但未被診斷的族群當中，有一定比例將在任何一年、其第一次精神崩潰的時候犯下凶殺暴力事件。這類殺人事件的問題，在世界各地都是一樣的。」

我在莫斯利精神病院待了兩年後，對自己學會的新技能還算自信，因此在澳洲新南威爾斯州的雪梨進行了為期半年的工作交換。我在那裡遇見了司法精神科醫師歐拉夫．尼爾森（Olav Nielssen），他在雪梨的聖文森特醫院擔任研究員。他收集了來自世界各地的案例，並發現精神病患所犯下的凶殺案當中，有三分之一來自於他們的第一次精神病發作，他們在殺人前從沒被診斷或轉介給精神科醫師。歐拉夫研究了來自四個國家的病例並得到一個重要的發現——思覺失調症患者很少殺害陌生人，而殺害陌生人的這種案例，每一千四百萬人當中只有一例。這類患者如果殺害陌生人，對方通常會是街友；與殺害家人的凶手相比，殺害陌生人的凶手通常會出現反社會行為，並且從沒接受過治療。

所以有些時候，謀殺案發生與患者第一次精神病發作是在同一時間，因此想避免這類案件的唯一辦法，就是協助人們瞭解精神病發作的前兆，特別是當你認識的某個親戚開始出現這些症狀的時候。希望這本書能幫上忙。

第七節

個案研究：喬納森·布魯克斯（Jonathan Brooks）

我曾在倫敦的一間法醫服務中心擔任主治醫師，我們每星期五的上午十點都會進行有關轉介案例的會議。大多數的法醫實習醫師，以及護理或其他職務的人員們都將齊聚一堂，共同討論住院患者的相關事宜，並提出哪名患者可以出院，或可能會做出暴力行為。討論這些事之後，我們會開始審查轉介的案例——我們每星期會有一至八名的轉介患者。

喬納森·布魯克斯的轉介是例行公事之一。他雖然明顯有精神病，卻沒有攻擊性，並且已經開始接受治療。他之前因謀殺罪而被拘留在沃姆伍德斯克伯監獄，該監獄希望我們將他轉至醫院接受評估。

英國和北歐國家一樣，只要有必要，囚犯就能輕易地被送去戒備醫院，已被判刑的囚犯也可能因為入院令而被轉移，然而他們並不會因此擺脫刑期，並且有可能被送回監獄；美國與我們截然不同，美國的囚犯能被送去戒備精神病院的唯一條件，是在受審時被確認其患有法律認定的精神失常，意思是在兩百萬名囚犯當中，其實有許多獄友都患有嚴重的精神疾病。在許多國家，「讓精神障礙罪犯在戒備醫院接受精神治療」是文明社會才有的奢華享受，這種措施常因為與其他優先事項競爭而導致經費不足。

我被登記於斯克伯監獄的正式訪客名單，我決定在那星期跳過轉介案例討論的會議。那是在二〇一三年八月的某一天，我行駛於A40公路，在車上聽著廣播裡的國會正為了出兵敘利亞的事而爭論不休，我轉而開始聽CD。然而，《約翰・柯川（John Coltrane）演奏會》的不協調旋律卻更讓我焦躁，我於是關掉音響。我駛下交流道，進入白城（White City），經過漢默史密斯醫院，並前往斯克伯監獄，這座紅磚監獄建於維多利亞時期，龐大的狹長側翼建築裡住了超過一千兩百名獄友。

我把車停在坑坑疤疤的訪客停車場，避開路上的水窪，走向訪客入口。監獄就是有辦法讓正式訪客也感覺自己不受歡迎，而斯克伯監獄更是出了名的態度不佳，就算我是應他們邀約而來。這裡充滿汗水、垃圾、監獄伙食和地板清潔劑的味道，會讓你離開這裡時覺得自己需要再洗一次澡。

我走過監獄裡常見的X光偵測門，為了避免再回車上一次，我不得不把我很喜歡的一支三公釐纖維筆芯筆當場丟掉，因為獄方不允許訪客攜帶超過兩支筆。

一名獄卒護送我走向側翼大樓B，我們刻意避開從上方的牢窗裡丟出來的菸蒂、食物殘渣，以及用袋子裝的排泄物。獄卒提醒我把眼睛對準左側，以防有人丟東西過來。

我在偵訊室裡等著與喬納森・布魯克斯見面——他在二十五歲時修得了碩士學位——他穿著監獄運動衣緩緩地向我走來，看來似乎感到有些害怕。我們交談時，他的態度拘謹且輕聲細語，但隨著訪談的進行，他也逐漸放鬆。

我先詢問了他目前的狀況，像是飲食、健身和會客，接著詢問了他的背景。他說他的父親保羅（Paul）待過海軍，後來在海運顧問公司工作，曾駐紮於南安普敦市，也去過美國的安納波利斯、新港灘市和波士頓。

我試著鼓勵他說出自己的生平，這場訪談的步調緩慢得令人難受。

我清清喉嚨。「我想問問關於你家人的事。可以對我描述你的父親嗎？」

「我失去了我爸。」他告訴我。

「什麼時候的事？」

「今年。」我發現他的答覆都很簡單，並且不會主動詳細說明。

「你跟他處得好嗎？」

他搖頭。「我跟他根本不熟。我們處得不好。」

我繼續發問。隨著他越來越放鬆，我得知他的母親維洛妮卡（Veronica）曾在一所地方小學擔任廚師，後來在五十一歲那年離世。

「我的姊姊安妮（Annie）是律師助理。」他告訴我。

「她原本也跟你母親一起住嗎？」我問。

「在這一切發生前，她正要搬出去自己住。」

我點頭，很高興這場談話終於有了交集。「跟我說說你的教育。你在學校過得如何？」

「學校還行……我沒有很多朋友。」

「你在離開學校後做了什麼？」我問：「升學？受訓？工作？」

「我進了赫爾大學，想修得經濟學的理學學士學位。」

「你表現得如何？」

他聳肩。「還可以……我的平均成績有六十分以上。」

我們繼續談下去。

喬納森經過一番努力，進了安格里亞魯斯金大學的金融碩士班，但就在學期即將結束時，他的父親過世了。他在就讀於劍橋大學期間住在一棟學生宿舍裡，那時的他獨來獨往。他在拿到碩士學位後回家跟母親和姊姊一起住，後來他開始應徵工作，希望能在電腦或金融業獲得可以在職進修的工作。

他參加了一場應徵實習會計師職務的面試，他說當他們叫他脫掉外套的時候，他感到相當緊張，在那場面試結束後，他在等候室裡遇到另一名應徵者，他覺得那人很可疑，「想從他嘴裡套出情報」。他說當時「就是覺得這個狀況不太對勁」。

「一切都讓我覺得很不真實。」他告訴我，他在那場面試結束後幾天還是感到不安，但有逐漸改善——直到他在二〇一三年七月十一日參加了另一場面試。

是一間軟體公司。「他們打了電話給我，確認會進行面試。」他搭乘列車前往，並且很早就抵達會場，但他覺得那場面試進行得並不順利，可能是長途搭車的勞累影響了他的表現。他在搭列車回家的途中買了一杯茶。

他說他沒看見工作人員泡茶，茶是從餐車的吧檯底下拿出來的。他喝了茶，結果睡了大約兩小時。

「我昏睡了過去，直到有人搖醒我。我當時覺得累壞了。」

隔天，他開始懷疑有人在他的茶裡下藥。他覺得每天早上都很難受，他相信自己是被下了毒，但他完全不知道凶手的身分和動機，這令他擔心。而且他在收音機上聽到關於水源被塑膠物汙染的相關報導，這也令他格外在意。

他對母親說明了這些擔憂，她建議他去看醫師。他原本想去找警察，但母親說他沒有足夠的證據去找警察。他持續感到焦慮又害怕，並表示在那星期後還有壞事發生——他描述他跟母親在星期六去寄信時，看到街角雜貨店旁停了一輛白色廂型車，他確信那是監視用的車輛。他看到一名男子用吹葉機吹掃落葉，但他認為那人在演戲，灌木叢底下其實藏了一把獵槍。他也相信在他家附近公園裡的人們，其實正在偷聽他和母親的談話。

七月十五日清晨，他開燈時保險絲突然跳電，他開始懷疑有人侵入家中。他堅持要母親每晚睡前設定好家中的防盜警鈴；他開始害怕待在自己的房間裡，因而睡在他母親的臥室地板上。他相信有車輛在他家外頭盤旋，他也開始聽見呢喃聲，彷彿有人在描述他的一舉一動，但他沒看見任何人。他開始懷疑呢喃聲是竊聽器所造成的回音。

七月十七日，他和母親一起去他外婆家，但他拒絕吃現場的任何三明治或蛋糕，因為他在一幅相片上看見他外公和一些穿著西裝的男性朋友，他懷疑共濟會的成員們正在進行某種陰謀並監視他，而他認為這一切都跟他的工作面試有關。

我看得出他患有妄想性情緒、被害妄想症和幻聽，這些都是思覺失調症的典型症狀。

皇家檢控署提供的證人陳述書和證物，讓我更深入窺探他的精神狀態，而其中一項證物，是布魯克斯寄給那間軟體公司人資部的電子郵件：

我最近參加了面試……面試小組的怪異行為令我驚訝。首先，這是我第一次參加面試，主面試官建議我摘下領帶……接著，在我回答某個問題並短暫猶豫的時候，主席先是說：「你還好嗎？」然後他說：「你剛剛說『是』？」但我根本沒說「是」。接待處的工作人員令我不安，那個人顯然有問題。另一件令我不安的事，是我參加面試的時候，有個工作人員在監視器上觀察我的到來。考慮到上述事件，我想取消我對貴公司的應徵……

敬啟，
喬納森・布魯克斯

證據指出，布魯克斯顯然開始對監視器感到非常在意，而這方面的問題也確實在日後演變成妄想症的程度。那間公司的面試紀錄提供了更多證據，指出他當時已經陷入精神病狀態——別忘了，他是名碩士畢業生，相當習慣面試——

我們雖然多次追問，但他總做出只有一、兩句話的簡短答覆……沒有證據指出他能進行跨團隊互動，他頂多只能提供技術方面的知識……喬納森是名非常內向的應徵者，他似乎很不願意開口，就算面試小組不斷鼓勵、追問他。跟他溝通非常困難。

他的姊姊安妮．布魯克斯則說：

喬納森開始談起一件很奇怪的事。他說有人趁他搭乘列車的時候，在他的茶裡下藥。他說他當時昏睡了大約兩小時。他信誓旦旦地說，他完全不記得那趟列車之旅，而且他相信列車抵達伯明罕市的時候，有人推了他一下弄醒了他，讓他知道列車已經到站。

他說有名計程車司機舉止怪異，而且一切都很莫名其妙。我們試著告訴他，或許當時他只是太累睡著了，但是喬納森確信有人在他的茶裡下藥。在星期六之前，喬納森並沒有提到列車這件事。我試著跟他講道理，問他是在哪裡弄到那杯茶？他說是在列車上的飲料吧檯弄到的……但我不認為這真的有發生。

後來喬納森還是覺得身體不舒服，什麼都吃不下……他跟我談起昨晚停電……喬納森說他認為有人盯上我們的房子。他似乎非常害怕。我和媽媽都無法說服他相信那只是影響了整條街的停電。他相信那是有人對我們的房子所做出的蓄意破壞……

我很擔心他的行為，所以我把我養的虎皮鸚鵡放進籠子裡，帶去我的新公寓。在那之後，我都有跟媽媽談話，我提議喬納森應該去看醫師。媽媽覺得他可能是因為緊張而鬧肚子。媽媽還說：「他已經不對勁一陣子了。」

七月二十五日早上八點五十四分，名叫威廉．詹姆士（William James）的證人報警，說鄰居布魯克斯先生出現在他的車道上，看起來神情驚悚。而在郵局工作的另一名證人安德魯．王（Andrew Wong）也描述布魯克斯走進店裡，神情焦躁且不停回頭看。他說布魯克斯顯然很不安，有出現精神問題的跡象。

艾蜜莉雅．戴文波特（Amelia Davenport）也表示，她看到布魯克斯出現在她的伴侶所住的建築外面。她當時獨自在自己的車上，看到一名男子走向她，手裡抓著一串鑰匙。她說他雖然看起來不焦躁，但卻完全失了神，茫然瞪視著前方。

那天早上，布魯克斯的母親的一個朋友打電話報警，表示他很擔心，因為他從上星期五的下午兩點之後，就再也沒見過布魯克斯的母親。警察來到布魯克斯的住處，很快地進入屋內，發現她被刺數刀且身亡。

同一天的上午九點五十四分，警方收到一間街角雜貨店的報案，店員看到馬路上有名雙手染血的男子，該商店離布魯克斯家大約步行五分鐘的距離。警察在上午十點零五分抵達現場，發現布魯克斯躲在附近列車站的大型垃圾箱裡頭。他的右手有些刀傷，衣服和雙臂上都是血。

周圍的年輕人們拿手機拍他，還嘻笑個不停，警察請他們不要這麼做，因為「這名男性顯然病了」。警察試著說服他爬出垃圾箱，但他斷然拒絕，直到警察壓制他並將他上銬，帶他去附近的警察局。

喬納森向我說明了事發經過。他在犯案的那天早上大約八點時起床，並到廚房準備吃早餐。他吃了玉米片但覺得想吐，他認為是因為那天在列車上喝了毒茶的關係（雖然那場面試已經差不多是兩星期前的事）。

他開始懷疑有人干擾家裡的收音機，他每次轉換頻道，就會聽見有關環境汙染的報導，他認為這與他被刻意下毒有關。他也相信有人控制進入他家的資訊，他在看見關於腐敗政客的新聞頭條時，更確信有人對他進行陰謀。

他確信在最後那場面試和他犯案那天之間的一星期內，自己的生命安全正遭受威脅。他看見、聽見和感覺到的一切，都證明了他最大的恐懼。他開始懷疑他的母親，因為家裡沒有其他人，因此她可能也涉及其中。在接下來的幾天，他越來越確信母親是間諜，並且正在控制他的人生。

他覺得她看起來不對勁、舉止怪異，懷疑有人冒充了她，而他真正的母親已經遭人擄走。他害怕屋外的某種威脅，他認定母親可能跟他在清晨的嘔吐有關——換言之，是她給他下毒。他持續聽見一些呢喃聲描述他的舉動，這些聲音彷彿正彼此交談。

他記得自己當時從走廊衝進廚房，先是以一隻鞋子毆打母親，接著抓起一把菜刀從她身後刺進她的頸部。

他覺得自己當時的舉動並非真的出自於他本人，他描述母親奔向走廊的電話機時，他追了上去，並重複用刀刺她。他的手指因為滑到刀鋒而被割傷，他記得自己當時把菜刀丟到地上，意識到自己仍遭到監視便跑到屋外，想另外找個安全處躲藏。他依稀記得自己曾見到其他人，他在當時深信自己會被殺掉。

他否認在犯案前曾出現過任何暴力念頭，也否認事先安排這場襲擊。他說：「我當時真的覺得我遭到監視……我被下毒……我為此責怪我母親。」他還是搞不懂自己當時為何下得了手。

他凝視遠方，顯然對這起事件感到困惑，雖然他的症狀在抗精神病劑的幫助下已經減緩，但他還是無法相信他感受到的迫害並非事實。他說：「這是慘痛的悲劇……我甚至不被允許參加她的喪禮。」

喬納森被控謀殺他的母親維洛妮卡．布魯克斯。

這場訪談讓我判別了布魯克斯的精神病症狀——他在接受應徵面試時出現了「妄想性情緒」，並對正常事件做出妄想性解讀，包括白色廂型車、吹葉機、家人的相片、以及列車上的茶。他開始確信自己遭到威脅和監視，並逐漸將他的母親加入這些被害妄想症裡，相信她是冒牌貨。

這大概是他的重大精神疾病第一次發作，型態是思覺失調症，雖然這點需要更多時間才能確認。無可爭辯的是，這名碩士生因為這類嚴重精神病症狀而成了殺人凶手。

包括我在內的四名精神科醫師都同意，他在行凶時處於被醫學承認的精神病狀態，這嚴重破壞了能讓他做出合理判斷的能力。皇家檢控署願意讓他承認過失殺人罪，不需要經過陪審團。這是對謀殺罪名的部分抗辯，因此其刑事責任雖然減輕，但並非完全免除，同時，他的異常心智還必須要能夠解釋他為何殺人；在這起案件上，沒有其他理由能合理解釋他為何殺害母親（警方一定會確認這點）。法官下令將他拘留於戒備醫院，無期限地禁止出院——他必須開始漫長的治療和復健，並且面對自己的所作所為。

地方媒體如此報導：「一名將母親刺殺致死的思覺失調症患者，被永久居留於戒備醫院。他沒有說明自己為何在家裡做出這場野蠻的襲擊。」

但其實他有說明，而且他的行為在他當時的妄想心態下也其實十分合理。如果你認為有名冒充者給你下毒並監視你，你難道不會採取行動反抗？先前提到的恐怖片比喻，也非常適用於這類案例。

在喬納森的案例上，我其實不怎麼需要訪談他也能做出診斷。光是看過證人陳述書，我就能明白整件事的來龍去脈。他的姊姊準確地描述了他的精神病症狀，但她或她的母親在當時又怎麼可能理解他究竟處於何種狀況？

我還記得自己當時在看完其中一些證人陳述書後所出現的不祥預感，我知道這個故事會朝什麼方向發展。

如果能有精神科醫師在案發前及時與喬納森訪談，做出診斷並提供一些治療，也許這起凶殺案就不會發生。雖然人們都喜歡提供後見之明，但這起案件確實再次提醒了我：「在任何精神科案件上，一定要試著推斷該案件以後可能會出現何種不良結局。」

跟其他凶殺案凶手相比，弒母者被發現患有精神疾病的機率大約高出六倍㉕，這就是為什麼司法精神科醫師向來認真看待感到不安的母親。我們接收了轉介而來的弒母凶手，因為這種人無可避免地必須「由我們處理」。我見過許多弒母凶手所經歷過的妄想——他們相信自己的母親是會使用巫術的女巫被邪靈附身，或是惡魔，該犯罪現場也常有怪異跡象，例如斬首、被破壞的寵物蜥蜴、屍身上插著幾支叉子等等。只有精神異常者才會殺掉生之、育之、養之的母親，不是嗎？統計數字會說話。

不難想像，這件事帶給喬納森的姊姊極大的衝擊。她不僅失去了母親，也失去了弟弟（弟弟將在戒備精神病院待上很長的一段時間），而他對母親做的事，也會成為姊弟倆一輩子的隔閡，不論他在犯案時的心智多麼異常。

自殺會帶給死者家屬的慘痛打擊，遠比自然死因還嚴重，因為家屬會不斷懷疑自己是不是曾做錯了什麼；然而，家人殺害家人，這意味著受害者連同加害者的人生，都將不復存在。

第八節

我自己的家族也經歷過類似的打擊，而這大大地影響了我的外公愛德華（Edward）和外婆凱瑟琳（Katherine）的人生。我的外公愛德華在第一次世界大戰結束後加入了英國皇家海軍，他在鐵公爵號戰艦上服役的期間，親眼目睹希臘難民於一九二二年的「士麥那大火」（great fire of Smyrna）時撤離當地。在第二次世界大戰發生前，他大多都在地中海艦隊的戰艦上值勤。

他外表粗獷，但內心溫柔，在由他指揮的年輕士兵們面前是名善心的前輩，雖然根據我小時候對他的印象，還是得努力窺視他的表象才能發現這個事實。他是名成績亮眼的拳擊手，曾在一九三〇年代初期拿下「皇家軍隊拳擊協會」的輕重量級冠軍。當時不列顛帝國的軍力依然龐大，戰艦之間會舉行拳擊錦標賽——以愛德華為例，則是復仇號對抗胡德號（胡德號於日後被德軍擊沉）——其他地點還包括樸茨茅夫市和馬爾他之類的英國海軍基地。跨軍種的拳擊冠軍賽，會在高霍爾本街的競技俱樂部舉行。

一份取自一九三一年左右的《標準晚報》，描述他如何在輕重量級比賽中擊敗了陸軍的肯尼迪（Kennedy）：「肯尼迪毫不掩飾自己打算取得擊倒勝利的企圖心，但他在第二回合時大吃一驚，他被愛德華打倒在地。最後一回合是一場非常刺激的打鬥——愛德華擊倒了肯尼迪五次，雖然在接近尾聲的激烈纏鬥中，愛德華自己也倒地兩次，但他已經表現得夠好了，裁判們一致給了他遠高於對手的分數。」

在第二次世界大戰期間，伊莉莎白女王號在亞歷山大港被義大利的載人魚雷打出一個洞，而具有潛水夫資格的他，因此戴著傳統的潛水頭盔和鉛靴，沉進混濁的水裡處理船殼的損傷。他因為這類功績而獲得過兩次嘉獎，不同於他的一些戰友，他幸運地未曾置身於船艦將沉的處境。

但他的海軍生涯對我的外婆凱瑟琳造成了影響。愛德華在三十幾歲的那些年幾乎都在海上，他們的第一個孩子——也就是我的阿姨喬治娜——因此過了三歲才第一次見到父親，而當他終於回到家時，喬治娜因為失去母親的全然注意力而感到憤怒且怨恨。丈夫不在家的時候，凱瑟琳身邊只有喬治娜和同樣名為愛德華的第二個孩子。和許多人一樣，凱瑟琳在戰爭期間也成了單親媽媽，並盡量節約使用戰時的配給物資。當時「德軍可能攻進英國」是一種很真實的恐懼，愛德華留了一把左輪手槍給凱瑟琳，吩咐她如果納粹到來，就先槍殺孩子們，再舉槍自盡。樸茨茅夫市當時是德國空軍的重要攻擊目標，凱瑟琳經常必須帶著孩子們躲進後院的地下防空洞，這給她帶來了更多的壓力。

雖然樸茨茅夫市曾遭受V-1火箭的連續轟炸，且地中海也布滿了載人魚雷，但愛德華的家族成員全都安然地度過了戰爭。愛德華回到樸茨茅夫仍繼續為國家效力，他在砲術學校擔任指導員，想必也常在用餐時與旁人分享自己的戰爭故事。但就和當時許多的戰時夫妻一樣，等候許久的團圓其實未必開心。喬治娜是個很難搞的孩子，並且似乎經常介入爸媽之間，使家庭的緊張關係更為惡化。喬治娜在進入青春期後發展成某種型態的偏執狂，她認定公車站的每個人都在盯著她；她也對自己的家人疑神疑鬼，指控爸媽、弟弟和妹妹曾溜進她的臥室，並對她的眼鏡鼻墊動了手腳（這番說詞實在怪異）。

我的母親和她的妹妹是在戰爭結束不久後出生，而喬治娜的問題似乎因為家裡多了兩個小孩而升溫，我外婆的情緒也因而更加緊繃。家中產生了裂痕，愛德華經常帶著其他孩子們出去騎腳踏車或在海邊散步，而凱瑟琳則留在家裡看顧喬治娜，因為喬治娜無法忍受跟弟弟和妹妹們一起出去。

我直到最近才聽聞這個故事的完整版本，你應該能想像，當事人在說的過程中依然會忍不住落淚。雖然喬治娜有狀況，但在外人眼裡，這依然是個受人尊敬的正常家庭。但我的母親還記得自己小時候是如何試著維持家中的和平，不只是她爸媽之間的關係，也包括喬治娜和手足之間的關係。

我的舅舅愛德華後來離開了樸茨茅夫市，成為《曼徹斯特衛報》的記者，而喬治娜則留在家裡並受訓成為一名祕書。她開始跟同樣服役於皇家海軍的查理（Charlie）交往，並且也邁向與自己母親相同、「和海軍丈夫聚少離多」的寂寞生活。孩子有時候會以未經思索的衝動方式，做出跟父母一樣的人生抉擇和錯誤。或許喬治娜的抉擇也是如此？

喬治娜和查理結了婚並搬去馬爾他，加入當地的皇家海軍社區。完婚不久後，查理再次回到海上，而他們的第一個孩子露易莎（Luisa）在馬爾他出生了。露易莎是個容易哭鬧的嬰兒，成天哭個不停，在缺乏家人支援的情況下（加上當時根本沒有精神健康探訪者），喬治娜沒有能力獨自面對這種生活。她在絕望中寫信給查理，說自己「不會等他回家」。皇家海軍聽聞了這些麻煩事，意識到這對船上官兵們的士氣不會有幫助，因此將查理調去樸茨茅夫市附近的岸邊設施。之後，查理和喬治娜搬去一間靠近當地親戚的公寓，就在南海城（Southsea）的女王酒店旁邊。

雖然喬治娜有了查理在身邊，但她還是對母親一職極度適應不良。再加上露易莎並不是個性清沉穩的孩子，她經常嚎啕大哭（儘管如此，我的母親仍常想起自己當時抱著那個只有五個月大的外甥女，並把她放在嬰兒車裡散步許久，當時的她為姊姊感到驕傲）。

喬治娜的精神狀態和偏執持續惡化，並出現妄想性信念，認為其他人都在觀察她，並打算傷害她。她也深信自己遭到汙染，因而在澡盆裡用威姆牌去汙粉刷洗身體。她逐漸陷入一種產後精神病狀態（但當時沒有太多人瞭解這種狀況），並在其他人的支援下繼續照顧孩子。

在我母親十四歲左右的某一天，查理登門拜訪。我的母親走進客廳，困惑地看著她的父親雙手抱頭地坐著，顯然因為查理說的話而深受打擊。

當時的愛德華想必很難向女兒解釋，她的姊姊和她的外甥女之間究竟發生了什麼事。他告訴我的母親，喬治娜殺了自己的嬰孩，並且已被警察帶走。我的母親對這項消息感到不解，隨即與父親前往當地的警察局。當愛德華進入拘留所探望喬治娜時，我的母親被要求在外頭等候——她記得自己當時感到十分難過且生氣，因為她姊姊竟然那樣對待她的小小外甥女露易莎。探望結束後，她與我的外公挽著臂走回家，外公當時滿臉是淚。

我的母親說，當時最令人難過的是，看到她那強悍的「戰爭英雄」父親因姊姊的所作所為而悲痛欲絕。她隔天在郵局排隊買郵票時，還聽見兩名年長女子的談話內容，其中一人對另一人說：「妳有沒有看到那則新聞？有個女人殺了自己的嬰孩！我希望他們吊死她。」

就在那一刻，我母親對姊姊的憤怒轉向同情和惻隱之心，其中夾雜著強烈的羞愧感。死刑在當時還要再過五年才會被廢除，因此喬治娜確實得面對著犯下謀殺而被吊死的可能性，除非有其他精神科方面的原因能解釋她的行為。

六十多年後，喬治娜向我說明了事發經過。

露易莎哭鬧個不停，雖然有時候會短暫停歇，例如坐在嬰兒車上被推著散步的時候，但只要車子一停下來，她就會再次嚎啕大哭。喬治娜每天辛苦地掙扎，偏執及擺脫不掉的孤寂感持續折磨著她——查理當時似乎因為不能在船上值勤而對她有所埋怨。

某天早上，查理去上班後，喬治娜再也無法忍受孩子的哭嚎。她說她抓起枕頭壓在露易莎的頭上，而且「害怕得不敢拿開」。

她對接下來的事情印象模糊，但她說她意識到自己好像做了什麼。她依稀記得醫師和警察的到來，也記得自己被送去霍洛威監獄，並關進一間單人牢房，她身上的私人物品全被拿走。獄卒說她不能進去監獄的主要區域，他們擔心其他女囚得知她殺了嬰兒後，可能會要了她的命。

喬治娜說那間單人牢房非常糟糕，她當時哀求他們不要再單獨監禁她，然而在她終於被移去宿舍之後，事態卻變得更糟。和她同房的女囚殺了兩名嬰兒，據說是為了向拋棄她的丈夫做出報復。喬治娜目睹了鬥毆，還在晚上看見一名女子在另一人的衣服上撒尿。大約過了五個星期，她的精神狀態異常到無法再繼續待在牢裡，她因此被送去樸茨茅夫市的聖詹姆斯醫院。她對於「自己遭到汙染」的妄想變得越來越嚴重，因此無法忍受任何人觸碰她的衣物或床鋪。

她曾多次自殺未遂；不久後，她接受了電痙攣療法。與此同時，她的案子進入法庭程序，她開始踏上其他殺害嬰孩的母親也走過的路。

第三章

女子殺害孩童

個案研究：葛蕾絲．卡林達（Grace Kalinda）

第九節

那天上午十點左右，柯林（Colin）駕駛著雙層巴士，從西克羅伊登開往派瑞希爾。清晨上學的尖峰時刻已經結束，現在只剩幾名乘客坐在下層的車廂裡，而前方的幾個公車站也大多無人。但當他掃視諾斯科特路時，看到一對令人側目的男女坐在公車站裡——男子顯然已經好幾天沒洗澡，而女子則是衣著光鮮。柯林將雙層巴士停定並為他們開門，但他們沒打算上車。

他這才注意到有一名約莫四歲的小女孩坐在他們倆之間，女孩的臉上有瘀青，雙眼因為腫脹而難以睜開。女子舉起一罐啤酒湊向小女孩的嘴唇，盛怒之下的柯林原本打算介入，但突然改變了心意，他轉而摸索著手機（諾基亞6300型，內建他女兒很喜歡的貪食蛇遊戲）並報警。

警察只花了七分鐘就趕到現場，同時迅速叫來其他支援。他們將小女孩送進警車後座並直奔最近的醫院——位於桑頓希思的五月天醫院——一路上開著警示燈和雙音調警笛。

來自烏干達的葛蕾絲．卡林達以及來自卡特福德的大衛．強森（David Johnson）被當場逮捕，送去南諾伍德警察局。上午十一點三十一分，他們被控「疏忽兒童」及「在照顧兒童時處於酒醉狀態」。

柯林那天晚上下班回家後，給了自己的小女兒格外漫長的擁抱。

五月天醫院是出了名地繁忙且資源不足，該醫院主要負責服務克羅伊登的居民，在它改名為克羅伊登大學醫院後更是如此。我很熟悉這間醫院。我在一九九〇年取得醫師資格後，必須在兩間醫院的內科和外科完成為期半年的實習工作，才能成為正式的醫師。我們需要先在醫學院完成其中一個實習，接著再到醫療前線進行另一個實習。我當時覺得在忙碌的院區工作會對我有幫助，因此便選擇在克羅伊登醫院擔任呼吸科和全科醫師。

我的第一次待命是在八月初的一個炎熱的週末。我通常會在早上九點的交接時間坐在醫院的食堂裡，與醫療團隊的夥伴們一起啜飲對提神毫無作用的咖啡，其中包括了實習醫師萊斯．湯瑪士（Rhys Thomas）、資深實習醫師管理員葛拉漢．柏林（Graham Berlyne）以及主治醫師查理．伊斯蒙（Charlie Easmon）。團隊在那段時間裡由查理管理，我們只會在巡房時間結束後見到主任醫師。

「現在醫院裡好像滿平靜的。」我說

「你等著瞧吧，」查理說，「這種平靜不會維持太久……」

果不其然，幾分鐘後，我們就被叫去處理第一件轉介案例，而我們也在那個週末評估了來自急診室的四十八名轉介患者。我必須學會如何工作得既快速又精準。我長達五十六個小時的值班會從星期六的早上九點開始，並在星期一的傍晚五點結束，當時還沒有人出面呼籲要改善初級醫師的工作時間，對安全方面的擔憂也尚未獲得重視。

脫離學生生活後的轉變，給了我們一場震撼教育，我們幾乎或完全沒時間社交。某個星期一夜晚，我在值班時間結束後（我在值班期間只勉強睡了兩小時）準備跟一些朋友見面喝酒。當時大約傍晚六點，離出發的時間還有一小時，因此我決定先在待命室裡稍微睡一會兒。我感覺自己只睡了片刻，但醒來才發現已經是隔天早上了——我竟然連續睡了十三個小時，該值下一班的我已經遲到了，當然也錯過了那場期待已久的酒會。

回到公車站的小女孩——年幼的南西．卡林達（Nancy Kalinda）被送進五月天醫院，雖然神情難受，但她的整體健康良好且營養充足，體重也符合該年齡的標準；她的言語和動作反應在格拉斯哥昏迷指數分數（Glasgow Coma Scale，用來測量清醒程度的十五分量表）上顯示為正常，她的神經系統良好，沒有明顯的證據顯示她遭到性侵或長期虐待。

然而，正如先前的觀察者所注意到的——她的臉上布滿瘀青，雙眼的眼皮腫脹且緊閉，而她渾身上下有著許多近期的瘀青和抓痕，這顯示她曾遭受突發性的非意外傷害。

南西被施打了麻醉劑，以便兒童眼科醫師檢查她的眼睛——她的結膜下內出血，眼白部分因為血管破裂而混雜著鮮紅色，意味著她的臉部曾遭受過撞擊。幸好她的視力正常，眼睛沒有發炎或眼壓升高的跡象。

在南諾伍德警察局的警察很快便查明公車站的成年男子大衛．強森，是個來自貧民窟的酒鬼。他在公車站巧遇葛蕾絲．卡林達，並將自己的罐裝高濃度啤酒遞給她，而她接受了，雖然她在接受酒測時被發現她並沒有喝醉。因為她的四歲女兒南西身上的傷勢，卡林達的罪名升級成《侵害人身罪法案》底下的第四十七條《襲擊以致實際身體傷害罪》。

與此同時，卡林達在警局拘留所裡做出怪異的行為——那天晚上，她在拘留所開始吟誦、發笑並做出怪異的手勢。警察找來一名法醫醫檢官（受過法醫訓練的全科醫師），醫檢官在筆記中寫道：「她在咆哮……表現出敵意的同時又顯得痛苦、焦躁，她相信我們是來殺她的……她不斷改變話題……談起耶穌、惡魔和兒童獻祭。」她被評估為「不適合接受偵訊」，而精神健康團隊也被找來更詳盡地評估她。

在病房裡的南西不再啜泣，並在護理師的勸誘下喝完果汁。她問護理師關於自己妹妹的狀況，而在工作人員的追問下，她表示家裡有個妹妹，睡在小床上。

醫院立刻通報警察，此時的他們正試著查明卡林達的身分和住址。取得資料後，他們按照地址來到一棟聯排式房屋，這棟房子被分割成兩間共用同一扇前門的公寓。警察發現前門稍微開著，但公寓本身的門是鎖著的。他們用力敲門、按門鈴，但無人應門，他們因此破門而入（警察有權在沒有搜索票但為了救人的情況下強行闖入）並開始搜查。

公寓看起來還算乾淨，但有些近期曾發生糾紛的跡象——廚房的地上有陶器的碎片。布朗警員（PC Brown）搜查了無人的小廚房、客廳和南西的房間（兩間臥室裡較小的一間）。主臥室很暗，窗戶被窗簾覆蓋著，而床單則散落在地。房間裡的角落有一張樸素的白色IKEA小床，一名年幼的嬰兒睡在床上，被白色的針織毛毯整齊地蓋住。

布朗警員上前查看，清楚地意識到這個孩子沒在呼吸。他伸手觸摸，發現女嬰冰冷且僵硬，雙臂和上半身全是鮮明的瘀痕，鼻孔裡還有分泌物。這就是南西的妹妹，六週大的丹比（Dembe）。

法醫醫檢官彼得．赫伯特醫師（Dr Peter Herbert）來到現場，在下午一點零三分宣告嬰兒死亡。小小的屍體被送去五月天醫院的停屍間等候驗屍。

女嬰丹比的遺體被發現後，葛蕾絲再次被逮捕，罪名從傷害罪升級至謀殺罪。警察對她做出法律相關的警告，但她毫無反應，只是茫然地凝視前方，她的腦子似乎被某種異常的幻覺佔據。兩名精神科醫師來進行檢查，他們在「她的吟誦是否為某種宗教習俗」以及「她是否應該先被羈押」等問題上有些意見不同，但卡林達還是被判定必須接受住院精神科的評估。

她被送去附近的貝特萊姆醫院的低度戒備精神病房，她對那裡的工作人員說：「上帝給了我力量……從上星期開始……惡魔在我身邊……耶穌基督要派我去醫治世人。」她的情緒起伏非常大，上一秒還很平靜，下一秒卻又突然以充滿威脅的姿態跳起來，或瞪著工作人員。她曾指著一名護理師說：「這個女人被惡魔附身。」為了保護她，兩名工作人員輪流監視她，但沒有提供抗精神病劑，以便確認她的基準精神狀態是什麼模樣。與此同時，她被判斷可能患有產後精神病——女性在生下孩子後最嚴重的精神科併發症。

雖然孩子在剛誕生後的幾個星期很令人開心，但母親們也有可能出現精神狀態的變化，像是產後情緒低落（the baby blues，超過百分之五十五的母親有此狀況）、產後憂鬱症

（post-natal depression，超過百分之十的母親有此狀況），以及更罕見的產後精神病（每一千名母親裡會有一至兩起案例）。

產後精神病可能在孩子誕生後的幾天或幾星期中出現，如果當事人的家人或健康探訪者沒發現此跡象，就可能引發嚴重的異常行為，嬰兒甚至可能被母親所殺。

這就是丹比所遇到的悲慘宿命，如同我的阿姨喬治娜使女兒露易莎窒息而死。不同於葛蕾絲，喬治娜沒有被直接送去精神病院，她的案例必須先由刑事司法體系處理。父母殺害嬰孩的案例是重大的悲劇，但這些駭人的事件不一定是因精神病所造成。這種可怕的犯罪有多普遍？在世界各地的發生率有什麼差異？

第十節

十九世紀的未婚媽媽在經濟和社會方面的選擇非常有限，而這提高了她們在絕望下做出殺嬰行為的風險。自一八六三年到一八八七年的二十四年間，在英格蘭和威爾斯地區就有三千兩百二十五名未滿一歲的幼兒被家長所殺，平均每年有一百五十起案件。

當時的司法機構注意到這些問題，而被發現精神錯亂的凶手可能會獲得無罪開釋或皇家赦免（royal pardon）。在十九世紀中期，精神障礙抗辯被法典化，稱作「馬克諾頓法則」（the M'Naghten Rules）——源自於丹尼爾．馬克諾頓（Daniel M'Naghten）的案例，他在患有被害妄想症的狀況下犯下謀殺，後來被宣判無罪開釋。馬克諾頓法則至今依然是英國和美國所遵循的精神障礙辯護法，該法適用於「在因精神疾病而導致思考能力受損的狀況下犯案」的被告。

依據此項定義的新看法是，任何殺害自己孩子的婦女必定患有精神障礙，因此不該為自己的行為負責。英國的「死刑議題皇家委員會」於一八六四年成立後，犯下這類案件的女子雖然一定會被判處死刑，但死刑絕不會執行。

一九二二年的《殺嬰法案》（Infanticide Act）提出了「殺嬰」的這個新罪行，檢方因此能從一開始就提出嚴重性較低的控訴，但案件依然會交由陪審團審理，且凶手還是可能被判謀殺罪成立。在一九三八年，經過修訂的《殺嬰法案》（英國至今遵循的法律）將受害者的年齡上限拉高至十二個月，因此英國法律對殺嬰的定義是：「死於母親之手的一歲以下嬰孩，母親在行凶時心智平衡遭到破壞……尚未從分娩所造成的影響中完全恢復，或是……分娩後分泌乳汁所造成的影響。」

這些法律用字也許有些晦澀難懂，但儘管如今的精神科已有所發展（例如「分泌乳汁」現已不再被視為產後精神問題的起因），我們依然奉行著這套有點過時的法律標準。這套悠久的法案顯然給了殺嬰之母一些寬容，雖然大部分的謀殺案是由男性犯下（男女比例大約十比一），但女謀殺犯確實有極高的比例殺害了自己的孩子。

維多利亞時期的「絕望」問題大多已根除；而今日，這種行為的原因更可能源自於心理層面，治療心理困擾的專家們發現，女性較男性更傾向於對自己的身體、生殖系統，甚至親生孩子做出攻擊行為。精神科醫師艾絲特拉．韋登（Estela Welldon）曾寫道，女性不只是暴力行為的受害者，也可能是加害者。韋登在其著作《母親、聖母、蕩婦》（Mother, Madonna, Whore）中指出㉖，女性具有攻擊的衝動，但她們的攻擊性多數被隱藏起來；她們的暴力行為經常針對自己的子女。

當然，這種說法挑戰了「母親不可能傷害自己的子女，除非其心智平衡遭到破壞」的這個想法。

事實上，一歲以下是最可能成為凶殺案受害者的年齡層。在二〇一八年的英格蘭和威爾斯地區，有六十七名兒童（十六歲以下）成了凶殺案受害者，而平均有二分之一到四分之三的兒童受害者是被父母所殺（無論依哪一年的數據來看），只有少數是被陌生人所殺（媒體常因注重戀童癖所犯下的擄童凶殺案，而扭曲相關的統計數字，幸好這類案件非常罕見）。

殺害子女的案件，更多是由母親而非父親所犯。此外，殺害子女的母親經常被診斷出患有精神障礙，例如葛蕾絲．卡林達便患有妄想症或急性精神病，而我的阿姨喬治娜在當年也是。

當然，不是只有產後精神病才算是精神障礙，患有重度憂鬱症的母親也可能因為看不見自己或子女的未來（最極端的形式是「虛無妄想症」（nihilistic delusion））而造成「擴大自殺」（extended suicide），又被稱作「倫常命案」（familicide）。

媒體曾報導過一則相關案例——當年二十七歲的娜芙吉特．希督因為第一胎不是男孩且難以承受夫家給予的壓力而患有產後憂鬱症。她和丈夫曼吉特（Manjit）在七年前因「包辦婚姻」（父母之命、媒妁之言）而成婚，後來因為一趟印度之旅，與丈夫發生糾紛——她的丈夫表示，如果跟她一起回印度，那他以後就再也不用做任何家事（如果讀者你現在還不是女權主義者，在看完這本書之後你一定會皈依此門）。

二〇〇六年八月三十一日，乘客們於帕丁頓車站登上一班希斯洛機場快線高速列車時，娜芙吉特離開了她位於西倫敦格林福德的住家。她的二十三個月大的兒子艾蒙（Aman）坐在嬰兒車裡，而五歲大的女兒西姆蘭（Simran）則走在她的身邊，他們一起走向紹索爾站的身影被監視器拍下。目擊者們後來表示曾看見娜芙吉特和她的兩個孩子，在上午十一點左右於月臺上逗留。一名「大西部警衛公司」的警衛見狀便走向她表示關切。「我問她在做什麼，她說：『我要帶我的孩子們去看高速列車。』我跟她說她不能待在這兒，她接受了。她看起來很平靜、沉著。」

娜芙吉特當時打了電話給丈夫，說道：「我要去很遠、很遠的地方，我會帶孩子們一起走。」曼吉特開車在附近找她，終於注意到她進入了紹索爾站，但沒地方能讓他立即停車。他到月臺的時候，已經晚了一步。

下一個見到娜芙吉特的人，是希斯洛機場快線高速列車的駕駛員。他在下午一點二十分看見她將艾蒙抱在胸前、抓著西姆蘭的手躍下月臺，跳到高速列車的前方。列車駕駛員表示自己曾試著煞車，但為時已晚。娜芙吉特和女兒當場死亡，西姆蘭的遺體殘破不堪，只能透過指紋確認身分；遭受多重傷勢的艾蒙雖然沒當場死亡，卻還是在兩小時後宣告不治。

凶手如果在殺人的同時自我了斷，刑事訴訟就不會成立。驗屍官向調查死因的陪審團表示，娜芙吉特是自殺身亡，而她的兩個孩子則是死於「不合法被殺」（unlawful killing）。

娜芙吉特似乎未曾有過精神治療的機會，相較之下，葛蕾絲．卡林達則因為出現明顯的精神失常（就像前述的丹尼爾．約瑟夫）而略過了坐牢，並直接強制入院治療。

然而，對子女犯下重大暴力事件、謀殺或謀殺未遂的女子們，大多數都會還押服刑。二〇〇一年，我開始在霍洛威監獄工作，該設施是當時歐洲最大的女子還押監獄。我在那裡評估了一連串的案件，並透過它們更瞭解母親對自己的嬰幼兒所做出的殺害、暴力犯罪、虐待或冷落。

我曾在霍洛威監獄評估安德莉雅．伍德（Andrea Wood），她是一名來自中產家庭的軍人之妻，患有重度憂鬱症和虛無妄想症。她堅信自己和六歲的女兒不會有未來，只能走向死亡和腐敗，因此她曾試圖將女兒溺斃在浴缸裡，也曾割傷自己的雙腕（她切斷了自己的一條動脈，而非是只傷及皮肉的自殘行為）。她的女兒後來保住一命，而安德莉雅自己的傷口也透過手術修補完成，她被控謀殺未遂。她後來在霍洛威監獄接受治療，雖然其憂鬱症獲得減緩，但她依然深受罪惡感所困。她拒絕試圖為她減輕罪行的律師們，認了謀殺未遂的罪名；然而，她後來還是做出了嚴重的自殺嘗試。

她是應該送醫卻未送醫的嚴重精神病患。我將安德莉雅轉介去她家附近的戒備精神病院接受治療，我認為她患有重度憂鬱症。然而，該醫院的精神科醫師對她的評估是——她的自殘行為是出於人格而非精神疾病，因此她應該待在監獄裡（換言之，她是「壞人」，而非「憂鬱」或「瘋狂」之人）。

幾星期後的某個清晨，我接到一通電話，得知她被送去一間地方教學醫院的急診室。她用手邊的東西製成套索上吊，當繩索被割斷、她被放下來的時候，她已經臉色鐵青、奄奄一息。

我趕到醫院，得知她在加護病房。她的腦部因為缺氧而永久受損，我再次將她轉介到她家附近的一間司法精神科服務中心，不是要讓她接受憂鬱症治療，而是讓她在永久腦損病房裡接受長期照護。這一次，她終於獲准入住。

這些移監決定攸關生死，但她的案例並沒有被詳盡地調查。安德莉雅只被認定是名囚犯。雖然事實證明我的判斷是正確的，但讓我的這項臨床意見獲得證實的代價實在過於慘重。

我的一名前輩說過：「你如果想要合適的結局，有時候就必須讓其他人邀功。」我透過多年經驗得知，低調的外交手段和溫柔的施壓（例如重複轉介同一個案例）比抗爭手段更有效；你如果給對方施加太多壓力或做出批評，那麼對方很可能會因為嗜血慾而站穩腳步、與你對幹。

然而，我偶爾還是必須將事情鬧大，威脅表示我會透過法庭程序或正式投訴來讓對方接受司法審查。我的一名患者的故事清楚地描繪了這點。

榭瑞爾（Cherelle）原本因為輕微的犯行而進了霍洛威監獄，後來卻因為突然出現的異常精神狀態和行為而進了我們的戒備牢房，接受嚴密的觀察。她對牢房、自己的頭髮和衣服縱火，還用藏在陰道裡的刀片做出自殘行為。她雖然獲准轉移，但仍必須等候幾個星期，而我們的獄卒則試著在那段期間內，於一個嚴重缺乏資源的環境裡保障她的安全。我在南華克刑事法院第三次為她的案子提供證據時，她轉移去醫院的事情尚未解決，這時法官問我有沒有任何想法——我建議他請英國國民保健署的精神健康服務相關單位（英國國民保健署信託）的執行長向法庭說明，為什麼至今還找不到能接收她的病床？法官很快便發出傳票，而病床便在二十四小時內出現了。在我的印象中，這種核彈級選項我只用過三次。這種手段不能常用，但成功時會讓人感到非常心滿意足。榭瑞爾被送去醫院後，狀況很快就好轉。

然而，大多數對孩子犯下重大暴力事件後被還押的女子，雖然極有可能在犯案後自殘或甚至自殺，都還是必須面對法庭程序（例如我的阿姨喬治娜），就算她們曾多次嘗試自殺。這年頭的法律對殺嬰只有一個定義，但從司法精神科醫師的觀點可以分為六種亞型㉗。第一種是「殺害新生兒」（neonaticide）——新生兒在出生的二十四小時內被殺，不同於在出生一天後和一年內被殺的其他型態。

統計數字顯示這類案件相當罕見，但沒人知道新生兒被殺的真實數字，因為這類案件可能被隱藏（我們現在偶爾還會聽說有人找到藏在閣樓裡及被掩埋的木乃伊化新生兒骸骨）。在一八六一年，倫敦街頭發現了一百五十名新生兒及幼嬰的屍體；而棄嬰醫院——例如位於梅克倫堡廣場、靠近大奧蒙德街醫院的那間（如今為博物館）——則是用來照護被發現且還活著的棄嬰。

在歷史上，嬰兒很有可能因為某些儀式而被殺或被拋棄，包括阿茲特克族、古希臘和羅馬人的相關歷史。殺嬰行為曾經在中國的一胎化政策中存在，而印度的部分地區至今也仍存在著這類行爲，他們因為文化和經濟因素偏好男嬰，因而殺害女嬰。在古代或部分缺乏節育措施的現代社會中，殺害新生兒的行為也很常見，這種行為經常出現於不成熟的年輕母親——她們很可能與父母同住，並且否認自己懷孕。她們會偷偷在旅館裡生下嬰兒，再將嬰兒溺死在馬桶或浴缸裡，或予以掐死或悶死。

第二種亞型是「美狄亞症候群」（Medea Syndrome），又稱「報復配偶的殺人案」。

在「希臘三大悲劇大師」之一尤里比底斯所著的古希臘悲劇《美狄亞》中，主角美狄亞是名備受輕視的女子。其丈夫傑森（Easun）打算為了名叫格勞斯（Glauce）的公主而拋棄她，她在希臘社會的地位因此面臨威脅。他打算將美狄亞當成情婦，但美狄亞拒絕失去社會地位（有人認為她想在父權社會裡維持自主權）因而做出報復行為。她殺了格勞斯，並利用沾有毒藥的長袍殺害了傑森的岳父克瑞翁國王（King Creon）。最後，她刺死了她與傑森生下的兩個兒子——她不僅摧毀了這場婚姻，也對傑森做出了最極端的報復舉動。

在兩千多年後的現在，「美狄亞症候群」是指父母之間所出現的嚴重心理衝突，以致孩子成了失去生命的受害者。凶手可能患有精神障礙，例如重度憂鬱症或懷有報復和自戀心態——「如果我不能擁有孩子，那誰都別想擁有他們。」

這類案件的報復心態未必總是直截了當，因為殺人動機可能是因為與伴侶、第三者，或甚至更多人之間的關係不良所致（不僅限於夫妻之間），這類案例都屬於「美狄亞症候群」。

較常見的案例是，母親有了新伴侶（通常是男性），而對方覺得孩子是個累贅，因而促使母親為了避免失去新戀情而拋棄孩子。這種事也許聽起來很難以想像，但它確實會發生。更極端的案例發生於二〇一八年，當時二十三歲的路易絲·波頓悶死了她三歲的孩子萊克希．德雷珀（Lexi Draper），並在沃里克郡的拉格比掐死了她十六個月大的嬰孩絲嘉蕾．禾根（Scarlett Vaughan），據說孩子們「妨礙了她的性生活」。而萊克希之死似乎沒影響她的心情，她在犯案隔天還在交友軟體上接受了四十一個交友邀請。她的案子在伯明罕刑事法院審理了四個星期，陪審團只花了六小時就決定她的兩起謀殺罪都成立。法庭在審理期間聽聞一些證據指出，波頓經常將兩個女兒丟給別人照顧或獨處，並外出說服男人與她發生關係、給她現金。波頓被判終生監禁，至少必須服刑三十二年。

這類案件還包括「滅門慘案」——通常發生於家長在婚姻破裂後爭奪孩子監護權之時，而他們在殺害孩子後也可能會自殺。大部分在此脈絡下、因扭曲的矛盾心態而殺害親生孩子的凶手，雖然做出了駭人的謀殺，但還是會維持「想照顧孩子」的本能——他們會讓單一或多名兒童受害者躺在床上，並在其身旁放著孩子最喜愛的布娃娃，藉此向孩子展示殘存的情感，只不過他們想對伴侶或情人做出報復舉動的衝動更為強烈。

我曾在犯罪現場相片上看過這類凶殺案，有些畫面確實慘不忍睹。例如，一名六歲的男孩被父親殺害，並整齊地被放在床上，穿著其生前最愛的Nike Air Max 95鞋款及超人服裝，而他的母親則橫屍於隔壁的臥室。你可能看過類似這樣的新聞頭條：「一家五口被發現死亡。警方並沒有在尋找其他嫌犯。」

另一起案例是《太陽報》於二〇一九年七月所刊登的一篇報導——一名「拜金的」母親在位於肯特郡的濱海住家裡，將親生的、二十三個月大的雙胞胎雅各（Jacob）和克蘿伊（Chloe）溺死在浴缸裡；她與伴侶發生了衝突，因為她不甘失去了在中東卡達的奢華生活，而淪落至馬蓋特鎮這種「糞坑」居住。二〇一八年十二月二十七日，警察被呼叫去處理發生於A299公路（往倫敦方向）的一起車禍，肇因是她刻意以每小時一百英哩的車速追撞一輛卡車。她當時歇斯底里地對警察說：「讓我死吧！我殺了我的嬰孩們。」警察急忙前往女子的住處，發現躺在床上的兩名孩童已氣絕身亡，但衣著完整。

精神科專家們對這起案件的原因意見分歧（有人認為是自戀型暴怒〔narcissistic rage〕，有人認為是重度憂鬱症），而這點也反映於法庭所做出的「混合式」刑期——凶手將在戒備醫院裡待一段時間，並在監獄裡也待一段時間。

殺嬰之所以能分類成不同的可觀察亞型，是因為每年發生的兒童謀殺案當中，有部分令人心寒的規律。除了悶死新生兒、精神病型殺嬰和美狄亞症候群，還有些是對重度身障的孩子做出「安樂死」的亞型。

廣受媒體報導的「安樂死」或「利他」殺人案，是塔妮亞．克拉倫斯在二〇一五年所犯下的案子。她來自一個富裕的中產家庭，患有重度憂鬱症，同時照顧三名身障孩子為她帶來了沉重的挑戰與負擔。當時四歲的奧莉薇亞（Olivia）、三歲的雙胞胎班恩（Ben）和麥克斯（Max）都患有一種罕見、嚴重且最終會造成死亡的肌肉萎縮症，他們都需要多次的侵入式治療和手術。塔妮亞在他們熟睡時悶死了他們，之後試圖自殺。

判決：依據責任減輕的三起過失殺人罪名成立。強制入院治療。

第十一節

在那些「殺害自己不想要的孩子」的母親們當中，有些可能有人格異常這類的精神疾患，有些則可能經歷過家庭失和或治療失當。我第一次在精神科遇到的謀殺案凶手是被隔離治療的史黛菈．諾斯（Stella North），她當時二十幾歲，因為殺害自己的新生兒而被控謀殺並送進戒備醫院。我剛加入團隊時，她正在接受為期三個月的深度精神評估，而團隊正在撰寫一份報告，以協助皇家檢控署決定是否要將謀殺罪名（刑期將是終生監禁）改成殺嬰罪（如此一來，所有刑期選項都會被納入考慮，包括強制入院或假釋之類的非監禁刑）。

我當時的經驗不足，心想既然此案例是母親殺害新生兒，那麼「她的心智平衡必然遭到破壞」——這符合殺嬰罪的定義。

我在做出這種簡單的認定時，大概還想著我阿姨的案例。但在司法精神科這個領域，你什麼都不能貿然認定。

我們在法醫心理治療師每星期舉行的討論會上談到史黛菈的案例——想瞭解謀殺，就必須從許多不同的角度審視，而學過精神分析理論的心理治療師，有時候能提供一個不同的觀點。

某一天，我拿著筆記來到討論會準備與克莉絲塔（Calista）討論此案，她是指派給我們團隊的精神分析師。她叫我收起筆記，並要我向討論會的成員們描述史黛菈的故事，以及跟史黛菈相處時的感受。我憑記憶說出這個故事的背景資料，並注意到史黛菈似乎是以「情感分離」（detach）的態度來看待這起謀殺案，連同她死去的孩子。我們不只考慮了她的異常精神狀態，也討論了她對不想要的嬰兒所產生的殺意。史黛菈藏起了自己的攻擊心態，辦法是讓自己跟行為分開來；她似乎切斷了自己對亡嬰的所有感受，彷彿那個嬰孩未曾存在過。

這場關於史黛菈的辯論，迫使我重新考慮將殺嬰罪定義為「精神疾病」的這種簡單認知，也帶給我一種令我不自在的想法——我的表姊露易莎，並不是她的母親在預期懷孕的狀態下而獲得的孩子，此外，她還是個哭鬧不停的嬰兒。雖然喬治娜想必曾被自己的異常精神狀態影響，但她當時究竟是否曾對露易莎產生過某種程度的殺意？（我當時還沒聽聞喬治娜對悶死孩子這件事的說詞，而現在我知道，那是她對孩子不停哭鬧所做出的反應，就算她當時處於高度異常的精神狀態。）史黛菈是我在職場上處理的第一起殺嬰案例，我從那時起開始認真反思喬治娜的故事，這後來促使我進行了一些調查，並開始在霍洛威監獄工作。

史黛菈的案件調查揭露了更多細節，調查指出她對孩子確實存在某種程度的「殺意」，而這很難完全符合殺嬰罪的定義。她當時從社會住宅公寓的四樓住處打電話報警說她的嬰兒失蹤了；警方大陣仗出動，數十名穿制服的警察開始搜查該區域，他們挨家挨戶地詢問並試圖取得監視器影像。在經過二十四小時的搜索後，他們在一道垃圾滑槽底端的大型垃圾桶裡，發現了她的新生嬰孩冰冷的屍體，而這道垃圾滑槽的投放口就在她的公寓門口的旁邊。

你能想像警察有多麼火大——他們辛苦地搜查，以為是一起綁架案，最後卻發現孩子的母親親手棄屍。她並沒有精神病，但懷孕是非她預期的結果——她的個性不成熟且獨來獨往，同時為產後憂鬱症所困。

幾年後的某一天，剛成為主治醫師的我在幫別人代班時，湊巧在門診中心成了史黛菈的醫師。她在戒備醫院待了一年後被判處非監禁刑，獲得「假釋中付保護管束」，條件是必須接受精神治療。但她似乎根本不把自己的所作所為當一回事（精神科術語將這稱作「解離」（dissociated）），她經常遲到，也經常取消療程。

她當時有了新的戀情，並且正在考慮建立家庭，儘管她曾那樣對待她的第一個孩子。如果她真的把「再生一個孩子」的這項計劃付諸行動，兒少保護小組就必須進行「產前案例討論」並密切觀察她。他們會需要回答一些很難答覆的問題，例如，能否放心地讓史黛菈照顧另一個孩子？就算只讓她在生產後抱孩子幾分鐘，這麼做安全嗎？我後來也碰過類似的疑問——我當時正在處理一些患有重大精神障礙的孕婦，該領域稱為「圍產期精神科」（perinatal psychiatry）。

兒童被父母或照護者以虐兒形式殺害，這在我於霍洛威監獄服務的期間是媒體極度關切的議題，當時發生於北倫敦的「維多利亞．克林比」和「嬰兒P」命案引來媒體鋪天蓋地的報導。這些案件的報導幾乎只專注於看似失敗的社會服務，卻忽略了應受譴責的父母本身（這是我們現代的怪罪文化的案例之一）。

父母對孩子的嚴重冷落所造成的死亡和致命虐待——這類案例我看過很多，但有兩例令我永生難忘。

我在霍洛威監獄時奉命評估艾蜜莉亞．史蒂文森（Amelia Stevenson），她在被控謀殺後還押於此。她曾是個孤兒，在出生不久後被裝在塑膠袋裡放在某間醫院的門梯上，後來在寄養家庭住了一段時間後才住進育幼院。

她在學校開始出現異常行為，後來輟學並開始使用娛樂性用藥，最後對海洛因上癮。她有過幾次的非預期懷孕——第一個孩子在出生後幾星期死於肺炎，而第二個孩子則被社會服務單位全權接管，目前處於被永久領養的處理程序。

艾蜜莉亞再次開始施打海洛因——她說：「如果打不過他們，就加入他們吧！」——後來懷上男友賽斯（Seth）的孩子。

這是她第三次懷孕，而社會服務單位竟然願意提供大量的協助，將這作為「她能否當個好家長」的觀察期。她同意在懷孕期間遠離海洛因，以免將癮頭遺傳給嬰兒。但她不久後又再犯，甚至瞞過了助產士和社工（她一開始使用非法的美沙酮，後來又改回海洛因）。

艾蜜莉亞生下詹姆斯（James）後，他明顯「病得很嚴重」，但只有她知道這是他的海洛因戒斷症狀——類似感冒症狀，例如肌肉痠痛、發燒和畏寒——嬰孩痛苦得哭個不停。「我們沒尋求專家協助，以為能靠自己處理……我們以為只要我們證明自己能照顧他，他們就會讓我們留著孩子。我們弄到一些美沙酮……我們把藥混在食物裡給他吃下，他似乎有好轉……助產士和健康探訪者每天都會來，我們成功地隱瞞了這件事。」

某一天，艾蜜莉亞很晚才起床，在海洛因的影響下她思緒模糊。「隔天早上，他還在睡……我當時就有種感覺，我知道出事了……我男友哭著對我說：『艾蜜莉亞，他死了。』我原本以為他還在睡覺，但他渾身冰涼。我試著餵他，但他已經渾身僵硬。」

過失殺人——五年徒刑。

艾蜜莉亞雖然做出了嚴重的自殘行為，但還是得不到精神病院的病床，她犯下的過失致死罪讓人很難同情她。

在艾蜜莉亞的案例上，她向健康專業人員隱瞞了她對詹姆斯的疏於照顧。我在進入醫學界不久後，就發現這種「母親向人們隱藏自己對孩子的疏忽或虐待行為」並不罕見，並且可能有許多型態。

出於巧合，我在五月天醫院的胸腔內科團隊工作時，曾遇過幾個不尋常的精神科案例，至今依然令我印象深刻。我待在那裡的半年間忙著處理來自急診室的大量轉介病患，同時，還要追著要驗血報告或更換塞住的點滴導管。我當時真的差一點就宣告放棄、徹底離開醫學界。這份工作真的就是這麼辛苦，就算我已接受了六年的訓練。但無論多麼疲憊，我們還是必須繃緊神經，因為病患正在為生存而戰，而我們有可能會失去他們。我們偶爾會發現有幾名病患是在裝病——我們原以為他們這麼做，是為了獲得伴隨住院而來的注意力，或是因為欺騙我們、浪費我們的時間讓他們感到很痛快。但究竟是出於什麼樣的原因，會讓人願意裝出自己因腎結石而嚴重絞痛，並且不惜割破指尖滴血在尿液樣本裡來說服我們？

這麼做不可能是為了弄到止痛藥，因為我們已經不再使用那些可能被濫用的藥物。這些假患者一旦被揭穿，就會遭到醫院告誡和驅逐，而醫院也不會徵求我們這些「特技自行車手」（trick-cyclist）的意見（「特技自行車手」是內科和外科醫師給精神科醫師的外號，雖然聽來有點可愛卻帶有貶義）。

這些假病患當中的某個案例引起了我的興趣——名叫塔瑪菈．阿特金森（Tamara Atkinson）的年輕女子，她因為失控的癲癇症而入院。她被控用自己的抗癲癇藥物給親生孩子下毒，而當孩子住進兒童病房並接受觀察時，塔瑪菈又對點滴動了手腳，造成了危及生命的感染，她的孩子因此被送進加護病房。之後，塔瑪菈在被警方拘留時出現了癲癇症狀，因此被送去五月天醫院的急診室。

她雖然在住院後接受了充分的治療，卻持續出現失控的癲癇症狀，我們因此急忙安排她進行腦部掃描和腦波檢查（腦電圖），擔心她可能有腦部的腫瘤。但檢查報告的結果都是陰性，這使得我們開始起疑。我在她某次在病床上出現癲癇症狀時仔細觀察了她——看起來很像真的，例如規律性的痙攣、頭部往後仰，她甚至還大費周章地刻意尿床，這在真正的癲癇發作中確實很常見。

我們正打算確認這些是「假性癲癇」（Pseudoseizures）的時候，塔瑪菈的兩腿和左臂開始出現許多有感染狀況的大型膿瘡。我們因此暫時擱置了虐童調查，擔心她的免疫系統出了問題。我們為她進行HIV病毒驗血，並做了所有該做的標準驗血及微生物抹片檢查，查明她體內是否有某種尚未被解釋的感染。我們在醫學文獻裡尋找罕見的病症，發現了一個可能的病因：「約伯症候群」（Job's Syndrome）——這個名稱取自舊約聖經裡的約伯，病因是在對抗感染的白血球功能失調時，反而造成患者身上出現大量的膿疱。這似乎很符合塔瑪菈的狀況，因此我們安排她在附近的一間專科醫院接受檢查。

與此同時，我們的主任醫師被叫去法庭報告塔瑪菈的醫療狀態，以及她能否出席刑事和家事法庭的審理程序。在我們試著處理這些問題的某一天，醫院的一名搬運人員來找我，像告密般地對我輕聲細語：「醫師，我無意多管閒事，但我剛剛目睹了一件事，我覺得最好讓你知道。你知道七號病床的那名女士吧？我剛剛看到她拿針扎自己的腿。」

我們因而發現塔瑪菈其實一直用針沾自己的糞便再扎進皮膚裡，就為了產生膿皰。她同時患有「孟喬森症候群」（Munchausen syndrome）以及「代理型孟喬森症候群」（Munchausen by proxy）——患者會刻意為自己或他人創造人為的醫療需求。塔瑪菈顯然患有嚴重的人格障礙，但她還是必須在法庭上面對檢方。

為了瞭解塔瑪菈的想法和行為而經過的精神推理令我很感興趣，因此我在醫學座談會上提出她的案例，其中包括那些令人反胃的膿瘡幻燈片。一名資深皮膚科醫師在會後對我說的話令我震驚：「這個案例確實很有意思，但麻煩你下次讓我們看看真正的疹子。」

我就是在此時意識到自己必須找個「不只看表面」的醫學領域，精神科因此吸引了我。對我而言，塔瑪菈心中的苦惱才是真正的疹子。其他皮膚紅疹也許能揭露一些疾病，像是疥瘡、梅毒或系統性紅斑性狼瘡（一種免疫疾病，特徵是臉部紅疹），但她的案例讓我窺見了她的高度異常人格，她將攻擊行為轉向自己的身體和生殖系統，以及她的孩子——這就是韋登醫師所描述的過程。

這種狀況或行為規律又稱作「代理型孟喬森症候群」，其經常構成一種嚴重的兒童虐待，並經常成為刑事案件。做出這種行為的人，大多是孩子的母親、照顧者或保姆。他們會將出現疾病的孩子帶到醫師面前，但其實這些疾病是他們自己瞎掰的症狀，或刻意對孩子造成的傷勢。

「暗中監視」之類的具爭議性醫學研究方式會發現，有些母親會壓住親生嬰孩的口鼻，讓孩子因此出現呼吸方面的問題。那些案例的監視器畫面令人怵目驚心——母親重複地試著悶死自己的孩子，再對醫師說孩子是呼吸驟停（呼吸中止症）。那些嬰孩會被接上呼吸和心跳監測器，而護理師則會透過監視器觀察並隨時準備介入，避免憾事發生。這項研究指出，雖然大多數的嬰兒猝死案例都是真實且令人傷心欲絕的，但有極少數可能是殺嬰案——如果調查員沒及時發現其母親曾試圖悶死嬰兒。儘管這些證據確鑿，但人們還是不願相信有些母親的確做得出這種結合了欺騙和傷害的病態舉動。

這些欺瞞行為是否讓這些母親得以否認自己對孩子有攻擊性衝動，也讓她們在騙過醫師的時候覺得興高采烈，並藉此減輕自己原本的無助感？我曾試圖進行「心理剖析」，但依然未獲得解答。這些母親經常出現嚴重虐待或冷落的跡象，同時也有自我傷害或飲食障礙的傾向，並且可能伴隨未被解釋的症狀，以及不必要的住院或手術。

她們或許很難說出自己所承受的痛苦，我們將這稱作「述情障礙」（alexithymia），意思是「無法用言語來描述某種精神狀態」。

我在擔任初級醫療人員時所獲得的經驗，包括塔瑪菈的案例，在後來幫助我瞭解我在霍洛威監獄所目睹的一些虐童案件。

我得知凶手會以許多方式來隱藏虐童和冷落所造成的殺童案，而在命案發生前的虐待行為也經常能成功被隱瞞。雖然部分針對兒童的文化和宗教習俗，在其他社會中可能會被允許甚至鼓勵，但在英國卻可能構成刑事罪行，因為這類行為在極端程度上可能致命。

「殘割女性生殖器」（female genital mutilation，堅稱FGM，又稱為「割禮」）就是這類案例之一。根據「五人基金會」（the Five Foundation）的調查，這種習俗已影響了全球兩億名未成年和成年女性。這種行為在英國是違法的，人們（至少英國國會）認為錯誤的

「文化敏感」應該被擱置一旁，當前最重要的是，保護年輕女孩免於這種「文化允許」的虐待行為，並造成的永久傷害。同樣地，在部分社群所奉行的其他生理或情緒虐待（例如巫術、邪教和惡魔附身的相關信仰）也必須被揭發並接受刑事制裁。

作為司法精神科醫師，我認為我們不能將這些習俗與「妄想症」混為一談；精神治療也許能治好妄想症，但對於巫術的文化信仰便起不了作用。關於邪靈或巫術等邪惡力量的非精神病思想，其實比你預料得更普遍，尤其在具有多元文化的大都市。（例如在回教社群裡常見的「精靈」，或是來自撒哈拉以南的非洲國家人們口中的「邪靈」或「惡魔」。）

研究也調查了不同國家的宗教和文化態度，發現有百分之十五的烏干達人，以及百分之九十五的象牙海岸居民都相信邪靈的存在。而惡魔附身的相關文化信仰，也對兒童造成了重大的暴力事件，部分證詞便曾描述驅魔師將辣椒粉撒向兒童的眼睛、毆打兒童，甚至進行儀式性質的謀殺，尤其針對患有白化病的兒童——有些人甚至相信吃下他們的肉塊就能獲得特殊能力。

在二〇〇八年，烏干達警方便接獲了三百多起與儀式典禮有關的謀殺和失蹤案。烏干達政府因此組成了一支針對人類獻祭的特殊警隊，因為他們在案例中發現有許多家長和親屬，都將孩子賣給巫醫用於儀式獻祭，好換取來自天神的財富。

倫敦很熟悉儀式性謀殺兒童的案件，例如二〇〇一年的「亞當案」——有人在泰晤士河裡發現一名身分不明的男孩的上半身。經過複雜的調查後，警方相信他是人口走私的受害者，從奈及利亞的貝寧城經由德國來到英國；他被下毒（他的胃裡混雜了黃金碎片的沙粒）並放血，並且被熟練地肢解，研判很有可能是死於「巫毒」的儀式。

我在霍洛威監獄見過其他因文化允許而對兒童做出暴力行為的例子，有個案例格外令人難過——一名來自模里西斯的年輕女子和一名來自西非的男子交往了一段日子後，男方說服女方相信他們六歲的女兒遭邪靈附身，他們不斷毆打小女孩，用滾燙的蠟燭燙她，甚至將她裝進麻袋並縫起袋口，打算將她丟進金斯蘭路旁的運河裡——幸好因為一名鄰居的打擾，而沒能完成這項謀殺計劃。他們的女兒在學校裡滿臉是淚、衣衫不整，老師因此通報社會服務單位，使得整件事水落石出。雖然女孩的母親顯然是被伴侶影響，但她沒有精神疾病的跡象，因此必須完全承擔法律責任，最後被判了極高的刑期。

這類針對兒童所做出的暴力事件，其細節駭人聽聞，但我發現自己有能力在謀殺案件裡找出臨床和法醫證據，而不會被案件的本質嚴重地影響情緒。據說要真正在醫學專科領域裡適應需要大約五年的時間，這是事實——隨著時日經過，法醫實務所帶給我的焦慮已逐漸平息。另外，我也學會如何管理壓力——避免接受每個轉介案例或授課邀約，別把自己想得無所不能，以為自己能避免每個接觸過的患者犯下精神病罪行，同時我也禁止自己在星期六寫報告，以保護我的週末時光。

司法精神科對我來說變成一個單純的職業，我已經習慣目睹暴力事件及其後果。有些人去上班時要盯著交易螢幕、設計建築、教導課堂上的孩子們或朗讀手稿，而有些人則要穿梭於監獄之間、與謀殺犯訪談並試著理解他們。

每當有人在社交場合問我「你是做什麼的」時，我都只會回：「我是英國國民保健署的醫院人員。」以免人們忍不住對我開啟「何謂邪惡」、「殺人犯肯定都是瘋子」或「我們為什麼不能直接將他們送上絞刑臺」之類的話題。

第十二節

葛蕾絲．卡林達在接受精神治療的幾個月後，我與她訪談以評估她在行凶時的精神狀態。我也很想看看她對療程的反應，以及她會如何描述她早期的生活，與那段人生如何使她在公寓裡犯下那起駭人的殺人案。

葛蕾絲出生於烏干達的首都坎帕拉，早期的生活並不特別。她小時候沒有被虐待過，並且完成了中學的學業。她在犯案的三年前來到英國，當時二十三歲的她正打算學習英文。她在離開坎帕拉時，與留在當地的南西的生父已感情疏遠，而南西當時才四歲；但她後來又回去了坎帕拉一段時間，與南西的生父舊情復燃並因而懷上丹比。回到倫敦後，她在桑頓希思租了公寓，做著護工和保母的工作，並且每星期都會參加團體英文課。她是「基督復臨安息日會」的虔誠信徒，當地的教堂會眾都認識她。她說以前沒看過惡魔，「直到我看見牠們……就在我女兒死之前」。她對巫術的想法很顯然是因精神病所致，而非文化或宗教因素。

我問她惡魔長什麼樣子？「牠們的眼睛是黑色的……長得跟人類不一樣……牠們進入我孩子們的體內……我很害怕，因為我孩子們的身邊只有我。」

「我試著把惡魔從她們的身體趕出去，我用手打她們……我打她們的頭，推擠她們的身體……靈魂叫我這麼做……靈魂叫我把惡魔從孩子們的體內趕出去。」

她深信只能透過「驅魔」來趕走惡魔，辦法是使丹比的眼白變為紅色。她拚命毆打丹比直到她的眼睛變色，並心想著「惡魔離開丹比了」，然而「惡魔卻跳到南西身上……我以為她們會醒來」。

我問她，如果她沒有把惡魔趕出兩個女兒的體內會有什麼後果。「她們就會有很糟糕的人生……惡魔會傷害她們……靈魂在我的腦袋裡不斷告訴我應該怎麼做。我無法將他趕出我的腦袋，我就像個囚犯，無法正常思考。」

訪談結束後，我搭乘了最快的列車返回倫敦。和往常一樣，我當時也面臨著「完成報告」的壓力；我回到家，泡了一杯濃咖啡，為了逃離我兒子的小提琴課，我坐在家裡小小的露臺閱讀證人的說詞。

一名曾幫葛蕾絲看孩子的朋友說，他在她行凶的幾個星期前，曾注意到她的行為有些改變——她當時傳了許多怪異的簡訊，並且顯得激動，「跟以前不一樣」。另一名證人描述她「用她的母語說話——她顯得焦慮又擔憂，我覺得她表現得很古怪……就像個瘋子」。這些說詞都符合她那「發展出惡魔附身的妄想和其他精神病症」的狀態，例如在行凶前曾短暫惡化的幻聽。

那天去公車站辦案的警察們表示她行為怪異，並且缺乏自制力。她當時一直在吻強森，就算對方已經有好一陣子沒洗澡了。她渾身散發酒味，而在警察試圖逮捕她的時候，她抓住強森的鬍鬚，害對方跌倒在地。而她在被押進警車的時候還「露出怪異的微笑」，手裡抱著一本聖經，身子前後搖晃。

醫師們在醫院觀察她十天後給了她抗精神病劑，經過幾個月的治療，她的精神狀態和行為都逐漸改善。

醫師給她的最終診斷是「產後精神病」，特徵是關於宗教、邪靈附身，以及以為自己能透過暴力舉動趕走惡魔的妄想。

刑事司法體系為葛蕾絲這樣的女性提供了諸多選項，讓她們避開謀殺罪所換來的強制終生監禁，及在一九六五年才取消的絞刑臺待遇。我奉命考慮「殺嬰罪」、「責任減輕」和「精神失常」這三個議題，並且必須時刻注意某個事實——如果將焦點從殺嬰罪移向精神失常，這三個選項的法律門檻就會變得越來越高。

對我來說，最直截了當的做法，是強調她符合殺嬰罪（心智平衡遭到破壞）及責任減輕（心智異常）的法律標準。但她當時的精神狀態，是否嚴重混亂到「精神失常」這個較高的法律門檻？我必須努力使現代的精神疾病診斷貼近十九世紀的法律概念，也就是一八四三年的「馬克諾頓精神失常標準」。若想讓法庭接受精神失常辯護，葛蕾絲就必須在行凶時明顯被「精神疾病」影響；此外，法庭也必須相信她在當時並不知道自己的行為是錯的。考慮到她當時的精神狀態，以及她期望丹比在驅魔結束後醒來，並且也未曾試圖隱瞞自己的行為或逃避警察……精神失常抗辯確實值得被討論。

無論如何，這種殺童案件實在太過駭人，而精神科醫師的說詞至少能提供某種讓人們——不只律師和醫師——更能接受案件的諸多實證。

雖然沒人想在這種情況下開庭，但是「合法的」精神失常還是必須由陪審團裁定，就算所有的精神科醫師都同意凶手確實精神失常。而這其中的風險，是陪審團還是有可能忽視精神科醫師們的判斷並做出「謀殺罪名成立」的裁定。你可能還記得彼得．薩特克利夫的審判，外號「約克郡屠夫」（the Yorkshire Ripper）的他，在一九八〇年代初期殺害了十三名女子，並試圖殺害另外七人未遂。儘管當時的精神科醫師們一致認定他有精神病且符合「責任減輕」的標準，但陪審團還是裁定他的多項謀殺罪名和謀殺未遂罪名成立，他因此必須終生監禁二十次，而這個結局顯然讓法官、陪審團和社會都開心許多。

葛蕾絲的審理過程很短，在精神科醫師提供證據後，法官做出總結：「陪審團的成員們，雖然裁定權在你們手上，但你們如果選擇忽視四名頂尖精神科醫師都同意的看法，那你們就是個不明智的陪審團。」

判決：因為精神失常而無罪。無期限的強制入院和禁制令。

一般而言，葛蕾絲這類患者會在戒備精神病院待上許多年，並且大概再也無法擁有孩子的監護權。

包括美國在內的其他地方，並沒有明確的殺嬰罪，因此患有精神病的殺童之母別無選擇地只能符合法定的「精神失常」——而我先前說過，這在法律上的門檻比較高。其中一個例子是二〇〇一年發生於德州的安德莉雅．耶茨案——安德莉雅患有妄想症，她認定自己的五個孩子都被撒旦影響，因而將他們溺死在浴缸裡。她在精神失常抗辯失敗後面臨死刑，但後來被判終生監禁，最少服刑四十年。她的律師在當時進行上訴，表示精神科醫師的證詞有誤，她因此被判定確實符合精神失常的標準，並從監獄被轉去戒備精神科設施。

在那個時間點，我因為曾在開車時遭到追撞而不願開車，大多改騎自行車。騎車來回戒備醫院的路程大約二十八哩——第一個月很辛苦，騎車讓我覺得自己像在做家事，尤其當天空烏雲密布或下著小雨，但隨著我的體能增強，騎車回家的路上便能讓我清空思緒、提高心率，我也因此減掉了因長時間不動而累積的贅肉。我甚至有體力沿著河邊從卡姆登鎮騎去貝爾馬什監獄（雖然獄卒會因為我溜進訪客中心的廁所換衣服，而對我投以質疑的目光）。我發現在獄中進行評估或治療後，騎車四十分鐘真的能讓我轉換心情。

相較之下，騎去霍洛威監獄只需要幾分鐘。我會在鎖好自行車後向大門控制室的人員出示我的內政部身分證，接著通過氣密門拿鑰匙。

我會在走過霍洛威監獄諸多側翼建築間的走廊時想著案件（例如葛蕾絲），並看著一些受刑母親推著坐著嬰孩的嬰兒車走動，而其他囚犯們則被安然地關在各自的牢房裡——這些女囚通常是因為重大，但非暴力的案件而服刑，例如來自加勒比海和拉丁美洲、將好幾包古柯鹼吞進胃袋裡的毒騾（drug mule），她們大多都在英國希斯洛機場被逮。而她們若在被逮時懷有身孕，便能申請入住有人監督的母子牢房，並在生產後九個月內親自照顧嬰孩一段時間。當然，獄方會進行嚴密的檢查，確保嬰兒不會受到傷害。嬰孩不是囚犯，因此可以由囚犯的親屬從監獄大門帶走，只要這些親屬被登記在被獲准的名單上。許多報告指出，最好避免讓嬰兒在一開始便進入這種辛苦的環境，就算這麼做確實能讓他們在出生後的九個月內與母親保持接觸——這對建立「母子依戀」（mother-child attachment）而言非常關鍵。

我後來回想，喬治娜在我的表姊露易莎死後，被長久關在醫院裡所造成的影響，我因而更瞭解嬰兒在剛出生的幾個月內與母親分開可能造成的後果——這後來永久地影響了她的為母能力。

第十三節

這個章節雖然主要是要討論母親獨自殺害孩童的案例，但有些案件則是由男性夥同女性綁架並殺害孩童。

男性犯下的戀童綁架謀殺案其實很罕見，在二〇一八年只有四名十六歲以下的受害者被陌生人所殺。然而，公眾非常關注這類的案件，尤其當男性主謀有個女性共犯（例如伊恩・布雷迪（Ian Brady）和邁拉・辛德利（Myra Hindley）共同犯下的「沼澤凶殺案」（Moors Murderers））。

二〇〇二年，我們全家住進義大利西北部山區的一間由農舍改裝的旅館度假，我決定停止和外界聯絡並關掉手機。和幼兒一起度假有時候會是場夢魘——幼兒在進食和換尿布方面的問題很多，而帶他們去個炎熱又陌生的地點確實也不算明智。儘管如此，我還是很享受這次的休息。在度假期間的最後兩個晚上，我們駕車前往聖馬爾蓋里塔利古雷鎮，並在搭機返鄉前在這個岸邊小鎮待了兩天。

隔天早上，我們在俯視海灣的旅館餐廳享用早餐時，從義大利的《共和國報》上看到了這條頭條報導，連同兩名穿著足球衣的女孩的彩色相片。

這兩人是荷莉（Holly）和潔西卡（Jessica）——「索厄姆凶殺案」（the Soham killings）

的受害者。我錯過警察尋找這兩名女孩的相關報導，看了報紙後得知她們的老師瑪克辛・卡爾（Maxine Carr）因為「協助犯案」而遭到逮捕——她給了凶嫌伊恩・亨特利（Ian Huntley）不在場證明。

我返回工作崗位後，瑪克辛已被還押至霍洛威監獄，其他囚犯日夜吟誦著：「猥褻兒童的罪犯……殺童犯……下一個邁拉・辛德利。」瑪克辛並沒有被轉介到我們的團隊，但我曾在她被押解走過獄中時見過她一次。公眾紀錄指出，瑪克辛因為長期的厭食症惡化，而需要透過靜脈注射營養素，她因此被轉移去一間地方醫院，但沒人在她的審理期間提出她有精神問題。

陪審團雖然相信瑪克辛在案發後，並不知道亨特利殺害了荷莉和潔西卡，但她還是因為提供了假的不在場證明而被判「妨礙司法公正」的罪名，刑期三年半。

儘管如此，人們對男性性罪犯的女性共犯深惡痛絕，瑪克辛・卡爾後來為了自身安全動了整容手術並改了名字，人們將永遠視她為如蘿絲瑪麗・韋斯特和邁拉・辛德利那樣的惡魔。邁拉・辛德利在二〇〇二年過世的時候，《每日郵報》便在頭條寫道：「邁拉獲得了喪禮，這是她那些兒童受害者得不到的待遇。」

母親殺害子女的相關情境駭人聽聞，我所見過的諸多案例都涉及極端的暴力，例如為了移除邪靈而取出受害者的內臟。對律師、醫師和社會大眾而言，精神科的解釋只能幫助我們瞭解部分的可怕犯行。殺童行為不一定是因精神異常所造成，因虐待或冷落而害死子女的女性，也不會因為精神理由而脫罪。

但是我的阿姨喬治娜的案例又該如何解釋？她在悶死我當年只有五個月大的表姊露易莎後被還押至霍洛威監獄。我的母親回想起露易莎在米爾頓墓園（在聖瑪麗醫院對面）的簡單喪禮——小小的白色靈柩被一名護柩人員搬到墓地旁邊，接著被放進地底。

現場沒有告別儀式，也沒有守靈儀式——如果你的生命不到一年就嘎然而止，你就得不到太多的告別。

喬治娜當時被關在牢裡，因此當然沒參加喪禮。她因為被確認「心智平衡遭到破壞」，使得原本的謀殺罪名被殺嬰罪名取代。喬治娜在法庭命令下，被送去樸茨茅夫市的聖詹姆斯醫院治療，但是療程並不順利，她在一次的自殺嘗試後（這在殺嬰者中並不罕見）被迫接受極端的精神外科手術。

儘管如此，喬治娜終究還是從前額葉切斷術中逐漸恢復；儘管她的療程充滿波折，她的丈夫查理依舊對她不離不棄。最終她被聖詹姆斯醫院釋放，並回到公寓和他一起生活。日子回歸正常，而她在一段時間後又懷了孕。

當然，他們夫妻倆都希望小大衛能有更好的人生，同時在喬治娜的精神治療和監督的持續下，這是老天給他們的另一個機會。

可惜事與願違。她在家中的生產並不順利——喬治娜當時持續腹痛，原本推斷應該是膀胱炎所造成的，但她後來開始「現血」，意味著分娩程序已經開始。我的母親前去呼叫一名在一段距離外的醫師，但他拒絕了；也許人們是因為喬治娜曾對前一個嬰兒所做的事而對她觀感不佳，而當時也沒有由助產士、警察和社工一同舉行的「產前兒童保護會議」。大衛出生時，渾身嚴重發紺（我母親說那是青綠色），他被緊急送往附近的聖瑪麗醫院，但只活了幾個小時。查理在那天從醫院回來後，以就事論事的語氣告訴喬治娜：「他死了。」

我能想像我的外婆凱瑟琳在當時有多麼悲痛，她獨自辛苦養大四名子女，卻得看著頭兩個外孫不幸地失去生命。而喬治娜的殺嬰罪，也為她帶來了難以抹滅的羞愧感，使她的身心健康都大受打擊。整個家庭似乎被烏雲籠罩了。

雖然發生了兩起悲劇，查理和喬治娜還是沒分開，而她在一九六二年又生下了一名女嬰，也就是我的表姊漢娜。漢娜的人生從一開始就比前兩個孩子順利，她成了我外公、外婆眼中的寶貝。她確實是珍貴的金孫。

儘管如此，之前的事件確實帶來慘痛的影響，也為這個家庭帶來了長達數年的餘波。雖然我不知道這段家族歷史是否導致我走入了醫學界，但它絕對促使我選擇了與精神相關的科別。這段歷史使我對精神障礙和人類的毀滅心態更敏感也更好奇，而敏感和好奇都是進入司法精神科不可或缺的特質，與其他醫學領域相比更是如此。我後來才明白霍洛威監獄，也許能讓我更瞭解我的家族在四十多年前的慘痛經歷；正如我先前所說，不是你選擇司法精神科，而是司法精神科選擇你。

我在五月天醫院做過忙得可怕的醫療工作後，並沒有直接進入司法精神科。司法精神科還有另一句老話：「我們能否當名好的精神科醫師，並非由我們自己去發現，而要透過我們的醫學同行評估。」我的同事葛拉漢．柏林就是其中一例，他曾向我表示司法精神科很適合我，我將他的話牢記在心，但我當時還沒做好準備，因此我決定先在急診室待個半年。處理過許多重大創傷、刺傷和心臟停止的案例後，我還是對精神科念念不忘。

我在急診室也曾處理過家暴受害者——無可避免地，是男性攻擊女性。我記得有名傷患是名在自己的婚禮上遭到攻擊的年輕新娘，因為現場發生了因酒醉而造成的鬥毆；還有一名女子因為被扔出窗外而脊椎骨折，那是一起因嫉妒心態所引發的家暴案件。在二〇一八年有約兩百萬名成年人經歷過家暴，也就是每一百名成年人當中約有六人曾遭受過家暴。這類暴力事件如此普遍，也難怪經常引發致命的後果。

第四章

男子殺害伴侶

個案研究：傑伊・瑞迪（Jai Reddy）

第十四節

我在克勞利市附近迷了路，拐進一條死胡同，差點進了蓋威克機場北側航廈的停車場。道路規劃顯然有所改變，使得我的導航系統不知該如何是好。我罵聲髒話並轉動方向盤掉頭——就像那句老話：「一次不成，再試一次。」

那是二〇〇九年的某一天，我準備前往探視名叫傑伊・瑞迪的囚犯。他被控謀殺自己的妻子珍娜特（Jannat），事情發生在幾星期前、珍娜特的工作場合。他刻意割傷了自己的前臂，因而從海道恩監獄被轉移去一間戒備醫院以評估他的精神狀態。當然，他還是可能被送回監獄，這取決於他的醫療進展及他未來的審判結果。

辯方律師警告我他是名很難搞的客戶。果不其然，瑞迪一到訪談室便開始抱怨我遲到，說他正在等他哥打電話給他，接著開始滔滔不絕地責備他的妻子有多少缺點——我連開口的機會都沒有。

他穿著暗紅色的馬球衫，我很快便發現他有嚴重的口臭，難怪他下排的牙齒布滿了黃斑。總之，他給人的印象非常不好。

但我的職責是要寫出辯護團隊需要的專家報告。我必須保持客觀，以便瞭解他腦子裡可能會有的想法——更糟的還有與他一起生活會是什麼感受——我試著把我對他的第一印象放在一邊，給他一場公平的聽證會。

他繼續自由自在地謾罵，對亡妻的行為做出事後諸葛的分析。他談及自己與妻子的性格有多麼不同、與她的家人處得有多麼不好，但他在談到女兒薩蜜菈（Sarmila）時愴然淚下：「我不希望她成為孤兒。」（她當時在新堡大學攻讀碩士學位，但因為她是檢方證人，所以傑伊在被捕後無法與她有任何聯絡。）

我遞給他一張面紙，他在停頓片刻後恢復平靜。我們坐在一間活動室裡的休閒椅上，周圍三百六十度都是玻璃窗——我能看見走廊對面的護理站人員。

瑞迪冷靜下來後，說自己鑽懂得醫學之道，因此總是負責照顧生病的薩蜜菈，而他的妻子在這種時候總是幫不上忙——看來他和妻子的關係會因為醫學方面的事務而產生問題。他抱怨他因為膽結石而住院時，他的妻子在「心理或生理上都不在我身邊。」

接著，他開始滔滔不絕地描述珍娜特帶女兒回馬來西亞探親並逗留太久的事。他因為渴望見到薩蜜菈而親自去了吉隆坡一趟——我覺得他是在暗示我，他曾試著維持這段婚姻。然而他們夫妻倆的關係最近「變得很糟，且都是她的錯」；被問及夫妻吵架時，他說：「我沒試著控制她……我也許打過她一次……只有一次。」

聽他抱怨時，我開始後悔自己沒把車子停在那座機場的停車場裡，我真想立刻搭飛機去個很熱或很冷的地方；說真的，去哪都好，總之我不想與缺乏魅力的瑞迪先生一起待在這間訪談室——嚴格來說更像個悶熱的溫室。我試著把話題移回我需要知道的生平背景及其犯案前的事件，我開始詢問他的家庭史。

他告訴我，他的父親萊邁亞（Raimaiah）是經過倫敦帝國學院訓練的工程師，曾在吉隆坡大學擔任講師，而他的母親則曾在銀行工作。瑞迪說自己在馬來西亞的檳城出生，曾試著攻讀科學學位但沒能成功，後來則在馬來西亞的國家銀行工作。他常在他家附近的板球俱樂部裡打保齡球（用左手投擲曲球），並且定期捐血——他因此覺得自己很懂醫學。

瑞迪在一九九九年來到英國，學了會計並做了一些粗活，後來在「能多潔」（Rentokil）清潔公司管理帳簿和發票。

他和珍娜特算是半個包辦婚姻——他覺得自己不得不結這個婚，「婚約敲定後，我與她一起生活了二十二年……我給了她尊重，並且努力養活她。」

他後來被調去當進貨帳簿的管理助理，薪水少了三千英鎊，因而常和珍娜特為錢爭吵。我問他是否曾犯下任何家庭暴力事件，因為我剛看過他被定罪的案件報告。而他剛剛才承認自己曾打過她，現在卻又說：「這不是事實……這是她誣賴我，她刻意捏造了這一切……她明知道那天是星期一，我的壓力很大，我在星期一的血壓總是很高。」

換言之，他沒有打過她；就算有，也是因為她不該挑星期一惹他。誰喜歡星期一？他一口氣（有口臭的一口氣）否認並撇清了相關的責任。

二〇〇八年五月，他用皮帶鞭打了珍娜特，還曾威脅要以扳手毆打她和薩蜜菈，並將她們倆趕出這個家。他後來在法庭上認了通姦罪（外遇），並被判處「社區服務」這類的非監禁刑，同時，法庭要求他必須參加假釋服務中心提供的家暴教育。他說：「根本沒有家暴這回事，但我還是老老實實地完成了社區服務。我每星期三都必須忍受精神的折磨，與課堂上的人們討論『你為何會做出這種事？』……但我根本就沒做出家暴的行為。」

我對他這種露骨的輕描淡寫感到惱火，但還是一如往常地專注於手上的工作，寫下他的說詞和旁證之間的矛盾處。

但事後回想起來，我知道自己很想丟下那場訪談去做別的事。我那天在開車去監獄的路上，本打算在回家時順道去攝政公園看我的孩子打板球——我的兒子們當時正在體驗不同的運動嗜好；他們放棄了跆拳道，改打板球，昂貴的武術護具因而被板球白衣、護腿、球棒、頭盔和面罩取代。當時正值溫暖的夏初，我心想著自己如果能在擁擠的車潮中，找出一條適當的行車路線，也許還來得及在他們的球賽結束前到場觀賽。

與此同時，瑞迪還繼續在為自己脫罪。雖然他被判犯下傷害罪和通姦罪，他卻只承認自己曾做出輕微的暴力舉動。我引導他回到以時間為順序的敘事上——他告訴我，他在一月時得知他在檳城的母親生了病，因此想去大使館取得返鄉探望所需的簽證，但他需要水、電費帳單等文件作為證據。

「我很難過，那太讓人難以承受……她（指珍娜特）卻在我傷口上撒鹽……她拒絕給我那些文件。」訪談就此中斷。一名護理師敲敲窗戶告訴瑞迪，他哥從馬來西亞的新山市打電話給他。

我沿著M25高速公路開車回倫敦，避開珀利和克羅伊登的無數個交通號誌。你如果成為司法精神科醫師，對周遭地理的瞭解就會跟影印機推銷員一樣厲害。布里克斯頓和本頓維爾之類的監獄，以及埃爾沃斯和斯尼亞斯布羅克之類的法院全都處於不同的方位，因此我必須使用各式各樣的交通工具，例如自駕車、自行車、地面列車、地鐵、計程車，還有我最喜歡的「泰晤士快船」——未必最實際，但絕對最舒適。

我在車上聆聽聖日耳曼的〈旅人〉長笛獨奏，因為這趟路程會超過一個半小時；很幸運地，我及時趕到球場並看了最後幾回合。我在孩子們的這個年紀時，很缺乏這種珍貴的親子時光，我的父親當年服役於皇家海軍，他經常不在家。事實上，他只看過我的球賽一次，那是我最後一次參加十八歲以下的溫徹斯特橄欖球賽，我們被強大的布里斯托小馬隊打成二十五比零。

我們家經常搬家。父親曾駐紮於全國各地的港口，包括普利茅斯、查塔姆鎮和羅塞斯鎮，也因此，我上過九間學校，並在十一歲前轉過七次學。我們似乎總是在封裝或拆開裝滿陶器的茶具箱，而我受夠了以轉學生的身分站在操場上，並在教室裡努力適應新課程。我後來試著將這種飄零的生活看作優勢——在進入司法精神科之前，我擁有能在海外留學或工作的機會，但我不希望我自己的孩子們在童年經歷同樣的漂泊人生。你改變不了自己的童年，但你能試著從中學到教訓並給你的孩子不一樣的經歷。

我成為司法精神科醫師後，聽聞了不少遠比「分居」和「搬家」更具破壞力的人生經歷。大部分我訪談過的囚犯和父母，都曾經歷過嚴重的冷落和虐待，而我也越來越確認——經歷過虐待與冷落的父母，極有可能在自己孩子身上重蹈覆轍。

每位家長都必須提高警覺，避免將自己的童年經歷複製在孩子身上。

我在接受兒少精神醫學訓練時看過一些有關良好育兒的研究，其特點其實是常識——陪伴孩子。那天晚上，我將有關育兒的理論分析放在一邊，並對自己感到心滿意足，因為我曾看見兒子們打球，曾和他們一起走上櫻草花山看夕陽，也曾與他們一邊吃冰淇淋一邊俯視倫敦動物園、攝政公園、倫敦電信塔、倫敦眼、金絲雀碼頭、位於貝特萊姆方位的水晶宮電波發射塔、泰晤士河防洪閘和貝爾馬什監獄。

幾天後，我再次拿起瑞迪的案件資料翻閱，看見一些證人描述他善妒且喜歡控制人。薩蜜菈說他曾多次在喝酒後變得憤怒，不僅曾用力拍打她的腦袋，還曾毆打她的母親——這類跡象明確地指出，這是男性對親密伴侶所做出的暴力舉動。

雖然交到我手上的大多是出現致命後果的案例，但沒造成死亡的家暴事件更為常見。家暴又稱「親密暴力」，可能發生於任何種類的愛情或性關係，無關於當事人的性別認同或性取向；這種行為甚至也可能發生於較為開放的關係。我在第一章說過——暴力舉動可能是事先計劃，可能是掠奪性，也可能是突如其來的「情感性」（情緒性），而親密暴力則大多屬於「情感性」。

對女性做出的暴力行為，是全球性的重大公眾健康問題，根據「聯合國毒品和犯罪問題辦公室」（United Nations Office on Drugs and Crime）的資料，二〇一七年全球平均有八萬七千名女性被伴侶或家人所殺，而這類命案的受害者每年在亞洲有一萬九千七百人，在非洲有一萬三千四百人，在美洲有六千九百人，在歐洲有三千三百人。墨西哥的「女性殺害」（femicide）發生率在五年間提高了兩倍，增長為每年一千件——二〇二〇年二月九日，二十五歲的英格麗．埃斯卡密拉（Ingrid Escamilla）被丈夫殺害，使得這類的暴力事件成了焦點。英格麗的丈夫後來坦承，他們因為他的酗酒問題而發生爭執，他於是殺了她並剝了她的皮，最後還將她開膛剖腹，以便將她的內臟沖進下水道。墨西哥的《帕薩拉報》釋出她的屍體的相片，頭條上寫著：「這是愛神邱比特的錯。」墨西哥的女性們對此做出回應，在全國各地發起「反對各年齡女性遭到謀殺」的大規模示威，批評歷任政府在此問題上毫無作為。

可能增加男性對伴侶做出暴力行為的風險因子，包括缺乏教育、小時候曾遭虐待、曾目睹家庭暴力、酗酒以及懷疑伴侶不忠。這種風險在男性地位比女性高、強調家族榮譽和女性貞操，或犧牲女性權益來支持男性的性支配權的社會變得更高。

女權主義的成就在世界各地都遭到打壓，而非只在傳統的社會。義大利在二〇〇九年通過了「反跟蹤騷擾法」（anti-stalking laws）以避免受害者（大多是女性）遭人跟蹤騷擾，但該罪名卻在二〇一七年被除罪化，加害者只需要支付罰鍰就能免於出庭受審。而美國有七個州允許男性在強姦女性後提出「親權」（parental rights，指父母對子女享有的權利），且阿拉巴馬、俄亥俄、密西西比和路易斯安那都通過禁止墮胎的法律，就算該懷孕是因強姦或亂倫所造成——而墮胎條款原本是所有墮胎法的構成標準之一。同時，儘管法律有所改善，儘管尼姆科．阿里（Nimko Ali）等活動家會發起了非常有效的社會運動，但「殘割女性生殖器」在英國仍未完全絕跡，部分年輕女孩仍可能被父母送去海外接受這種慘無人道的手術。另外，根據奈及利亞的刑法第五十五條，丈夫有權為了糾正妻子的行為而毆打她。而在回教世界部分信奉瓦哈比派的禁慾社會，女性則會受到最為嚴厲的約束，例如沙烏地阿拉伯的女性直到近幾年才被允許駕車。最令人髮指的是塔利班和伊斯蘭國（ISIS）極端暴力的厭女症，受其統治的女性不但不能接受教育，還成了石刑（stoning，被人用石頭砸死）和性奴役的受害者。

令人震驚的是女性在離開虐待關係須克服許多困難。在巴基斯坦的部落地區，女性恐怕一輩子都不可能離開有施虐傾向的丈夫，而這些困難可能源自於心理因素，也可能源自於法律和文化障礙。

家庭或親密暴力所造成的凶殺案因為太過常見而被稱作「正常」的凶殺案——警方很容易破案，凶手通常會被判處很重的有期徒刑，而非入院治療。但我們後來也發現這些謀殺案暗藏著精神異常、人格障礙、酒醉、嫉妒、憂鬱症等狀態，其中包括情緒失控或大發雷霆。

多數的配偶謀殺犯會被丟進牢裡，但少數幾名凶手會被送來我們的戒備病房，這主要取決於凶手是否因為謀殺而被判處強制終生監禁，或因某種精神科「理由」而被判定為過失殺人。

我先將這些考慮擱置一邊並前往蓋威克機場，因為我準備踏上我期待已久的義大利週末之旅。我最近一直在自我訓練，為了參加義大利的多羅米提單車馬拉松賽。

騎車進入科爾瓦拉村後，一開始是短暫的平地，接著是愈加陡峭的山坡地；我調整騎行的節奏，並找到我能負荷的速度，這趟路開始帶來一種受虐的快感。清新的山地空氣和拚命踩踏板的辛勤，清空了我腦海裡有關監獄的髒亂和暴力，這是我在倫敦很難達成的狀態。我們在比賽結束後享用烤肉，之後在「鹽谷屋」（Hotel Ciasa Salares）旅館的「王室之喜」（Stefano's Siriola）酒館享用當地一種深紫色的拉奎安（Lagrein）紅酒。

這種短暫且刺激的休息，能為我帶來長達幾星期的益處。較長的度假所帶來的問題是，我必須在出發前一星期完成所有的報告，以達成我的住院患者關鍵績效指標（KPI），其中包括大多不會有人看的一大疊厚厚的檢查表。這趟為期兩天的休假讓我得以清空腦海中的案件，在回程的飛機著陸的瞬間，半睡的我猛然醒來並發現自己想著：「瑞迪被安然關在牢裡。」我還是得回去見他，聽完剩下的故事。

我回到克勞利市，決心在第二場訪談中取得控制權，因此，我要求瑞迪直接從凶殺案發生前的二十四小時開始說起。「我本來沒打算傷害我妻子。」他告訴我：「我決定去她工作的那間TK Maxx（英國知名的折扣商場），因為我確定她有我需要的證明文件。我心想，只要我一拿到文件，我就要在大使館關門前趕去那裡，然後很快就能去馬來西亞。」

我追問他接下來發生的事。

「珍娜特當時在男士外套區……我向她道歉。我說我需要文件，我百分之百確定她有……她神情猶豫，接著帶我到貨架的後側，問我去找她做什麼……」

「她沉默不語，然後說：『跟我來。』我本能地不想跟她走，但還是跟著她走了。那是一條L形的走廊，她拐過轉角並試著逃離我……她進入一間辦公室，可是門鎖壞了……我以為她要報警……我跑向她，她推了我，而這引發了一切……我只記得其中一道傷，在喉嚨周圍……我的腦袋一片空白……我沒看到有血……我大概在十分鐘後才意識到自己手裡有把小刀。」

「我完全無法控制自己的心智……我不想害我的女兒變成孤兒，可是我的怒氣未消……她給我造成了痛苦……我無法過著我想要的人生。」

我們要如何瞭解這一系列事件──怨恨、生氣，然後勃然大怒？

「感情迸發」（catathymiais）這個觀念被用來解釋因憤怒所引發的暴力謀殺。紐約精神科醫師弗雷德里克．魏特漢（Fredric Wertham）在一九三七年以此概念解釋某些類型的暴力犯罪──在感情迸發這種心理體驗中，當事人會出現無法承受的極端緊繃情緒，且想法會變得較以自我為中心。而當此狀態升溫至熔點，便會使當事人認為只有暴力才能宣洩其所造成的壓力，因而在經過一番內心掙扎後做出暴力舉動。緊繃的情緒因而獲得釋放，但當事人可能會在幾個月後才開始明白自己做了什麼。這種行為可能突然發生，也可能經過緩慢的潛伏期。

感情迸發是一種解釋性理論，並非醫學或精神科診斷，畢竟，法律期待我們控制自己的憤怒感受和殺意──你或許對辦公室裡的霸凌者帶有強烈的怨恨，甚至幻想對方在上班途中被公車撞死（這其實是相對常見的謀殺幻想），但當累積的緊繃感造成帶有極端暴力的感情迸發危機，你就必須為自己的行為負責。

瑞迪的兩名同事在證人陳述書上描述，他曾對他妻子做出非常憤怒的評論，甚至說過要殺了她。警察在案發後於TK Maxx商店外頭搜索並發現了一個背包，裡頭放著一瓶葡萄酒（灰皮諾），以及兩把不鏽鋼菜刀的空盒，連同收據。警方比對了小刀包裝盒上的條碼及商店裡的電腦紀錄，得知購買的時間點為命案當天的上午九點四十二分；而監視器畫面也顯示瑞迪曾在附近的一間超級市場裡購買這些東西。另外，TK Maxx命案現場的監視器顯示他原本在T恤展示架前假裝選購，而他的妻子在過了二十五分鐘後出現了，他因此上前對峙。這場襲擊也被幾個人目擊——珍娜特的同事們從走廊趕來，看到瑞迪拿刀刺進她的胸口，推倒她並跨坐在她身上，劃開了她的咽喉。

雅各．斯瓦洛醫師（Dr Jacob Swallow）進行驗屍後證實死因是頸部、胸部和腹部所遭到的刀傷——頸部有一條很深的橫向傷口，切斷了頸動脈、喉頭和聲帶，而胸腔則有四道很深的穿刺傷，其中一道進入了右側胸廓，傷及右肺。另外，死者的右手拇指和食指，以及左手的所有手指都有防禦傷。換言之，凶手在瘋狂行凶時，造成了不只一道的致命傷。

第十五節

在「男子殺害伴侶」這件事的嚴重程度上，瑞迪的案件應該放在哪個高度？這類謀殺的心態和行為間有著微妙差異，而不同類別間也並非相互牴觸，因為殺人案經常不會只有一種特徵。其中一種亞型是，凶手患有嚴重精神疾病（在第二節談過），因而可能在精神病的影響下殺害親密伴侶。

瑞迪犯下的殺人事件似乎延伸自長期的虐待暴力。

但也有些情境更為常見，我以一種非正式的鬆散分類法整理它們，接下來將一一探討。

因佔有慾和嫉妒而引發的謀殺（可能患有精神障礙）

我見過許多親密伴侶的凶殺案（例如瑞迪案）皆發生於分崩離析的關係，這並非延伸自已經存在的暴力，而是源自於佔有慾（不能離開我，你是我的）或嫉妒心態（我不會把你讓給別人）。

因佔有慾而引發謀殺的其中一例，是畢業自哈佛大學的慈善工作者蘇姬（Suzy）。她在倫敦地鐵遇到名叫賈維爾（Javier）的建築師，並與他當場交換了電話號碼。然而這看似無關緊要的舉動，卻致命地改變了她的未來。她後來因為受夠他充滿佔有慾和控制慾的行為，而試著結束這段關係，並開始與她在常春藤盟校社交網路裡結識的另一位更為契合的人互傳簡訊。

賈維爾一開始並不知道蘇姬交了新筆友，同時，他也完全無法接受自己「逐漸失去所愛」的這件事。他在她的手機上發現有個叫保羅的人傳簡訊給她，因而悶悶不樂了一星期並找她對峙。蘇姬說她想結束這段關係，但不是因為保羅。

賈維爾後來描述，他當時感到暴怒與遭受背叛，他的眼前一片紅。他將蘇姬以數刀刺死並棄屍於浴室，直到隔天才打電話報警。警察趕到現場後，他遞給他們一封遺書，並聲稱自己是在犯案後寫下遺書；他後來告訴陪審團，他是因為自己的人格特質而失去理智，在一時衝動下行凶。

有些凶手在犯案前，似乎知道自己必須先跨過「天生的自我控制力」所造成的阻礙——他們會事先灌下大量的酒精或古柯鹼，或刻意安排對峙的場面，然而，他們的心裡大概都知道這個場面將會如何結束。一名法醫資訊科技專家分析了賈維爾的「遺書」，指出賈維爾其實在行凶前便花了一星期用電腦編輯這份遺書；也就是說，他並非是在殺了她後才寫下遺書，而是早就考慮要做出這樣致命的後果。他曾上網搜尋愛爾蘭作家奧斯卡．王爾德（Oscar Wilde）的名言：「……每個男人都會殺掉自己所愛的東西……懦夫以吻殺之，勇者以劍殺之。」

判決：謀殺罪。終生監禁，最少服刑二十年。

一段關係結束時經常是這種狀態——其中一人會感覺自己遭受背叛、懷疑、怨恨和吃醋，而吃醋則經常伴隨著暴怒。這些情緒雖是家常便飯，但都可能增幅至致命的程度，無論當事人是否有精神障礙。保羅．穆倫教授（Dr Paul Mullen）是世界級的司法精神科醫師（尤其針對跟蹤狂和威脅評估），他將此種情緒增幅稱作「愛情的病態性延伸」[28]。

人們經常分不清「競爭心態」（rivalry）、「羨慕」（envy）和「嫉妒」（jealousy），但穆倫表示這三者之間有重要區別[29]——競爭心態是指一個人對情敵產生競爭性的攻擊意識，此攻擊性並非針對自己喜歡的對象；羨慕則是指當事人認為自己喜歡的對象已經被情敵奪走，希望從情敵手中奪走這段令他／她嫉妒的關係，因而對情敵產生具有毀滅性的攻擊意識；而相較之下，嫉妒則是指當事人喜歡的對象已經成為自己的伴侶，卻還是必須與其他人爭奪伴侶的注意力或情感。在嫉妒的影響下，當事人會對情敵和伴侶雙方產生攻擊意識，但對後者會混雜著愛意和慾望。

我曾聽過某人向一群司法精神科醫師解釋羨慕和嫉妒之間的區別——當你走過一間咖啡館並看見一對情侶手牽手、深情款款地凝視對方的眼眸時，便會產生羨慕；而這時當你再仔細一看並發現其中一人是你的伴侶時，則會產生嫉妒。

換言之，「羨慕」只涉及兩個人（例如羨慕某人過得多麼幸福），而「嫉妒」則涉及三個人，也就是典型的三角戀。

嫉妒可能引發帶有性慾的佔有慾，也可能帶有混雜著憤怒和破壞慾的「被羞辱感」。穆倫表示，嫉妒的男性可能會透過鮮明的想像，例如猜忌自己的伴侶和情敵如何發生性關係，或設想自己被嘲笑戴了綠帽等方式來折磨自己。

「戴綠帽」（cuckold）這件事向來會引來他人的嘲笑。這個字眼的由來（據說）是因為杜鵑經常換伴侶，並在其他鳥兒的巢窩裡下蛋的緣故。在義大利的主流文化中，沒抓到足球員犯規的裁判會被罵是「cuckold」，因為他看不見自己背後發生了什麼事（義大利人的用字是「cornuto」——一種擁有兩支犄角的奇幻野獸）。在莎士比亞的《奧賽羅》中，醋意被形容成「綠眼怪物」，而「cuckold」當事人則是「寵愛伴侶但又懷疑伴侶，或懷疑伴侶卻又深愛伴侶之人」。而通常最有可能受到傷害的不是當事人的情敵，而是當事人喜歡的對象。

我們身為司法精神科醫師，會試著分清楚「正常性嫉妒」和「病態性嫉妒」（又稱「奧賽羅症候群」（Othello syndrome））。在「病態性嫉妒」中，患者是因妄想症，而非以合理的證據來認定伴侶劈腿，他們會妄想自己的伴侶跟他們想像出來的情敵出軌，並因而引發強烈的不悅、冗長的質詢，或異常的暴力行為。然而，要區分「正常性嫉妒」和「病態性嫉妒」也有些困難，我們有時也難以確認當事人的伴侶是否真的出軌（患者的伴侶若真的出軌，也可能不會向精神科醫師或社工承認此事）。

有時「正常性嫉妒」和「妄想性嫉妒」也能直截了當地判斷，尤其當患者突然出現怪異的妄想，例如相信自己遭到伴侶下毒。

而在某些案例上，患者可能是因為周遭所發生的行為，而使其嫉妒變得異常或「病態」並妄想。

嫉妒可能源自於患者對普通事件的妄想性解讀，例如伴侶漏接一通電話，患者便因此拚命地檢查伴侶的簡訊、行蹤，甚至內衣褲。患者會以嚴重的控制性行為，試圖降低伴侶出軌的風險（無論是否出現情敵），這種行為還是可能被視為病態。我見過一些患者未必相信伴侶劈腿，卻還是滿心焦慮、擔心伴侶可能會被拐走，例如對方晚上出門上班的時候。因此，這種想法雖然不是「妄想性嫉妒」，但患者的焦慮、佔有慾和騷擾行為——例如拚命打電話給跟朋友們外出的伴侶——也顯然具有病態性質。

「病態性嫉妒」一直被視為與「謀殺風險提高」有關，雖然這種風險主要是針對患者的伴侶而非情敵，但我還是見過某名男子因為伴侶劈腿，而在嫉妒和精神病的共同影響下殺了她與她的情人。

判決：兩項過失殺人罪名成立。無期限強制拘留於戒備醫院。

「病態性嫉妒」向來和許多精神障礙有關，包括精神病、憂鬱症和酗酒，但也包括人格異常（例如表面上自戀又自信，但內心深處卻有著「臉皮很薄」的不安感）。

當一個人的嫉妒顯然出自於妄想，通常便會被判定需要治療。而我若以司法精神科醫師的身分參與其中，就必須負起保護每個人的責任，而這絕非易事。例如，當患者在接受治療時做出死亡威脅，司法精神科醫師該如何處理？

我們通常會使用治療和阻遏性手段，但我們也必須提防這些措施可能無法有效地抑制風險——患者有可能拒絕治療或潛逃，也可能因為上訴成功而離開精神病院。因此，我們通常會對潛在受害者發出所謂的「塔拉索夫警告」（Tarasoff warning）。

塔蒂亞娜．塔拉索夫（Tatiana Tarasoff）在一九六〇年代末期就讀於加州大學，曾和柏森吉特．波達（Prosenjit Poddar）短暫交往，對方是來自印度孟加拉邦的學生。塔蒂亞娜很快就意識到彼此對這段關係的認知不一樣，但柏森吉特則認定彼此正在認真交往。塔蒂亞娜斷然拒絕了他，並說她正在和其他男生約會。塔蒂亞娜的拒絕為柏森吉特帶來了重大的打擊，他變得意志消沉，也疏忽了自己的健康和學業。

柏森吉特向勞倫斯．摩爾醫師（Dr Lawrence Moore）求助，他在心理治療的過程中坦承了自己的憤怒和怨恨，甚至說自己想殺了塔蒂亞娜。摩爾醫師曾經採取行動——他通知警方，也建議波達應該住院，卻沒警告塔蒂亞娜。然而，摩爾醫師的上司鮑爾森醫師（Dr Powelson）卻否決了摩爾的判斷，宣佈柏森吉特不該被拘留。（什麼事都是上司說了算，不是嗎？）

塔拉索夫當時在海外旅行，而柏森吉特的心理狀態在那段期間也有所改善。但在她回國後，柏森吉特卻陰錯陽差地與她哥成了朋友，並藉此跟蹤她；一九六九年十月，他將之前的威脅付諸行動，拿刀刺死了她。

塔蒂亞娜未曾接獲警告。如果有，也許她就能避開他，或至少在看到他的時候報警。你是否希望你的前任去見的心理治療師能違反保密義務，讓你知道你的前任曾透露想殺了你？警告你的生命可能有危險？或至少告訴你，你的前任是個威脅，就算對方沒當面對你做出威脅？

政府為了紀念塔蒂亞娜而通過了《塔拉索夫法則》（Tarasoff laws）——精神科醫師和心理治療師有義務通知遭到患者威脅的對象，該案的判決聲明表示：「只要公眾有危險，保密特權便就此終結。」《塔拉索夫法則》在美國二十三州成了正式的法規，也影響了包括英國在內的其他國家，就算在英國並未成為正式的法令。然而，英國警方必須在得知這類威脅時，對潛在受害者發出「生命遭到威脅」的警告，而光是在二〇一七年，他們就對七百多起案例發出了警告。之所以必須這麼做，是因為他們在一九八八年沒對一名潛在受害者發出警告，導致最後發生了謀殺案。

為了描述這個通報機制的實際運用，我接下來要說明赫穆特．施奈德（Helmut Schneider）的案例，他是某名地方精神科團隊為了尋求我的看法而轉介給我的患者。當時赫穆特擁有穩定的婚姻——三個孩子及忠誠的妻子絲文嘉（Svenja）——但他卻不斷指控妻子不忠，儘管她否認此事、試著證明自己愛他，並默默允許他限制她的社交生活。

社工對他進行了許多調查，當地的精神科團隊確信他的嫉妒出自於妄想，因為沒有證據顯示真的有名情敵存在。赫穆特曾威脅說要對妻子做出暴力行為，同時他也被嫉妒折磨到出現自殺的念頭。他因而入住精神病房，並接受抗精神病劑和心理治療；過了一段日子，他不再有自殺的念頭，而藥物也對他的「妄想性嫉妒」產生了效果，他不再懷疑妻子出軌。因為他曾配合療程，因此不能被拘留，於是他出院並答應會繼續接受藥物、心理治療和門診監督。

在他出院之前，相關單位約談了絲文嘉，並向她提出明確的「塔拉索夫警告」，讓她知道赫穆特可能會對她做出嚴重甚至致死的暴力舉動，唯有分居才能讓她避開風險。然而，離開所愛的人非常困難——**他怎麼可能會傷害我？他太愛我，他不可能這麼做。**如果你很愛你的伴侶，就會認為這種指控是空穴來風。雖然赫穆特答應分居一段日子，但因為治療成功且控訴被擱置，這對夫妻因而漸漸更密切地相處。

一段時間後，絲文嘉和孩子們在康瓦爾郡租了度假小屋，並邀請赫穆特前來，希望這趟旅行能修補家人之間的裂痕。

不幸的是，赫穆特當時其實已經停止服用抗精神病劑，而且他沒有告訴任何人。他們在旅途中發生激烈的爭執——赫穆特再次指控忠誠的絲文嘉和另一個男人上床，並在孩子們面前刺死了她。

相關單位能做的都做了。精神科團隊無權命令絲文嘉離開赫穆特，赫穆特也無法被拘留。他們怎麼可能知道他擅自停止服藥？

我在事後閱讀赫穆特的訪談筆記時渾身發涼。被問到對絲文嘉有何感受時，他說：

「我好愛她，我愛她愛得要死。」

判決：責任減輕，過失殺人罪名成立。無限期強制入住戒備醫院和禁制令。

這件案子毀了我的蜜月，我在事發前幾星期才剛完成我的婚禮。當時我的專業訓練證書上的墨水都還沒乾透，而我正準備飛往義大利的溫布利亞區，在寂靜的溫貝爾蒂德鎮附近的一間租賃公寓度過兩星期，結果突然得知了這起謀殺案。

我滿心擔憂，只想趕緊回醫院參加緊急案例的討論會，查看之前是否應該採取不同的行動。那趟度假的第二個星期，佛羅倫斯大學舉行了一場討論「瘋狂、科學和社會」的晦澀座談會；我原本沒打算參加，但我認為自己還是應該與同儕齊聚一堂。我在清晨六點前離開了溫貝爾蒂德鎮，踏上這趟當日來回的瘋狂之旅（從托斯卡尼來回的距離一共是兩百六十八公里）。我那天原本計劃要造訪附近的中世紀古鎮，但我實在沒有那種心情。我想採取一些行動，來讓我覺得自己曾試著影響事件的走向，而我也知道如果我沒讓打算殺人的患者強制入院，就可能必須背負相關責任。

我是絲文嘉案少數的專家之一，雖然我並非治療凶手的精神科醫師，但還是不免感到自責。這趟旅程給了我一些使命感，就算我現在的努力不可能改變已經發生的事。沒有人能改變過去，死亡可能突如其來；正如絲文嘉的遭遇，我忍不住思考著這件案子是否有可能被避免。

我沒時間繞路去參觀烏菲茲美術館和領主廣場，我因而錯過目睹藝術家對暴力男性所進行的復仇，例如《朱迪斯斬殺暴君赫羅弗尼斯》（*Judith Slaying Holofernes*）——由阿特蜜希雅．真蒂萊希（Artemisia Gentileschi）所繪，並由多那太羅（Donatello）製成銅像。

我一整天都在該城的郊區參加那場座談會。我還記得自己用小小的塑膠杯裝著濃烈的義大利濃縮咖啡——遠好過英國會議上那種味道宛如洗碗水的咖啡水——但我不記得那天聽過的演說，除了其中一場有關吸血鬼和狼人妄想症的演講。湊巧的是，布魯斯（Bruce）也在場，他是曾治療和監督赫穆特的那支團隊裡的初階精神科醫師之一。我們在討論此案子時，布魯斯立刻便察覺了我的不安，並與我分享了最新情報——相關單位曾發出且記錄了「塔拉索夫警告」，他們也曾考慮做出精神健康拘留等等。

得知該做的都有做之後，我鬆了一口氣，但我還是一直想著此案的駭人後果。這為期兩週的度假已經毀了，就算這裡陽光明媚。

赫穆特和絲文嘉的案子一直留在我的腦海裡，司法精神科醫師也因而總是認真看待「病態性嫉妒」。每當我在訪談時遇到類似的情況都會汗毛倒豎（赫穆特案發生後，我常以此案警告我底下的實習醫師），而唯一真正安全的治療方式便是「地理手段」，也就是將被指控者及其愛戀對象分開，例如透過禁制令或強制入院實際拉開距離。

身為司法精神科醫師的我們總會見到出問題的案例，因為像赫穆特之類的患者會在事發後被送來法醫病房。令我們惱火的是，一般的非專科精神科同行，並未在案發前認真看待警訊。

赫穆特案發生不久後，我奉命評估安德魯——他因為他熱愛的球隊在英格蘭足總盃決賽中表現不佳，而襲擊女友莎菈（Sara），並在她的喉嚨表皮造成了割裂傷。接著他跑到一輛公車前面，幸好那輛公車當時車速緩慢；之後，他和莎菈都被送往倫敦一間醫院的急診室。

莎菈不想提出控告，而當地的精神健康危機團隊便是在此時犯錯的——他們說服警方不要介入，並擔保精神健康服務單位會處理這個情況。矛盾的是，唯有刑事司法體系介入此事，此案才更會受到精神健康服務單位重視，因為凶手是否會被送去特殊的法醫服務，部分取決於刑事訴訟；倘若控訴被撤銷，案件就會失去優先地位，就算凶手的暴力行為實在令人擔心。這點看似莫名其妙，但對精神科而言是常見的問題，部分原因是安德魯這類人一旦獲得某種型態的精神健康照護，警方就會忙著去處理其他更迫在眉睫的案子。

我在近十年目睹了精神科照護如何因為精神健康服務的碎片化而惡化，相關單位在患者尚未接受評估前，無法決定該由哪個團隊負責。然而，一旦精神病妄想症被忽視，就可能引發嚴重的後果，包括凶殺案。危機團隊是突發性（「非」法醫）精神科照護的守門人，他們的工作量非常大，因而沒有時間進行完整的病歷和精神狀態評估（在英國，這是英國國民保健署的管理所造成的壓力，他們想減少突發性患者的病床佔用率，因此就連短期的自主入院也無法實行）。如果能提升這類的入院率（哪怕相對而言極為短暫），就能讓工作人員進行更深入的風險評估。

安德魯就是這類例子——因為當初沒有人認真看待他的精神科病歷，也沒有人聯繫他的伴侶莎菈並詢問相關歷史，因而釀下大禍。

在案發的幾星期後，相關單位決定讓我來評估他的風險。我在一間教學醫院的無窗房間裡訪談了安德魯——他輕描淡寫地表示自己只是喝醉了，並否認對莎菈有任何惡意，但他的態度顯得防備且逃避。

在他的許可下，我打電話給莎菈並詢問相關歷史。她對我透露的事情立刻讓我感到擔憂——她長期遭受虐待，他不只一次對她做出帶有嫉妒的指控，並試圖控制她，更曾威脅要對她做出暴力舉動。她向我保證，安德魯懷疑她不忠的這件事毫無依據。她一直在想著該如何解決這個問題，同時她也受夠了這個狀況。

因此，安德魯以小刀襲擊莎菈，其實根本與弗雷德里克・永貝里（Freddie Ljungberg）在英格蘭足總盃決賽的下半場為兵工廠隊拿下第二分、害切爾西隊注定敗北無關，而是源自於他對莎菈的「妄想性嫉妒」。

我立刻採取行動，並迅速地完成了風險評估。我堅持要對莎菈發出「塔拉索夫警告」，而社工在瞭解相關風險後，將莎菈轉介至家暴服務單位。我們向安德魯提出治療計劃，但他拒絕接受。他後來又做出一次威脅，因而被強制入院，但他逃出了那間低度戒備精神病房。這件案子令人費盡苦心，所幸我最近聽說莎菈平安無恙。

這件案子害我被一名非法醫的同行責備，對方非常看重危機團隊，並抱怨我的法醫報告「有著非常大的影響力」。

我只回他：「我他媽的真希望如此。」

情侶之間的家暴經常發生得突如其來，使得短暫的幸福被殘酷地中斷。源自嫉妒的怒氣可能演變為爭吵、毆打，甚至強姦或謀殺。加害者經常指控伴侶不忠，就算不忠的其實是他們自己——「什麼都是我的，包括你在內，你必須對我忠誠。」許多類型的殺人凶手都有著自戀的心態和以自我為中心的意識，例如家暴施虐者、縱慾殺手和校園槍擊犯。

這是不是「有毒的男子氣概」（toxic masculinity）？是不是「男性性別角色」的東山再起？——這類心態期望男孩和男性成為「大男人」（alpha male），他們要能控制自己的情緒，除非為了表達憤怒。

「男性的侵略心態過剩」並非最近才有的問題，不容忽視地，英國有百分之九十五的囚犯都是男性。這不單純是因為男性荷爾蒙所造成的生理差異，社會、文化期待以及不良的育兒「榜樣」顯然都是因素。

因騷擾和跟蹤而引起的謀殺（以及如何安全地結束一段關係）

「跟蹤」的定義是：「重複、不請自來的聯繫或接近，使受害者感到痛苦、恐懼，並擔心自己可能遭受暴力襲擊。」保羅．穆倫教授和米歇爾．帕斯（Michele Pathe）是司法精神科醫師（並且在研究跟蹤狂方面是國際權威），他們分析被送去法醫診所進行評估和治療的跟蹤狂，研究其行為、精神病理學及動機，找出五種跟蹤狂亞型[30]。第一種——也是最常見的——是被情人「拒絕」，其跟蹤行為會針對昔日的親密伴侶。另外四種亞型如下：

二、尋求親密關係，部分可能妄想自己被其跟蹤對象所愛戀。

三、「無能的追求者」——可能患有某種程度的自閉症，無法瞭解對方並不想要自己給對方的注意力。

四、因懷恨在心而想透過令人困擾的方式進行報復，例如曾經炒他們魷魚的雇主。

五、掠奪性跟蹤狂——相對較少見——打算做出性犯罪而跟蹤潛在受害者（見第一章）。

我在此章節要探討的是，令我們擔憂的「被拒絕的昔日親密伴侶」。

當你被某人狠狠地甩掉或禮貌地拒絕時，你可以傳幾條訊息哀求、送一些花，或打幾通對方不願接聽的電話……雖然細節因人而異，但如果過了四星期或聯絡十幾次都毫無回應，你就應該繼續過自己的日子。一旦你的行為使對方痛苦，或甚至恐懼（害怕你會做出暴力的舉動），你就踏進了刑事騷擾的領域，例如電影《迷霧追魂》（*Play Misty for Me*）中跟蹤克林．伊斯威特（Clint Eastwood）的女角色，或在《與敵人共枕》（*Sleeping with the Enemy*）中虐待茱莉亞．羅勃茲（Julia Roberts）的男角色。

跟蹤狂可能因為被拒絕而感覺自己被羞辱，他們可能會過度依賴其騷擾的對象，也可能因自戀而深受「特權感」影響。保羅．穆倫和米歇爾．帕斯描述，跟蹤行為的動機是「和解」與「報復」此兩種慾望的複雜混合體，對遭到拒絕的跟蹤狂而言，其失落感可能夾雜著憤怒、嫉妒、挫折與報復，而跟蹤的行為則是用來取代失去的親密感，以形成一種「看似親近的感覺，是一種戀愛關係的拙劣模仿。」[31]

我的同行法蘭克．法納姆（Frank Farnham）[32]花了幾年研究有關騷擾的案例，獲得一個在當時被媒體大幅報導的發現——最可能做出暴力舉動的跟蹤狂，是被昔日的親密伴侶甩掉（不同於「親密關係尋求者」和其他亞型）的亞型。此外，當跟蹤狂曾襲擊昔日的親密伴侶（也就是被跟蹤的對象）或進入對方的住處，做出暴力舉動的風險就會提高。

研究指出，若你的前任騷擾你超過兩星期，其騷擾舉動就更可能持續超過半年。羅斯瑪麗．珀塞爾（Rosemary Purcell）在研究了四百多起跟蹤案例[33]後確認了「兩週界線」——當跟蹤者騷擾超過兩星期，便可能會持續跟蹤半年或甚至更久；同時，他們也更可能監視受害者，例如在受害者所在之處的附近逗留、不停打電話、透過信件與傳真等方式聯繫，或甚至做出明確威脅、肢體傷害和財物破壞。

如果你的前任送了花給你，而你沒反應，他便可能對你做出肢體傷害，或闖進你的公寓做出更嚴重的暴力行為，你甚至可能成為謀殺案的受害者[34]。另一個重點是，沒有前科的被甩男性，更可能突然出現具有殺人傾向的感情迸發。

我曾處理過一件遭甩男性做出騷擾行為的案件，那人名叫法蘭西斯．查普曼（Francis

Chapman），他熱愛奧迪汽車，在一間小型的工業承包公司擔任主管。他當時正與其妻麗貝卡（Rebecca）經歷一段痛苦的離婚期——他們因為賣房子的事產生糾紛，他因而傳了一堆簡訊和語音訊息給她，並不斷回到原本與她一起住的家對她提出抗議。他曾在一次氣憤之下打破了溫室的玻璃，還曾為了找到麗貝卡而闖進屋裡，藉口要拿他的信件。

「我為了這棟房子花了很多錢！我在房子上付出很多努力，而她什麼也沒做，最後卻他媽的什麼都想要！我他媽的怎麼可能有辦法存錢買新房子？那個法官應該坐牢！」法庭文件指出他曾對法官咆哮，罵對方是「擼管的廢物」。

隨著離婚程序的進行，他感到非常憤怒：「我想拿回我的家，至少離婚的財產分配應該平均各分一半……他媽的……我為了後院的圍籬花了很多錢。這他媽的根本是搶劫。」

這對夫妻曾因倒垃圾的問題而爭吵。他向我說明，他做事向來都有條有理，但「她卻將玉米片空盒直接放在已經裝滿的回收箱上，而不是更換箱子裡的塑膠袋。她也沒把空盒壓平。她把玉米片殘渣留在紙盒裡……我把紙盒甩在地板上，她對我說：『你他媽的做了什麼？』」

許多非暴力家庭的糾紛會與金錢、性生活、家事分配或育兒責任有關，而也有許多夫妻對「整潔度」以及回收、丟棄垃圾的正確方式有著不同的看法。然而，如果回收垃圾的議題使你的伴侶產生殺意，你就該提高警覺。

離婚判決書發下來的那一天，查普曼拿起小刀，打算哀求麗貝卡均分賣房子所得的金額，而如果有必要，他打算威脅自殺。他說：「我當時心想，如果我嚇嚇她……如果她的心裡還有一點點的愛……也許她會答應。」

當麗貝卡從平時搭的那班公車下車後，他來到她面前，並哀求她均分賣房子的錢和家具。她的答覆是：「我不會賣房子，就這麼簡單……它現在是我的房子。」但他沒有威脅要自殺，而是用小刀將她亂刀殺死，公車上的乘客全都驚嚇地目睹了全程。其中一名叫喬克．霍利斯（Jock Hollis）的乘客上前試圖幫助麗貝卡，但在看到她的嚴重傷勢後，便立即意識到她已經死亡，他因此用大衣蓋住她的遺體。與此同時，查普曼跑回他們夫妻倆的房子，這才發現岳母前來探望麗貝卡，於是他索性也殺了她。

他在行凶當天早上買了凶器——雖然他有自戀心態（「它是我的房子」）和偏執（玉米片事件）等人格特質——因此無法構成精神病抗辯。他在法庭上試圖說服陪審團相信他是一時失控，表示自己是被麗貝卡再次拒絕賣屋而說的那句話給激怒。他對離婚協議的安排依舊忿忿不平，就算在牢裡還是試著上訴。

判決：兩起謀殺罪名成立。終生監禁；最少服刑三十年。

這些事件讓人不禁想問：「如何才能安全地結束一段關係？」在某種程度上，這取決於伴侶的人格特質。如果你的伴侶有自戀心態、以自我為中心、具佔有慾、喜歡控制人、愛吃醋或記恨，那你最好盡早離開這種人。（說來簡單做來難！）我也建議你提防極端的「愛意轟炸」（love bombing）——這個名詞是由美國的「統一教」（Unification Church）發明，意指過量的注意力、讚美、情感表達和示愛。部分邪教團體會使用這種方式鼓勵新成員入會，但此種做法也可能出現於親密關係。這種行為也許就跟「試圖寵壞你，或說服你跟他約會」的行為一樣無害（雖然令人惱怒），但也可能暗指對方喜歡操弄人心，且未來極有可能做出具有控制或虐待性質的行為。

而無論你與情人間的關係進展到何種程度，例如約會、親熱、婚姻、討論嫁妝金額，或甚至已交換了定情戒指、預購了共同墓地……一旦感情結束，最好將話說清楚並斷乾淨——「我很遺憾這段關係走不下去了，問題不在你，而是在我。」如果對方打電話或送花超過兩星期，你可能需要做出正式的「停止並終止」（cease and desist）要求，並且最好紀錄「被騷擾日記」以及請警察向對方做出正式的警告（目前的實務是直接去申請「禁制騷擾令」）。最後，你可能需要申請「緊急處分」或控告對方以獲得保護令，並使對方被判處「必須接受復健或治療」的非監禁刑，或甚至坐牢。

跟蹤是個重大的問題，但在過去卻一直被嚴重地低估（在英國，我們正在改善這點，透過執法單位和精神科持續地加強配合，並構思創新的合作案）。我們經常無法在人生裡獲得順利或如自己所願的結局——你可能會因對方的行為而產生矛盾的心態，並與對方暫時和解，或不知該如何是好，而當你以為與對方打的是「分手炮」時，對方卻可能解讀成「復合炮」。

依據我處理過的案例所獲得的軼事證據，我強烈地建議你——不要對你即將甩掉的伴侶說你有新對象（尤其當你其實沒有新對象，你只是不再愛對方），這會使對方妒火中燒。雖然我們也擔心「他們不夠好、不夠聰明、不夠吸引人或你已經不再愛他們」等說詞會傷害他們的感受，但讓前任開始反省你們倆的性格差異與自己的缺點，好過讓他們想像你跟新對象發生性關係等等。

此外，以「懷上他的情敵的孩子」為由也非常不妥——我遇過兩起案例都是因此種說詞而引發謀殺，而這兩件案件的驗屍報告也都確認了死者並沒有懷孕。其中一件案子的受害者在死前一直想明確地結束這段關係，為了讓前任死心，便騙他自己懷了別人的孩子。

該案的證人們（死者的妹妹和朋友）指證說，受害者事先與她們說過自己打算說謊。雖然她說謊的動機很合理，卻造成了始料未及的嚴重後果。凶手在事後接受我的訪談，表示他不只氣他的前女友告訴他有名情敵介入，更氣她懷上了情敵的孩子。

有時候，分手談判必須在警察局、緩刑辦公室或精神科診所裡，並在專人的監督下進行；如果情況危急，可能還需要事先找尋躲藏之處。

聽聞這些感情破裂、跟蹤惡化成謀殺的案例，你八成正開始回想自己的經驗。我們大多都經歷過分手，一旦你意識到自己的情感不再獲得對方的回應時，肯定會感到受傷。人在被甩時會試著挽回，也許透過嘔心瀝血的情書、鮮花、對方喜歡的葡萄酒，或在幾天裡打一通（也被嫌太多的）電話給對方……但這些舉動都有個期限，當你在期限後依然糾纏不休，你的前任對你的同情和少許遺憾，就可能演變成惱火或恐懼。總之，在對方表示需要空間時，你最不該做的就是用對方不想要的情感來使其窒息。我在還是學生的時候，便曾遲鈍地沒及時意識到，女友要求空間其實是在給我臺階下，我當時的死黨對我開了沒營養的玩笑：「給她那麼多空間（space，也指「太空」），她應該覺得自己是太空人阿姆斯壯（Neil Alden Armstrong）吧！」當然，這種事總是說來容易做來難。

在回顧自己的經歷，並分析當時的「自尊心受傷」後應該就能明白，對於擁有異常人格特質的人，「自尊心受傷」這類原本無害的感受，很有可能增幅為強烈的「自戀心態受損」——「他怎麼可以不愛我？我明明是個萬人迷！」

倫敦大學的神經科學家發現，陷入愛河者的大腦扣帶迴（cingulate gyrus）的活動程度會升高。扣帶迴是大腦裡的一條弧形組織，也是「邊緣系統」（limbic system）的一部分，負責處理情緒和控制行為。大腦功能是否可以協助我們瞭解這些人類的體驗和行為？又或者，試著將這些解讀成生物反應是一種錯誤？畢竟，我們擁有大量的研究文獻——其中大多建立於現代科學問世前的歲月——來幫助我們瞭解「真愛總是一波三折」。

我曾經提議某人在受監督的環境下進行分手談判，因為那人的伴侶曾是高戒備病房的患者。他的前任伴侶因為在他的手機上發現淫穢的簡訊（來自他的諸多性伴侶）而甩了他，而他對羞辱和遭甩所做出的反應，是用刀刺向伴侶的臉部和頸部並將其殺害。

十年後，他在經過長期治療且即將被戒備醫院釋放時，開始與一名新對象交往——一名他透過社群網路認識、受過良好教育的年輕專業人士（是的，患有精神障礙的殺人犯，還是有可能吸引到一些人）。

法醫團隊向我擔保，他們已向那名新情人說明患者的犯案史（曾在分手之際殺了伴侶），而新情人對此不以為意，因此這段戀情還是綻放了一段時間。

但幾個月後，新情人開始感到不安，並想離開這段高風險的關係，而我們認為最好在安全環境的監督下進行。我們也對報案中心提出了TACAU（treat all calls as urgent，意即「視每通電話為緊急事件」）警告，以防緊急服務單位被叫去處理任何後續的對峙場面。

這件事的結局應該會讓你感到安心——分手場面很平靜，而那名患者最終也成功地返回社區。

因伴侶不忠而引發的謀殺（當然和嫉妒有關）

男性如果無法控制怒火，或在表達憤怒時突然變得暴力，便很有可能做出需要背負刑事責任的行為，雖然辯方經常會提出「一時失控」或「心智異常」等部分抗辯。

不久前，「一時失控」的抗辯（過去稱作「受到挑釁」）能讓男性在發現女伴不忠並殺害她後的謀殺罪被減輕為過失殺人罪。人們對此越來越感到擔憂，尤其「女性殺害施虐伴侶」這類案件從未因類似的抗辯，而成功使罪刑減輕。

英國的法律在二〇〇九年因而有所改革，為了更妥善地處理「女性殺害施虐伴侶」的案件，同時也為了使出於嫉妒和控制慾，而殺害女性受害者（尤其當女性受害者出軌）的男性更難逃過謀殺的罪名。

新法律規定當辯方提出「一時失控」的抗辯時，法官就必須引導陪審團忽略女性受害者的不忠。以下的案例不僅說明了為何「不忠」必須被忽略，也指出警察能多麼容易地偵破親密伴侶間的謀殺案。

雷伊．湯普森（Ray Thompson）是個控制慾強烈的易怒丈夫，他的妻子克莉絲汀（Christine）因為難以忍受與他一起生活，而開始與另一個男人發展出戀愛關係——但當時還沒發生肉體關係——並試著想辦法安全地結束這段婚姻。

湯普森被告知妻子和另一個男人出現在她當時不該出現的場合，但湯普森沒立刻質問她，而是提議要提早接她下班並帶她去購物。然而，他沒開車載她去購物中心，而是開到池塘附近的一條偏僻小路並對她做出質詢，最後，他因為不滿意她的答覆，而用一把老舊的軍用刺刀（他平時存放在車庫裡）用力刺了她幾刀並要了她的命。

他返回鎮中心報案表示她和他的汽車都失蹤了。不久後，一名遛狗者發現了她的屍體，但消防隊員花了三小時才撬開上鎖的車門——湯普森說他沒有備用鑰匙，並且聲稱原本的鑰匙和車子一起失蹤了。

一名刑警後來在法庭上告訴我，他當時就「懷疑」這個丈夫是頭號嫌犯，但當時的證據不足以讓警方申請搜索票。

倫敦警察廳的謀殺案破案率大約是百分之九十，因為他們將大量資源分配到命案調查上，並會在蒐集證據的黃金二十四小時內調動大批警力。在我舉辦的討論會上，一名資深刑警描述調查謀殺案的三大神器：「手機基地臺分析、監視器畫面以及DNA證據。」

在湯普森的案例上，監視器捕捉到他的車並非駛向商店，而是開往池塘，不過畫面模糊到無法確認駕車者是湯普森。經過幾星期的詳盡分析後，他們完成了手機基地臺數據分析，確認湯普森的手機曾出現在汽車和克莉絲汀的屍體被發現的地點，並且符合病理學家判斷的行凶時間。

此外，通聯紀錄確認湯普森曾打電話給他叔叔，他叔叔先前也證明湯普森曾打電話告訴他：「克莉絲汀失蹤了。」

憑著這些證據，警方獲得了搜索票，並在湯普森家中廚房水槽底下的U形管後發現一個塑膠袋，裡頭放著染血的刺刀，而刀上有他的DNA和她的血。被證據動搖的湯普森聲稱，自己是因為她坦承喜歡上別人而「失去自我控制」，辯方也提出，他是因為發現她不忠而受到挑釁，但此抗辯失敗——他行凶的方式充滿意圖，而他在事後曾試圖隱藏犯行。在新法律的規定下（剛好在湯普森犯案前頒布），陪審團不能將「一時失控」列入考慮。

判決：謀殺罪名成立。終生監禁。

憂鬱症和責任減輕

在男性因為關係破裂而殺害女性的案件上，「責任減輕」等部分抗辯是否成功過？發生於一九九〇年代末期的一起案例，能描述「抑鬱殺人」（depressive homicide）所引發的困難議題——一名醫師因為其吝嗇作風使得婚姻破裂，他的妻子想要一臺新冰箱，他卻給了她一臺二手冰箱，而那臺冰箱原本放在病理學研究室裡用來存放樣本。儘管他帳戶裡的存款超過八十萬英鎊，他卻堅持在麥當勞為家人慶祝生日，甚至要求前來的客人們自付餐錢！他的妻子忍無可忍，因而委託一名律師訴請離婚。

但那名醫師無法接受自己的婚姻結束，不斷懇求她重新考慮。他開始酗酒，給自己開了鎮靜劑，在同事面前也顯得憔悴又不悅。某天早上，他的妻子送孩子上學回來並在露臺喝咖啡時，他拿著榔頭從旁走過——他表示自己原本打算敲碎後院的一塊水泥——在她對他做出評論的時候，他「失去理智」。

驗屍報告指出，他用榔頭至少打了她七次，其中幾次是在她已經倒地之後。他用垃圾袋和床單包裹她，並將鮮血淋漓的她拖去一樓的臥室——他清楚知道她這時還活著——接著將她丟出窗外，她因此死於脊椎骨斷裂。他試圖「安排」犯罪現場，企圖誤導警方的辦案方向——這種案例很罕見，在凶殺案當中大約只佔百分之一[35]。

他過了幾小時才叫了救護車。一開始他對警察說，他的妻子跌出臥室的時候，他人在車庫；但他後來終於坦承犯行，並對他們說：「我無法帶著這種羞愧活下去。」

你可能會認定一名沒有任何暴力前科、受人尊敬的專業人士，會因為一時的狂怒殺意而突然殺害妻子，肯定是患有精神障礙吧？果不其然，這件案子沒上法庭，倫敦司法官確認檢方已經接受了精神科報告，而報告指出凶手患有重度憂鬱症，原因是妻子想離婚並取得兩個孩子的監護權。憂鬱症大幅降低了他的責任；他的團隊成功地以精神病抗辯將罪名從謀殺減輕為過失殺人，他因此避開了終生監禁。得知他可能只需坐牢兩年半就能重獲自由後，受害者的母親說：「我女兒的命怎麼這麼便宜？」

如今相關法律變得更為嚴謹——凶手的疾病必須嚴重影響各項心智能力（例如合理的決策），並能解釋凶手為何犯下謀殺。換句話說，憂鬱症在解釋「對未來抱持陰鬱且悲觀的態度」為何會嚴重地影響合理判斷力的同時，也必須解釋凶手為何會拿起榔頭？換作今日，此案應該不會如此快獲得判決。這究竟是一名憂鬱男子因為失去婚姻，而不知所措所做出的反應？還是富有的守財奴因為自己無法控制家庭和財產，而失控做出的暴力舉動？考量到後者的解釋，凶手的刑期很有可能再增加十年。如果他不是待過英國地方自衛隊的主任醫師，而是地毯裝修工或退役小兵，他還會獲得同樣的待遇嗎？我在回顧此案時不禁產生這些想法。

此案確實出於心智異常——我當時也如此同意——但論及凶手的責任，真正的問題（至今也是）應是道德方面，而非醫學方面。道德和價值判斷力有時會被冠上醫學名詞，好讓它們更容易被接受，而檢方有時也還是必須配合辦方律師的請求，並減輕凶手的罪名。換作法律更為嚴謹的今日，陪審團又會如何看待此案呢？

因榮譽心態而引發的親密伴侶謀殺

我們該如何看待「榮譽犯罪」（honour crimes）？——凶手會為了阻止一名女性自行選

擇其親密伴侶，而將其綁架並謀殺，也會利用此手段阻止「跨種性」或「跨宗教」婚姻；多數案例發生在丈夫發現妻子過度西化，或試圖離開他之時。

我曾見過一件因「榮譽心」而引發殺意的謀殺案——該案是一個來自東南亞並在英國住了將近三十年的家庭，其一家之主是酗酒、無業的尼莫先生（Mr Nimol），（據他說）他因為妻子害他丟臉、不尊敬他，且羞辱他的父母而感到憤怒。

家中多次發生與這些問題有關的暴力事件，且大多都是在他喝酒的時候。某天晚上，酒醉的他在凌晨四點三十分回到家（就算警察已經叫他離他妻子遠一點），他的妻子不甘願地讓他進屋，兩人再次發生爭吵，他於是拿刀刺了她兩次——一刀刺進背部且深及主動脈，另一刀從正面刺穿了肝臟，那兩刀都足以使她致命——她因此死亡。

他遭到逮捕，並在隔天接受偵訊時說：「我覺得我身為丈夫卻遭到嚴重的羞辱……對東方人而言，女人、妻子，絕對不可以不尊敬丈夫……她羞辱了我的父母……她穿衣服的方式令我蒙羞……我在她的背部和前面各刺了一下。」

他說他那天喝了啤酒和烈酒，「我覺得自己被羞辱得太嚴重，我無法控制自己，我那時候真的很生氣、很沮喪。」他說他當時只是打算「輕輕地刺她」。

這應該是一件很容易判決的案子吧？

但這件案子上，其精神科證據卻引起始料未及的爭論。在檢方提出所有的證據（包括驗屍報告和證人陳述）後，辯方律師指示一名精神科醫師，找出所有可能針對謀殺罪名進行的辯護。我們將這稱作「精神科的釣魚之旅」，因為依據此案的基本事證，這顯然是一件「正常的」親密伴侶謀殺案。

受辯方律師指示的是精神科醫師伊卡洛斯（Dr Icarus）。他雖然曾參加一些低階的法庭審理，但在嚴重的刑事案件方面卻缺乏經驗。伊卡洛斯醫師在尼莫犯案的三個月後、收押於監獄的期間訪談了他，而警方則是在他被逮捕的隔天就偵訊了他。被告也許是為了將自己的行為合理化，他對伊卡洛斯醫師說，他在刺殺妻子的時候覺得「很不真實」，他「好像」能感覺到他「已逝兄長的存在」。

伊卡洛斯醫師因此提出凶手「失去現實感」的狀態為心智異常，並表示這就是行凶的原因。

然而，這名精神科醫師根本沒看過警方的調查紀錄，被告在該紀錄中說出了承認自己有罪的說詞。我在我的報告裡指出了這個缺失——「失去現實感」很常見，這並不是精神病，而是改變的「現實感」，並非「與現實脫節」；人在非常疲憊或焦慮時，會出現這種茫然感，例如我在老貝利法院謀殺庭上提出證據時，而伊卡洛斯醫師也將面對這種感受。

我們都曾在法庭上面對不順利的過程，但伊卡洛斯醫師似乎還不知道法庭將如何對待他，他甚至不曾表示過想閱讀偵訊紀錄。專家證據就像是在玩撲克牌，是一場等額賭注的遊戲——當對手拿出偵訊紀錄並提高賭注時，那你最好也跟上賭注，並閱讀該讀的額外資料。

在辯方大律師的溫柔引導下，伊卡洛斯醫師說明自己所列的證據，並解釋自己為何認為「失去現實感」應該換來責任減輕。辯方大律師對他做出的友善挑戰結束後，他走出證人席並打算走向出口——他顯然不清楚刑事法庭的程序。

他走到一半時，法官開口：「伊卡洛斯醫師，請別忘了你接下來還得接受交叉質詢……」

你能想像接下來的過程有多麼不順利。檢方御用大律師的質詢大略如下：

「伊卡洛斯醫師……你是否確信你的報告無誤？」

「是的，我如此確信。」

「醫師，你在做出意見之前，是否考慮了所有的相關事證？」

他現在才想起法庭上的規矩，因而轉身對法官說：「是的，我有，法官大人。」

「伊卡洛斯醫師，你是否同意被告對案發當晚的說詞，是讓我們瞭解他當時的精神狀態的關鍵？」

「是的，當然是，法官大人。」

「醫師，你是否有將警方的偵訊紀錄納入考量？」

「呃，不，還沒有。」

「醫師，我能否請你朗讀被告在殺害妻子的十二小時後對警方說了什麼？你能在你面前那疊陪審團文件的第七十六頁裡找到，用黃色標籤標起來的那頁……」

伊卡洛斯醫師猶豫地朗讀：「……她穿衣服的方式令我蒙羞……我刺了她……很輕。」

「醫師，能不能麻煩你向陪審團解釋，你為什麼比較喜歡他在接受警方偵訊三個月後的說詞？」

「伊卡洛斯醫師，你能不能告訴法庭，你是用什麼標準來判定**心智異常**？」

「伊卡洛斯醫師，**心智**究竟是什麼？」

我看到這裡已經看不下去了，刑事法庭想依據案件的事證而判定謀殺罪名，因此專家證據必須經過證明。

換作民事法庭，「沒讀過偵訊紀錄」是重大的缺失，會在開庭前、專家們做出聯合聲明時就被抓出來。但刑事法庭因為資金有限、皇家檢控署忙碌不堪，且律師經常在最後一刻才做出指示，使得這類如車禍般的三流辯詞經常上演。

判決：謀殺罪名成立。終生監禁，最少服刑十八年。

第十六節

我在見過瑞迪先生的幾個月後，他的謀殺案開始於老貝利法院進行審理。我在訪談他的當時，夏季才剛開始，而幾個月後的現在，米迦勒學期（英國和愛爾蘭部分大學的秋季第一學期）的第一批落葉，已飄零於中殿律師學院的「噴泉法院」周圍。我必須前去與位於王椅路的辯護大律師談談，並複習一下瑞迪案，以便在幾天後在法庭上提供醫學相關的證據。

我在我的報告裡指出，他對他婚姻的描述及證人們（包括其亡妻生前所說過）的說詞，兩者之間產生了「證據衝突」。但我也必須指出，他的同事們曾描述他因為跟女兒分開而心神不寧、憂鬱、情緒不穩、經常掉淚，並且無法專心工作。他在被捕後的自殘行為，可能是他對於自己的罪行所做出的反應，也可能是「後續自殺」未遂（在此類謀殺案中十分常見）。

精神科的診斷手冊裡涵蓋許多種類的精神和情緒狀態，其實跟一般人的日常體驗沒有太大的差別。瑞迪先生符合「適應障礙」（adjustment disorder）的標準，此障礙的國際定義為「患者處於主觀的痛苦和情緒障礙的狀態……在遭逢人生重大變化的適應期……其症狀各異，包括情緒憂鬱、焦慮、擔憂……覺得自己無法應對或計劃未來……誇張的行為或做出暴力舉動……」

這個相對輕微的病名，雖然確實是「精神功能異常」和「被承認的醫學狀態」，但應該無法說服陪審團相信「其精神功能受到嚴重的影響，因而無法做出合理的判斷或自我控制」。辯方律師曾考慮是否要「讓客戶承認謀殺罪名，並在法庭上哭著接受強制終生監禁」，但最後還是認為，最好讓他在法庭上接受審理，避免他在未來要求上訴，或在接下來的數年裡將自己的刑期怪罪於律師們（而非陪審團）。

我因此必須站上證人席，努力地依據「適應障礙」來提出責任減輕，就算我知道檢察官和檢方專家會激烈地挑戰我的論點。

然而，陪審團不太在意「適應障礙」的相關細節。他們已經花了幾天看過檢察官的說明與證據，包括手機通聯紀錄的分析、監視器畫面以及購物收據，他們也聽了證人們在法庭上的證詞。除了這些資料之外，他們也有機會對被告席上的男人形成主觀的印象。

辯方大律師迅速地對我說明這幾天在審理過程中呈現過哪些證據，且瑞迪的女兒還在法庭上聲淚俱下地指證他曾做出的家暴行為（她當時坐在證人席的隔簾後面，以免見到父親），他因此隔著一段距離罵她是「骯髒的蕩婦」。

瑞迪擔心的事還是發生了，薩蜜菈如今真成了孤兒。她的母親早已被火化，而她的父親則需面對終生監禁——而他卻還是在被告席上辱罵她。

陪審團現在已經明白我早已得知的事實——他真的是個討人厭的男人。

瑞迪最後一次接受交叉質詢，並被問及其妻頸部的嚴重刀傷（切斷幾根大動脈且造成她死亡）時，他的答覆使在場的所有人都不禁倒抽一口氣：

「要不是倫敦救護服務（London Ambulance Service）的人辦事不力且反應遲鈍，她現在搞不好還活著。」

我雖承認他的**精神功能異常**只是輕微程度，但這個狀況是否**嚴重**影響了他的思考能力，則要由陪審團判斷。而瑞迪的言行舉止，使陪審團窺見他的妻女多年來必須忍受的態度和行為，並明白這與適應障礙扯不上太多的關係。

陪審團只花了十九分鐘就做出決定。

判決：謀殺罪名成立。終生監禁；最少服刑十八年。

雖然第一印象有可能翻轉，但在這起案例上並沒有改變，而我也很慶幸能將此案拋諸腦後。

我在描述瑞迪的個案史時，曾說明我對他產生了何種反應——這麼做能協助我瞭解他，同時，我認為陪審團成員們對他產生的反應，也有助於他們瞭解他的殺人行為。

我對我評估或治療的對象所產生的反應能幫助我理解患者——我有時會感到惱怒、生氣、不耐煩或莞爾；我曾有名真的很搞笑的患者能讓我於訪談中從頭笑到尾，但他患有躁鬱症也曾試圖自殺，因此我同時也必須很謹慎，不能因為他所帶來的歡笑而忽視了他心底的哀傷。

在我試著瞭解任何患者——尤其謀殺犯——的想法時，這些反應能為我提供許多線索，幫助我瞭解這個人為何殺人，或為何曾經試圖殺人。我曾有名同行的言論令我驚訝：「我對我的患者們沒有任何感覺……我比較喜歡維持完全中立。」我不是這種人，我在進行評估訪談時很可能出現個人反應，而這種個人反應在後續的治療期間格外重要。

我的意思不是「多愁善感」很好，因為維持某種程度的客觀心態也很重要。舉例而言，如果司法精神科醫師曾在小時候經歷過親友自殺，日後在處理這類案件時，也許就會因此產生個人反應——而這時便不應對這樣的反應視而不見，而要明白這些感受的存在，並利用它們來瞭解受訪者的經歷，同時避免讓這些感受成為盲點。

精神分析師（在美國通常都受過醫學訓練，但在英國則未必）在接受訓練時必須接受「個人治療」（personal therapy）以及「個人監督治療案例」。英國的司法精神科醫師們對此做法的意見分歧，有些人會接受個人治療，有些則不會——這部分並非強制的規定。

我剛開始受訓時也抱持著懷疑的態度，並且也曾擔心個人治療會害我透露自己的祕密。但我在後來評估一起兒童精神科案例時情緒深受影響，因而選擇接受個人治療。我所接受的個人治療為期三年，每星期需進行一次；相較之下，心理治療師和精神分析師所接受的個人治療則也許會持續五到十年，每星期需進行五次之多。

無論選擇哪條路線，我還是不認同那名同行的看法——你如果不對法醫案例產生任何個人反應，就等於錯過了一個強大診斷工具的運用機會，例如：

「和這個人共處一室是什麼樣的感覺？」

「他讓你產生什麼樣的感受？」

「你的反應能否幫助你瞭解其他人對他們產生什麼反應？」

「你的反應能否幫助你瞭解他為何殺了人？」

我對瑞迪的反應有助於我瞭解他的妻子在生前曾經歷過的感受——她雖盡力試著離開他，卻還是無法逃離他的虐待，並因此用生命付出了代價。

當一名似乎無法逃出困境的女人，在遭受襲擊者攻擊而試圖自衛時會發生什麼事？其後果難以預料……

第五章

女子殺害伴侶

個案研究：夏洛特．史密斯（Charlotte Smith）

第十七節

事情的開端是夏洛特為了一隻狗而去見了一名女子。夏洛特有四個孩子，其中十五歲的雪倫（Sharon）想養狗，而做媽媽的當然希望能讓女兒開心；當時夏洛特才剛離開待了八個月的酒癮戒治中心，母女倆終於團圓，前景看似美好。

然而這一切在二〇〇一年八月二十九日星期三發生了變化——銀行休假結束後，夏洛特用一把十二吋長的菜刀刺穿了她的伴侶藍尼．瓊斯（Lennie Jones）的心臟。

我在霍洛威監獄見到夏洛特的那天，我正在進行平時的監獄工作——評估新囚犯、提供後續治療、判斷哪些案例需要被轉去醫院、評估警察出於各種理由而擔心的囚犯（他們都曾有自殘、自殺風險或一些類似精神疾病的怪異行為）。

在監獄裡扮演精神科醫師，不同於在醫院的住院患者面前扮演精神科醫師。我們在監獄裡管理患有精神疾病或嚴重心理痛苦，並令獄卒感到擔心的囚犯，而規則很簡單——除了管理囚犯以避免他們逃獄，還必須判斷其精神障礙並給予治療，以確保囚犯能平安地活下去。

霍洛威監獄是西歐最大的女子還押監獄，原本應該只能容納五百九十一名獄友，卻還是每年被塞進幾千人。這座監獄曾獲得差評報告，之後還取得一次非常嚴厲的評論，因此獄方請我們的法醫服務單位提供定期的精神科治療，以支援他們人滿為患的監獄醫院。當時的我正準備開始在本頓維爾監獄（一座在附近的男子監獄）提供定期的診療服務，我接受過那裡的安全培訓，因此我要求相關單位允許我加入霍洛威監獄的團隊，而這使部分行政人員感到頭疼。

法醫通常比較不願意治療女囚，因為他們認為其挑戰性會高過治療男囚。正如犯罪學家洛琳．格爾索普（Loraine Gelsthorpe）所說：「大部分的犯罪案件是由男性而非女性所犯下[36]。」這也許能部分地解釋，為何被捕的女性有很大的可能是因為曾遭虐待而導致心理異常，她們更傾向於將痛苦「內在化」，而她們的自殘率也相當高。我事後諸葛地覺得自己一定是受到家族史裡的殺嬰案影響，才會讓我在二〇〇一年出於好奇心並自願接下這個沒人想要的差事。

監獄最主要的刑罰就是奪走囚犯的自由，而這幾年的監獄醫師們顯然認為自己有責任確保囚犯在接觸醫師時，會因為其低於一般水準的治療品質而感到不愉快，如此才能使懲罰更為完整。

可想而知的是，我們是抱持著更具前瞻性的想法而來到霍洛威監獄。我們在受訓時被教導：「如果囚犯氣沖沖地跑掉或把門甩上，你就幫不了他」，因此我們必須和囚犯建立友好的關係，並處理他們迫在眉睫的問題，例如睡眠、飲食、家庭接觸以及自殺念頭，而其中較為麻煩的是囚犯的犯行和童年創傷。

我抱持著這種心態進入位於監獄地下室的C1區訪談室，照護人員安排我在這裡見夏洛特。

訪談室裡有兩張老舊的鋼框椅和一張缺角的層壓板桌子，白牆上布滿了塗鴉。這裡唯一的通風口是一扇開了小縫的小窗，窗面是布滿刮痕，但打不破的厚重玻璃，而窗外是一座不可能爬得出去的凹陷式中庭，其後方是高聳的圍牆，牆頂則是防止攀爬的弓形設計。

夏洛特的身形高瘦，她有著一頭金黃色的長髮，頭髮裡依然摻雜著一點藍尼的血——她是在兩天前殺了他。她的指甲骯髒且破損，右前臂有幾道瘀痕，而破裂的嘴唇腫脹且瘀青。她默默凝視著地板。

她在二十九日的午夜被捕，並在警察拘留所待了一天。她在接受警方偵訊時很配合，後來去了治安法院後，法官拒絕讓她被保釋，她因而被還押入監。

我向她自我介紹並詢問她的狀況，問她在此時此地是否有我們能幫忙之處。

她揉揉眼睛，一開始沒吭聲，後來問我要如何才能見到她的孩子們。

我請她談談他們，她終於打開話匣子——十七歲的李（Lee）正在準備接受GCSE（中學普測）重考，十五歲的雪倫（Sharon）覺得自己難以適應新學校，而十歲的凱文（Kevin）與三歲的連恩（Liam）則一切順利——在她的四個子女當中，只有連恩在她戒酒復健時不需要被交給寄養家庭。

然而，他們四個現在都交由緊急寄養服務機構處理了。夏洛特很擔心他們，她想知道他們是否住在一起？能不能互相支持？我向她保證，社工團隊一定會立刻處理她的疑問。

她說她覺得「不真實」，也「不敢相信藍尼死了」。她曾有的睡眠問題原本已經改善了四至六個月，她已經「振作起來」，然而，她在被還押後一直覺得「很糟……低落……麻木」，她說她在監獄裡「幾乎無法睡著」。她告訴我，她覺得身心俱疲，並且一直在想辦法自殺，例如服藥、割腕或上吊。她靠想著孩子們才得以撐下去。

二〇〇二年，英格蘭和威爾斯地區共有九十五起獄中自殺案，其中女囚的自殺風險比其他高了二十倍；到了二〇一一年，英國每年的囚犯自殺案降低至五十七件，部分原因是司法精神科醫師路克．伯明罕（Luke Birmingham）和唐恩．古魯賓（Don Grubin）想出如何對新囚犯進行更好的健康篩檢㊲。自殺率下降的原因，包括獄中精神科服務的改善，以及在劍橋大學擔任教授的犯罪學家艾莉森．利布林（Alison Lielbling）所發展出的一套辦法——測量監獄環境的「道德品質」、減少霸凌行為，並提升工作人員的正確行為㊳。然而，囚犯自殺案卻在二〇一七年時飆升至一百一十九件，原因是監獄工作人員的薪水被無情地減少，引發了過長的工時且減少了復健和健康服務——這都是克里斯．葛瑞林（Chris Grayling，英國保守黨政治家）幹的好事，我相信他晚上一定睡得很香，他完全不在意自己將錢浪費在渡輪合同、誤點的列車上，同時他還無能地試著將假釋制度民營化（成果慘不忍睹，因而需要再次全面公營化），我希望那五十起自殺案件（發生率遠高於正常水準）的悲痛家屬能讓他感到有點後悔。

我沒追問夏洛特更多問題的細節，我此時最主要的工作是要確保她能活下去。我回到獄中的醫院辦公室，在裡頭的兩名身穿白衣的監獄健康照護人員（受過基本護理訓練），正與一群受過完整訓練、穿藍色制服的護理師喝茶。社工和一名精神科護理師也來到這裡，我們拉了椅子坐下並討論計劃。我們這個團隊有三名精神科醫師，以及十幾名護理師、心理學家和社工，而我是當中唯一的男性，我必須非常留意性別政治，尤其我接替的那人是名穿條紋西裝且說話像貴族的男子——他沒有給她們留下太好的印象。

我們都認為夏洛特需要待在監獄的醫院區以遠離「一般的獄區」，那裡住著強悍且習慣監獄的囚犯。我們希望能藉此觀察她，並幫助她安然度過接下來充滿壓力的幾天。

雖然她後來又再次開始喝酒，但並沒有因此完全依賴酒精。在她服用了幾次半劑量的地西泮來減輕戒酒症狀後，我們確認她不需要接受七天的完整戒癮治療。霍洛威監獄裡幾乎每名囚犯都需要戒毒或戒酒，而這裡也有個由護理師管理的戒癮（海洛因和酒精）治療，能讓患者逐漸減少為了減輕嚴重戒斷症狀，而需服用的替代性藥物（戒酒期間可能出現危及生命的震顫性譫妄或癲癇）。

這場會談結束後，我完成了一些後續治療的評估報告。

這些患者是霍洛威監獄囚犯中最嚴重的自殘者，大多有人格障礙和施虐歷史。他們真正需要的是住院治療，例如貝特萊姆醫院的「危機復原病房」——我曾在那裡縫合患者的自殘傷勢——但這類治療資源十分有限，而囚犯也很少被獲准轉移。

我們在二〇〇三年調查了霍洛威監獄精神病院的成功轉介率[39]，發現在我們建議轉介的六十例當中只有一半被獲准。而被拒絕的那些囚犯當中大多被診斷具有人格障礙，也因此我們經常只能使用獄中資源，來管理患有邊緣型人格障礙的自殘者。

夏洛特會在獄中醫院被觀察幾天，等穩定後就會被送回一般獄區。

我完成獄中工作後便走向警衛室，我把鑰匙丟進金屬滑槽，等著拿回我的鑰匙——我在上頭扣上我的鑰匙圈，連同我的內政部證件和標準的監獄哨子（當時的監獄措施還沒開始使用電子警報器，可見要改變獄中文化有多麼困難）。

我駕車駛過卡姆登路並開上櫻草花山，看見一些酒客坐在酒館餐桌旁享受夏末的天氣。**有多少酒醉爭執會引發刺傷和謀殺？**我回到家查看了兒子們，接著自己也上床休息。我慶幸我的孩子們安然地待在家，不像夏洛特的孩子們那樣四散、無法被交給自己的父親或母親。

我突然意識到，我的工作會開始影響一個人對人生的觀感。我在工作一段時間後，看到普通菜刀就會想到凶器，因為我看過一大堆被作為法醫證據的染血菜刀的相片，那些菜刀後來被裝進塑膠袋，並在陪審團成員們間傳遞、查看。我接觸過這麼多犯罪案（有關搶劫、傷害、強姦、殺人及縱火），注意到自己變得更傾向於風險規避；我如果因為隔天需要一大早開車出城而需要一些現金，我會避免在入夜後去卡姆登商業街的提款機領錢。

我在幾個星期後再次見到夏洛特，她的氣色比之前好了許多。經過幾次訪談後，她的完整故事逐漸水落石出。

案發當晚，她的一名朋友載她和女兒雪倫去看那隻狗，抵達目的地時才得知那隻狗已經給了別人。賣狗的那名女子與其伴侶發生了爭執，夏洛特因此花了四十分鐘安撫她。白跑一趟的夏洛特因此離開了那名女子的住處，心想著要為孩子們準備下午茶的點心，於是便在路邊的肯德基買了一些炸雞和薯條，接著請雪倫先帶連恩回家。

夏洛特進了一間酒館，坐下來跟工作人員談話。她在喝完酒準備離開酒館時，藍尼走了進來，跟她打招呼的方式是用力捶打她的胳臂。

她說藍尼因為她跟一名前男友說話而感到很不高興。她從廁所出來後，發現他坐在吧檯喝著一大杯啤酒。她不太記得接下來發生了什麼，總之他們倆又喝了幾杯。

夏洛特當時跟藍尼交往了一年多，邂逅的原因是他搬到她家的隔壁。他有個兒子，但監護權被判給他的前女友——他說是因為他酗酒的問題——他經常為了探視兒子而跟前女友產生糾紛。

正如我們之前談到的，家暴行為可能發生得突如其來。藍尼酗酒、具反社會傾向及易怒的個性，使得他和夏洛特交往不久後便經常發生口角。再加上藍尼容易吃醋，這更是雪上加霜，不僅為夏洛特造成了嚴重的後果，也為藍尼自己帶來了致命的結局。藍尼曾指控夏洛特不忠，就算他自己在外頭偷吃——「我想怎樣都行。」——他這種以自我為中心的自戀心態，在法醫案例中十分常見。

藍尼不僅想控制夏洛特，也想控制她的家人；他辱罵她的朋友們，說她們是寄生蟲和蕩婦。與此同時，他還經常在週末去斯文敦鎮見他的前女友，而她則會傳簡訊給夏洛特，嘲笑她被劈腿。

儘管如此，多數的口角還是因為藍尼的醋意，尤其當他發現她臨時不在家，便會引發激烈的爭執。他每晚都喝高酒精濃度的啤酒（例如田奈特啤酒），他的酗酒問題在近幾個月變得更為嚴重，而他也越來越常出口傷人。

夏洛特表示，從她刺死他的九個月前開始，他們倆的口角便逐漸惡化成肢體衝突。他對她的毆打令她感到既害怕又受辱，她試過結束這段關係，但每當她叫藍尼離開她家時，他都充耳不聞。之後他們又發生了更多口角和毆打，最後一次發生於她行凶的一星期前。

男子對女伴做出的虐待（日後因此被女伴殺害）不僅限於肢體傷害。安吉拉．布朗恩（Angela Browne）在其著作《受虐女性殺人事件》㊵中指出，只有在受虐程度嚴重升高時，才會使置身於這種處境的女性從受害者轉變成殺人犯。布朗恩指出，除了肢體虐待之外，這些女性也可能遭遇長期的性虐待——司法精神科醫師吉爾．梅齊（Gill Mezey）研究了十七起「受虐女性殺害施虐者」的案例，發現她們大多經歷過嚴重的肢體、心理、情緒和性虐待，而性虐待包括批評女伴的體型和樣貌、控制避孕措施、出於醋意而指控女伴不忠、迫使女伴賣淫、透過威脅和暴力迫使女伴接受性行為、用物品侵入女伴的陰道（有起案例甚至強迫女伴和一隻狗進行性行為）㊶。

我在C1區完成其他訪談後，匆忙地泡了一杯即溶咖啡，撒了一些奶精粉，便開始與護理師和獄卒們討論案例。

確認沒有任何案例可能發生災難後，我來到職能治療的勞作教室，裡頭的職能治療師正在為一群較脆弱的囚犯們上課。擔任治療犬的是一隻名叫奎福（Quiver）的拉布拉多犬，牠正在桌底下打瞌睡。我拿著鑰匙離去，走過厚重的鐵門來到中庭，一群囚犯正在照料這裡的花圃。

霍洛威監獄建於一八五二年，曾收容當年發動絕食抗議，卻被強制灌食的女性參政運動者們（Suffragettes），後來的囚犯包括邁拉·辛德利、我的阿姨喬治娜，以及露絲·埃利斯（Ruth Ellis）——英國最後一名被吊死的婦女（於一九五五年行刑）。該監獄於一九七〇年代重建，如今有五層樓高，其中的三面為不規則三角形。我沿著步道走過監獄周圍，經過隔離區後又穿越活動區，這裡有美術工作室、健身房，甚至還有游泳池，這確實是罕見的奢華監獄設施。這座監獄在工作人員用餐、換班及晚上時都必須封鎖，每個獄區（收容三十名囚犯；每間牢房有四張床）只有一名獄卒看管。我走過一道道沉重的格柵門，將門在身後鎖上（牆上有張海報寫著「鎖上並確認鎖好」）；最後一道門砸上時，我戴著戒指的左手手指被卡在門縫裡——劇痛令我意識自己的指甲被夾到，而指甲底下出現了一片瘀青。這片瘀青花了半年的時間才完全復原，而在這六個月裡，夏洛特的案子也已經進入司法程序。

總之，我完成了今天的工作，離開了霍洛威監獄。

我平時在完成監獄評估的工作後，需要通勤超過一小時才能回到家，但霍洛威監獄離我家很近。這固然是優點，但也意味著我沒有足夠的時間從「法醫世界」轉換成「洗澡後為孩子們朗讀睡前故事」的心情。我喜歡在開車或騎單車的路上用音樂、收音機新聞或前方的道路來清空思緒；如果是搭列車，我就會閱讀書籍，通常是非虛構的短篇作品，例如《蛾摩拉》、《塔影蜃樓》、《不尋常的起因》或一些北歐的犯罪小說，我會藉由這些逃脫平時處理的那些衝突或謀殺案件。

我並非無法消化法醫工作的相關內容，但我也不否認它們經常讓我產生反應。我會與同行討論一些令人難受的案件，有時候是在幾年後，有時候則是在我們於酒館舉行的年度聚會上，但我有時候還是必須將那些案件藏在心底（除非是那些一定會被公諸於眾、非常聳動的案件）。

另一個對我有好處的方法，是和一些非法醫界的人相處，例如與以前的同學在晚上出門喝杯啤酒。我大部分的老同學都離開了倫敦，但其中一名——布萊德——後來進了ITN新聞臺工作。他平時忙著報導電影首映或參加記者會，但某次我走出老貝利法院時遇到一群記者，他們正等著某件重大案件的判決，而布萊德就是其中一人。我們倆雖然職涯不同，偶爾也會短暫相遇。

幾星期後，我被告知有名精神科醫師奉命為辯護團隊撰寫獨立報告（該團隊打算為夏洛特提出部分精神病抗辯），而皇家檢控署要我提供第二意見。

夏洛特如果被判終生監禁且最少服刑十五年，就會完全錯過她的孩子們的成長時光，包括只有三歲的連恩。這會對她的孩子們造成什麼影響？把母親關進牢裡，就等於是連帶著懲罰孩子。我太熟悉這個問題，因為我曾造訪過我表姊漢娜所待過的那種令人窒息的「照護之家」。

在我的阿姨喬治娜的頭兩個孩子都夭折後，每個人都非常重視漢娜的安全和福祉，因此她不能跟她的母親一起生活。然而，喬治娜卻堅持要漢娜住在附近的照護之家，以便自己能定期探望。也許「被領養」對漢娜而言是更好的選項——住在育幼院裡並與一個不穩定的母親偶爾見面，對孩子來說不可能好受。漢娜雖然在人身方面很安全，但情緒發展方面又受到了什麼影響？我承認自己時常想到這個問題，尤其當我日後開始在醫院照顧年輕女性的時候。

皇家檢控署似乎特別急著處理夏洛特的案件，他們要我在辯方交出報告前先交出自己的報告。辯方的報告有所延遲，因此法庭對辯方的精神科醫師發出了證人傳票，要求對方去法庭向法官說明報告為何會延遲。這麼做想必是為了避免其他人也有所推遲，刑事法院不接受「我的作業被我的狗吃掉了」的這種藉口，他們會要求你在提出任何口頭證據前先宣誓你沒說謊。

就道德層面而言，治療患者的醫師在某些「刑事責任」類的法律上提供專家意見，可能會形成利益衝突（民事法庭對此明言禁止），但我在擔任精神科主治醫師的時候，還是必須向法庭說明：「被告是壞或瘋？」，以及「該送醫或坐牢？」當時的作法，是由監獄精神科醫師來處理皇家檢控署所交代的差事，由於我在夏洛特行凶幾天後（而非幾週後）便見過她並評估了她的精神狀態，因此我的看法便顯得更有分量。

我再次見到夏洛特時也問了她打算如何認罪。她告訴我，她不承認「蓄意殺人」，但會承認「過失殺人」。但「蓄意殺人」這個罪名的問題是，皇家檢控署只需要證明被告有意對受害者造成嚴重的「傷害」即可，而非有意「殺死」，所以這對她來說十分不利。

夏洛特淚流滿面，但在我的溫柔鼓勵下，她繼續說出她對事發經過的說詞。

那天，她和藍尼一起離開了酒館，一名朋友開車送他們回家。她的兒子凱文坐在電視機前，空的炸雞桶被塞進廚房裡早已滿溢的翻轉式垃圾桶。夏洛特準備上樓查看雪倫和連恩，但藍尼突然追了上去並出拳揍她，同時還拉扯她的頭髮，甚至扯下了幾根。

他們兩人互相咆哮，藍尼朝她的臉吐口水，搥打她的腦袋。「他罵我是『骯髒的蕩婦』……問我為什麼跟前男友說話？」

反社會男性心中的特權感和嫉妒實在常見得令人想吐吧？這類由酒精、嫉妒和暴力組成的情境，在男性殺害女性的案件中著實常見，這種案件是至死方休的打鬥，而絕大多數都是男性獲勝。

夏洛特對當時的印象「有點模糊」。她進了兒子們的臥室換床單，但藍尼依然還在罵個不停。

「我叫他滾出我家，但他拒絕……我在家裡走到哪，他就跟著我罵到哪。」

她為了跟他拉開距離而下樓，打算打電話求助或想辦法讓他離開家門。但是藍尼擋住前門，拒絕讓路給她，而在她試著走向後門時，他又繼續擋住她的路。

夏洛特說她返回廚房，看向放著諸多刀具和餐具的流理檯。她對我描述這件事時滿臉是淚、泣不成聲，我遞給她一張面紙，但不想打斷她說話。

「我只是抓起手邊最近的東西……一把很長的菜刀。我當時的想法是，只要我的手裡有刀，他就不會靠近我。」

「現在回想當時究竟發生了什麼……我真的覺得很尷尬……」

她當時衝向門口，但又被藍尼攔住。

「我唯一想做的就是離開公寓……但藍尼開始走向我。我把刀往前一挺……我沒有要用力刺他。」

「我以為他只會被刀子稍微刺傷。」

他被刺後仍繼續四處走動，因此她把菜刀丟進一個盒子裡便上了樓。

她感到疲憊不堪，加上她還有點酒醉，因此對整件事的印象有些模糊。她披頭散髮地在自己的床上坐下，之後因為想抽菸而回到樓下，這才發現藍尼「癱坐在牆邊」。

但因為他平時喝醉後都會像那樣坐著，因此她一開始還沒意識到哪裡有問題。直到她終於發現他不是喝醉時，便大喊著要女兒雪倫叫救護車。

這件事「感覺像個玩笑」，她說：「感覺不像真的。」

「就算到現在也不像是真的……我還是不敢相信他死了。」

我們今天只談到這裡。夏洛特情緒激動到開始過度換氣，因此我結束了今天的訪談。一名獄卒安撫她，接著送她回獄區。我把筆記塞進肩背包，趕著去伍德格林刑事法院參加下午兩點的量刑庭。

我通常會將我的工作分為上午和下午兩個部分，我會在從上午的地點前往下午的地點的路上吃午飯。與伍德格林刑事法院貧瘠的自動販賣機相比，霍洛威監獄食堂（由囚犯們製作）的鮪魚壽司捲是更美味的選擇。我今天將在伍德格林法院提供證據，說明我的一名戒備病房住院患者的刑期是否該加上禁制令。

我當時每個星期的工作至少會包括四個項目——監獄、醫院、授課及提供專家證言。如果有人打我的手機，對我說：「嗨，是我，彼得。」我會心想，哪個彼得？戒備病房的護理長彼得？路德蓋特山皇家檢控署命案團隊的彼得？或是霍爾本警察局公眾保護部門的彼得？霍洛威監獄管理層的彼得？還是要來幫我修理家中熱水爐的水管工人彼得？

我已經習慣在臨時接到命令後著手處理案件，而在前一晚複習相關文件對我有很大的幫助，否則我只能在法庭後側迅速地看過我的報告。

但至少我能到處跑，而不用整個星期都被迫坐在同一張辦公桌後面。一般的專科領域都是患者去見醫師，但法醫患者大多被拘留、無法走動，而就算他們能走動，也絕對不會想去見司法精神科醫師。我當年為什麼不去唸微生物學？所有的培養皿都放在同一臺冰箱裡，正如那名殺害妻子的吝嗇醫師——二手的實驗室冰箱是最棒的生日禮物。

我後來收到皇家檢控署的夏洛特案文件。最初幾份是證人陳述書——賈斯汀．艾金森（Justin Atkinson）確認了藍尼和夏洛特曾去過酒館，而且「喝了不少」。

另一名證人是夏洛特的鄰居，這人描述了當時酒館外頭的狀況：「大約晚上十一點四十五分……我注意到有個提高的女性嗓音，以及另一人的聲音……那女的說：『別再打我……你如果這麼做，我會離開你……他要打我……這次我會離開。』」

萊恩．庫柏（Ryan Cooper）聽見：「好幾聲『他媽的』。男聲和女聲都有好幾句髒話……」

鄰居唐娜．艾德華（Donna Edwards）表示：「我在半夜十二點四十分被吵醒，有個女性嗓音歇斯底里地尖叫……我聽不清楚她在喊什麼……」

而房子裡唯一的目擊者是十歲大的凱文．史密斯——夏洛特的兒子——他說：「我來到樓下，藍尼和我媽在這裡……我媽舉起一把刀，藍尼對她說：『刺我啊！快動手。』然後我看見刀子刺了進去……血湧了出來……」

警察和救護車抵達現場時，夏洛特跪在藍尼旁邊。醫護人員試著急救他，但他顯然已經因為失血過多而死亡。廚房地板到處都是尚未凝結的血，因此滑溜難行。警察立刻對夏洛特做出權利告知，並將她因涉嫌謀殺而逮捕。

她對權利告知的反應是：「他沒事吧？我們只是在打鬧……我無意傷害他……是他先開始的。」

第十八節

霍洛威監獄深受其設計所苦。我的阿姨喬治娜待過這棟建於一九五〇年代末期（維多利亞時期）的老建築，而這座監獄在較為自由且充滿希望的一九七〇年代重建，當時的設計向醫院看齊，因此女囚能在戶外走動、工作、上課或參與實用的活動。側翼建築與其他區域隔離開，僅用來睡覺；狹長形的走廊，則用來避開一般維多利亞時期監獄的那種輻射狀造型。

就現實層面而言，側翼結構很難只透過一名獄卒來監視所有的囚犯，因為囚犯平時是待在關上的牢門後面。部分獄卒因為太熟悉這些問題，同時也擔心囚犯的狀況，因此沒等政府指示便主動進行了一些計劃——為了減緩「入監」對囚犯造成的衝擊，有些獄區會專門為囚犯提供戒毒治療，有些會提供海洛因戒斷療程，有些則會照顧孕婦或母親與嬰兒，另外，C棟還有間精神健康評估室。在「終生監禁」的獄區裡，獄卒們會協助這些囚犯接受「自己將坐牢許久」的事實，並想辦法透過教育和訓練，來讓囚犯更好地使用時間。當時的監獄提供了充足的法醫心理治療（大多是女囚出獄後很難獲得的服務），也與一些機構例如撒馬利亞救援會（the Samaritans）合作，訓練獄卒如何「察覺」囚犯的痛苦跡象。

「入獄首夜」的牢房鋪有地毯和軟墊，好讓初次坐牢的囚犯更能適應「從外頭的世界進入牢裡」的嚴酷現實。我某天來到這裡時，看見一些工作人員正輕聲交談，並喝著茶及熱巧克力。

我這次是為了訪談安柏（Amber）而前來，她是名十八歲的高中生，昨晚因「共同殺人」的罪名被還押於此。這起案件聽起來是凶手為了報仇，而蓄意殺害了一名性虐待者，然而安柏參與案件的程度卻引發爭議。雖然法律對「一時失控」、「受到挑釁」和「自我防衛」所引發的凶殺案有所寬容，但你如果是在經過一段時間的思考後，為了報仇而殺人，那麼無論你受到何種挑釁，都將被法律視為蓄意謀殺。

安柏個性天真、脆弱且不懂得人心險惡，因而被格雷戈里騙進他的公寓；格雷戈里是名油嘴滑舌、魅力四射的三十歲男子，擁有一輛時髦的BMW。他給她灌了大量的雞尾酒，接著逼她看色情影片並強姦了她。

事後她為此感到羞愧，怪自己配合他，因此一開始她沒有告訴任何人，直到一星期後才忍不住向男友夏恩（Shawn）坦承此事。夏恩聞言大怒，說服她將強姦犯騙去芬斯伯里公園旁的一座電話亭與她見面，她以為夏恩只是「要用拳頭揍他、給他一個教訓」。然而，格雷戈里抵達現場後，夏恩和另一名朋友卻手持球棒上前。

「我沒想到他會被人用球棒攻擊。我真的不知道……」

格雷戈里被一支金屬球棒和一支木質球棒毆打致死，成了謀殺案的受害者，而安柏則成了謀殺案的共犯。她入獄的過程因為「入獄首夜」的牢房而有所改善，她將在案件審理期間住在霍洛威監獄的集體牢房裡，繼續修習學校的課程。

她是否對強姦事件產生突來的壓力反應？這種反應是創傷後壓力症候群的前兆（突來的回憶／閃回記憶、高度警戒和避免人際互動）。這個可能性是存在的，但「誘騙格雷戈里赴約、挨打」的這件事，可能使陪審團判定她當時「意圖」讓格雷戈里「遭受嚴重傷害」。若檢方能證明她是「謀殺共犯」，她便有可能被判謀殺罪，就算她未曾動手殺人。到頭來，法庭並沒有要求精神科證據；皇家檢控署接受了辯方的認罪協商。

布蘭特・吉布森（Brent Gibson）：謀殺罪名成立。終生監禁；最少服刑十二年。

夏恩・艾略特：謀殺罪名成立。終生監禁；最少服刑十三年。

安柏・道森：與凶手共謀，意圖使人造成身體傷害。刑期兩年半。

我的長子在這段期間開始上托兒所，我通常會在傍晚六點去接他（盡量試著提早），回家後一起坐在地上陪他玩木製火車，唸故事書給他聽或一起看兒童電視節目。

我在家時會盡量避免談到自己的工作，就算我的妻子也在類似的領域工作，並且能夠提供我很好的支持。比起聊聊工作方面的事，我更想整理工作對我造成的情緒影響。然而，我還是會將工作上的許多問題帶回家，我相信許多職業都是如此，例如官僚作風所造成越來越嚴重的管理主義，或與一名麻煩的同事所產生無聊的爭執。我寧可花時間聆聽我以前的CD和黑膠唱片；我是在一九七〇年代末期和一九八〇年代初間長大的，我收集的唱片包括吉爾·史考特海隆、大衛·鮑伊、衝擊樂團、The Jam以及蘇西與冥妖樂團。我不想讓我的家人被我每天面對的人間慘事影響，但有時候這兩個世界還是會有所接觸。

某天晚上，我離開霍洛威監獄，心思已經遠離了C棟獄區和終生監禁牢房；在我為躺在尿布檯上的兒子換尿布時，兩枚硬幣從我的口袋裡掉了出來，落在兒子的旁邊。一枚是十便士硬幣，另一枚則是小小的五便士硬幣。

我的兒子開心地咯咯笑並向硬幣伸手，我突然意識到自己找不到那枚五便士硬幣。我勉強按捺住自己的驚慌失措，我將手伸進兒子的嘴裡，但什麼也沒找到。**難道硬幣卡在他的喉頭裡？**我說服自己相信，他有稍微流口水。

因為我平時總是過度謹慎，再加上我待過兒科，我深怕他可能被硬幣卡住氣管。我急忙將他送去惠廷頓醫院的急診室，裡頭的檢傷護理師很同情我的遭遇。她要我等住院醫師來見他，也答應會為我的兒子照頸部X光，如此便能讓我確認我只是虛驚一場，或證實我兒子確實需要動喉鏡手術。

我試著壓抑驚慌失措的心情，我擔心兒子隨時可能停止呼吸——我過去在醫學院時曾處理過類似的案例。最後，我做出身為醫師最討厭的行為——我靦腆地來到一名工作人員面前，表示自己的醫師階級並出示我的主治醫師證件，說明我的困境。她欣然地簽字答應安排照X光，讓我不用繼續心驚膽顫地等下去，接著我們一起坐在X光部門外頭等候。

在等放射攝影師到來時，我瞥向旁邊的一條走廊，注意到有名年輕的女患者被銬在一張輪床上。我走向她，意識到她是霍洛威監獄的囚犯，而一名男獄卒則在她的身旁看管。

這名年輕女子顯得老神在在，但我覺得她不應該被公然地銬在醫院的輪床上，身邊甚至還只有一名男獄卒。

他們顯然不想多派一名獄卒前來，但又不能讓囚犯逃走，我覺得上銬這種手段過了頭，也為囚犯帶來不必要的羞辱。幾年前曾有名女囚被銬在病床上分娩，當時便引發了激烈的爭論。當時《英國醫學期刊》（*British Medical Journal*）甚至出現了「不要照顧被銬著的患者」的標題㊷，然而，照顧囚犯的醫師們則指出囚犯應該獲得醫療的照顧，就算囚犯可能因為逃跑或做出暴力行為而必須被拘束。關鍵問題在於，囚犯也有權獲得良好的醫療照護，雖然在保安措施不夠完善時可以採取臨時的手段，但同時也應該盡量尊重患者的隱私和尊嚴。

考慮到道德層面，我暫時放下了身為家長的焦慮，差點向那名獄卒提出質疑，但同時又意識到這行為有所不妥——有時候你就是必須把工作放下，雖然這還是很令我難受。

頸部X光確認我兒子的咽喉裡沒有硬幣，他咯咯笑地讓我帶他回家——他八成以為我是為了逗他開心而帶他去逛醫院。

就算我當時正忙著處理家庭危機，思緒卻還是難免被抓回監獄的世界。

同一星期，皇家檢控署寄來了更多夏洛特案的文件，我在書房的辦公桌前坐下，拆開信封。

我的兩個兒子正在隔壁房間裡的上下舖上睡覺，因此我早已降低了CD唱機的音量（正在播放《失學的羅倫．希爾》），我又啜飲了一口咖啡，便開始瀏覽犯罪現場和驗屍報告的相片。

前幾張相片是一棟房子的外觀、側巷和前門。接下來幾張則是房屋的內部──廚房裡有一大堆匆忙拆開的酒精棉布和紗布，地板上有幾片漩渦狀的紅漬，顯然當時有救護人員因踩到藍尼的血而打滑。

藍尼的肌肉發達又結實，體格類似超輕量級拳擊手。他穿著吊帶長褲且沒穿上衣，雙臂上有刺青。兩邊肋骨間有一條寬度不到一吋、切口整齊的橫向傷口，位於左乳頭上方約兩吋處；傷口的中間處微微敞開，邊緣是發黑的凝結血塊，可以清楚看到其中染血的黃色脂肪組織。

在另一張相片裡，他的心臟已被取出，有一支解剖桿伸進其中，指向切口整齊的橫向傷口，這道傷比胸膛上的外傷短一點，直穿左心室的肌肉厚牆，也就是心臟用於輸送血液的主要部位。

這道傷堪稱「完美」──想要一刀刺死一個人，這就是最致命的部位。

負責此份驗屍報告的福克斯醫師（Dr Fox）寫道：「左前胸有一道穿刺傷……這道傷直直地穿過左胸，往前直刺，而且稍微往內……受害者可能不會立刻倒下……遭遇這道致命傷後應該還能做出某種程度的活動，持續一小段時間……」──這符合夏洛特的說詞──「按照傷勢的方向判斷，凶手和受害者對峙時是以右手持刀，刀鋒位於拇指和食指之間……死者的手或胳臂上沒有防禦傷的痕跡。」

藍尼這種「被女伴殺害」的命運相對較為罕見。二〇一九年的英國統計數字指出，只有百分之八的男性受害者是被其伴侶或前任所殺；相較之下，百分之四十八的女性受害者皆是被伴侶或前任所殺。大多數的男性受害者是在打鬥或搶劫中被陌生人或熟人殺害，或因為毒品或幫派相關的暴力事件。

殺害親密伴侶的女性，多數都曾遭受害者虐待。因此在這種案例上，受虐女性算是在「跟施虐者至死方休的決鬥中獲勝」（「不是他死就是我死」）。但更常見的是，女性受虐者根本沒有勝算——致命一擊突如其來，就像傑伊．瑞迪在突來的狂怒殺意下，殺死他的妻子珍娜特。

夏洛特為什麼會置身於這種虐待性質的關係？她為什麼無法離開？她為什麼最後會殺掉施虐者？

無論藍尼的行為多麼惡劣，「為了報復而殺人」都會被法律定義為謀殺，而既然夏洛特的律師不太可能提出她是因為自我防衛而殺人，那麼，她要如何避開終生監禁？

她在訪談中告訴我，她的生父在她很小的時候就拋棄了妻女，因此她的母親派翠西亞後來嫁給了柯蒂斯（Curtis．，其暱稱為「喬迪」（Geordie）），而這名繼父從她小時候就對她施加肢體虐待。

喬迪對她母親也經常暴力相向，派翠西亞經常為了保護夏洛特，而安撫這名有施虐傾向的新伴侶。

夏洛特在學校裡適應得並不好。她從十四歲開始便經常喝酒，在十五歲退學後便不曾繼續受教育。她在進入青春期後開始自殘，像是割腕或嗑藥過量——她曾去看精神科醫師，並因自殺風險而短期入院。

她的第一個正式交往對象是羅素。她認識他時還不到十九歲，但在她二十出頭時他們便分開了。羅素經常在喝酒後出現暴力傾向。

她離開羅素後，認識了同樣具有暴力傾向的納撒尼爾（Nathaniel），他不只一次把她打成熊貓眼。後來又遇到了同樣愛喝酒的比利，社福單位因為他嚴重的酗酒問題，而拒絕讓他跟她的孩子們有任何接觸。

與此同時，夏洛特自己的酗酒問題也持續惡化。她為了減輕戒斷症狀而在一大早喝酒；後來終於進入戒治中心，並獲准留著她最小的孩子（在專人監督下），其他年紀較大的孩子們則被送去短期寄養。

她成功地戒酒了十八個月……直到遇見藍尼。

夏洛特被診斷出患有邊緣型人格障礙——這在霍洛威監獄很常見——他們經常置身於不穩定且激烈的關係、具有不穩定的自我意象（self-image）、衝動行事、具有重複不斷的自殺行為、威脅或自殘行為並且情感（情緒）極度不穩定。邊緣型人格障礙的起因，幾乎都與曾在小時候遭遇某種形式的嚴重虐待有關。

這類患者經常被精神科單位拒收或被視為「無法治療」（這類治療現在已較容易取得），要提供這類患者幫助極具難度，因為他們總是喜歡挑釁或刺激旁人，他們有時候甚至希望治療師拒絕他們。

此外，這類患者因為曾遭到冷落（母親無法保護孩子免於受虐）和性虐待（變態的繼父）而深信每個人都會令他們失望或利用他們，也因此他們可能會做出某種行為以刺激旁人做出最糟糕的反應，而諷刺的是，他們的悲觀期望也經常因此成真。

我會特別注意這些衝動行為，如同我先前曾說過的，我必須注意自己的反應，以及我對患者產生的「反移情」（counter-transference）——如果有名患者使我覺得惱火、生氣或憤怒，我必須將這種反應當成線索，而非視而不見。

這種互動經常發生於治療場合。當治療師使邊緣型人格障礙患者感到失望，例如遲到、取消療程或跑去度假，患者便可能因此嚴厲詆毀治療師、產生災難性的想法、提出嚴苛的抱怨或重複做出自殘行為。因此治療這類患者時，必須表現得前後一致且可靠，因為他們很難適應突如其來的事件。

法醫環境裡的治療師經常需要採取較為折衷、為每一名患者量身打造的心理治療，一些隨機對照試驗指出，部分治療方式能確實帶來效果，同時提供治療師和患者一種共同的語言以討論並反思某些不良的情緒和行為。

使用「認知行為療法」能讓治療師和患者一起瞭解某個行為（像是憤怒、自殘和吸毒）；這種療法擁有完整的架構，並且需要患者「做功課」，以試著改變患者的精神狀態或行為。

而心理學家瑪莎·萊恩漢（Marsha Linehan）則發展出一套有效的療程，以處理自我傷害的案例——專注於「辯證行為療法」（或兩個「極端」之間的調停），透過類似「禪」的態度接受不良行為，並試著透過「問題解決」和「能力訓練」來改變這些行為。

另一種用來治療邊緣型人格障礙的有效方式是「心智化治療模式」（mentalisation-based therapy），最初是由安東尼·巴特曼（Anthony Bateman）和彼得·福納（Peter Fonagy）所發展出的精神分析法[43]——侵略心態和情緒危機等症狀，被視為具有象徵性和動態性的含意，患者會以適得其反的方式來壓抑心中痛苦，而心智化治療模式則是結合了進化科學、心理學、神經科學以及有關「依附理論」的心理治療。

部分學者認為，患者是因為跟父母之間的「不安全型依附」而無法自我反省，也無法明白其他人的慾望、意圖或想法。這項理論認為這種疾病起因於神經科學——早期的不良依附，可能促使患者不再使用大腦的前額葉皮質（以進化論而言，此區域是所謂的「社會腦」，負責進行計劃、工作、記憶和期待），同時過度使用「後皮質」（大腦裡較為原始的區域，負責提高警覺、「戰或逃」和選擇性注意力）。而任何後續創傷都可能破壞患者「洞察他人心思」或「自我反省」的能力，使得患者不知所措且無法控制自己，更可能因此產生不良的情緒狀態，或透過衝動行為做出暴力舉動及「鬧事」。

患者在接受治療的時候，治療師會小心地啟動「依附系統」、刺激患者的好奇心，並

「小心地控制」任何情緒上的親近感，以免迫使患者再次啟動「大腦後皮質」或再次被大量情緒搞得不知所措。

我知道以上這一切聽起來就像冗長又費解的亂碼，就連曾受過訓練的我也這麼覺得，但這些都是為了找出一種可測量的一致技巧，以提供邊緣型人格障礙患者可複製的療法。

在法醫環境下談到心理治療就必須談到「心理分析治療」，它又經常被稱作「精神動力取向心理治療」（psychodynamic therapy），因為這種名詞比較容易理解。

你可以問問任何精神科醫師或心理學家相不相信「潛意識」，我自己是相信的，而在某種程度上，英國的精神科醫師們又可以被分成兩派——相信潛意識（也因此較能接受精神動力學的相關概念），以及不相信潛意識。其分歧點是「證據」（又或者該說有些人認為「沒有證據」），部分研究結果支持精神分析概念的神經科學原理，例如前腦在「作夢」方面所扮演的角色，以及某些心理治療的好處，有些實驗甚至發現心理治療的效果媲美抗抑鬱藥物。

精神動力取向的心理治療，旨在探索我們尚未完全瞭解的「自我」，尤其當患者在接受治療時所揭露的自我（請見史蒂芬．格羅斯（Stephen Grosz）所著的《說不出的故事，最想被聽見》（*The Examined Life*）㊹）。精神分析取向的心理治療會專注於患者的情緒、重複不斷的自我挫敗行為、昔日經驗（例如早期依附對象）以及與治療師所建立的關係，並且幫助患者更瞭解自己在現實生活中與他人之間的關係㊺。

在精神動力取向心理治療中分析醫病關係，可能會讓一般的法醫患者覺得不知所措，然而，精神動力學所提供的洞察力能為治療團隊帶來許多好處。

在英國，開藥的精神科醫師不會提供談話治療，我們傾向於讓「藥物」和「談話治療」分開，也會請心理學或心理治療的同行在同一時間提供相關服務；在美國，雖然精神分析心理治療已不再是醫學界的首選，但少數門診精神科醫師還是會提供這種療法，也就是說，療程會同時兼具開藥與心理治療。例如，美劇《黑道家族》（*The Sopranos*）裡的珍妮弗．梅爾菲醫師（Dr Jennifer Melfi），除了開抗抑鬱藥「百憂解」給黑幫頭目東尼．索波諾（Tony Soprano），同時也提供談話治療，讓他更瞭解自己為什麼會出現恐慌症狀。

我認為司法精神科醫師應該包容並探索患者的人格障礙和自我傷害行為，但並非所有精神科醫療人員都有同感。我在進入精神科之前在急診室工作，當時便曾見過一些態度苛刻的工作人員——通常針對服藥過量的患者會有兩種治療方式，第一種是洗胃（就像艾爾頓．強在電影《火箭人》中那樣），這個辦法最有效，但經常會使現場骯髒不堪，並為護理人員帶來更多麻煩；另一種辦法則是提供催吐劑「吐根酊」，這個辦法效果較差，並且會引發劇烈、痛苦與不自主的嘔吐。資深的工作人員通常會選擇洗胃，但部分脾氣較硬的護理師會將自己心裡的不良反應發洩於自殘患者身上，並且總是提供他們催吐劑。如此便能避免洗胃所造成的凌亂後果，但我相信他們這麼做是疏於考量，或甚至是故意懲罰這種患者——他們因為自殘行為而佔用了病房。

面對夏洛特這類患者——有著邊緣型人格障礙、容易重複自我傷害、企圖自殺——我們要如何判斷何時該認真看待他們？答案取決於他們選擇的自殺手段有多致命，其中涉及了自殺的「矛盾心態」——患者經常在事後感到後悔，也可能「臨時改變心意」。

如果患者服藥過量，通常洗胃、活性碳或解毒藥就可能救他們一命，而這種自殺手段也更可能出現於「哭著尋求幫助」的患者當中。然而，如果患者使用的是能迅速致命的手段，就很有可能來不及後悔——自從煤氣（一氧化碳中毒而迅速致命）被天然氣（致命程度遠比煤氣低）取代後，自殺率下降許多。

在監獄裡最常見的是上吊——只要用某種東西纏住頸部就可以，例如布條、鞋帶或皮帶。上吊會迅速造成昏厥，使得心跳因為迷走神經刺激而減慢，最後窒息而亡。因為上吊實在太常見，霍洛威監獄因此為所有工作人員配發了一種塑膠製的割繩刀，其凹陷式的刀片能迅速割斷上吊所用的器具。

我太常見到自殺者所表現出來的矛盾心態。我後來被告知——我當時年紀太小而不記得——家族裡的殺嬰事件與夭折的嬰兒大衛，使我的外婆凱瑟琳因此陷入憂鬱。喬治娜的精神疾病所造成的重擔與社會的污名，嚴重影響了我的外公與外婆之間的關係，更雪上加霜的是外婆當時還得了乳癌。凱瑟琳說當時的一切都讓她無法承受，而她曾想在事情變得更糟時將腦袋塞進烤箱裡（當時的烤箱使用煤氣）。

作為一名精神科醫師，這樣的家族史能讓你學到一些東西。如果你在家族史或行醫期間都沒接觸過自殺案例，你理所當然會覺得事不關己——但在英格蘭和威爾斯地區，每天平均會有五名精神病患自殺——或者如果你只在急診室見過用刀片或輕微服藥過量所造成的非致命自我傷害，那麼在見到真正的自殺案例時，你會覺得自己像挨了一記耳光。

有些受訓中的精神科醫師會來到霍洛威監獄，並在我的監督下體驗監獄精神科服務。我經常鼓勵他們將一些有自殺傾向的囚犯轉介去接受精神科服務，只要這種服務可能對囚犯有幫助。

一名態度熱忱卻過度自信的資深實習醫師評估了阿蕊安娜（Arianna）——她是患有邊緣型人格障礙的年輕女子，因為做出了嚴重的自我傷害，而被監獄裡的全科醫師轉介至精神科。她當時只在監獄裡待了幾個星期，並因妨害公共秩序的罪名等著上法庭。阿蕊安娜算準了這名精神科醫師經驗不足，「你顯然是菜鳥……你很年輕——別否認。」她說。

他注意到她對自己的自殺嘗試顯得有點矛盾，但他也說她可能會再次試圖自殺。

「什麼時候？」

「我也不知道……總好過坐牢。我有點想死，但也有點不想死……我如果能拿回那份工作，就不會做這些蠢事，像是跟警察吵架、割腕、上吊……」

他認為一些藥物可能對她有幫助，但沒有開藥給她。他決定不把她轉介去她家附近的精神科服務單位（位於布里斯托），因為他認為她應該不太可能被送去醫院，加上她很快就會出獄——如果她有意願，她可以日後再就醫。

然而，她在出獄不久後從克利夫頓吊橋跳進雅芳峽谷——這種自殺方式無法反悔。

那名資深實習醫師是最後一名訪談過她的精神科醫師，他來尋求我的看法。他臉色蒼白地意識到自己必須站上死因裁判法庭的證人席，向死者家屬說明他當初為何那樣決策——這類經驗能成功地塑造出一名司法精神科醫師。

第十九節

「女性被伴侶虐待」的困境引發了許多爭議，女性經常因男伴試圖控制她們而被視為受害者。多數女性難以離開是因為害怕日後遭到報復、再也見不到孩子或甚至遭到「榮譽殺害」。

「習得性無助」（learned helplessness）便是為了解釋這種現象。學者發現，實驗鼠在重複接觸會帶來痛苦且無法逃離的刺激後，就會出現「冷漠」、「被動」和「失去動力」之類的症狀。

而認定自己無法逃離虐待關係的受虐婦女，是否也因此做出同樣的反應？這是否能解釋她們為何覺得無助、無望、低自尊且被動？

「受虐婦女症候群」（Battered woman syndrome）是指女性因為在親密關係中接觸暴力而出現的一系列特徵，憂鬱和無力感常使她們無法逃離充滿虐待的環境。但這種推論會不會太過簡單？美國政治學家唐納德．唐斯（Donald Downs）著有與受虐婦女症候群相關的書籍，他認為該症候群的概念「否定了婦女的思考能力……進而間接加害了這些受害者」。他認為女性經常採用「為了生存而採取的英勇措施，並且對施虐者抱持著正確且合理的觀感。若將受虐婦女描繪成缺乏理性思考和意志力的人，就等於否定了她們所做出的部分自衛舉動，並且間接對女性做出更多的傷害」㊻。部分學者則認為，當婦女被捲入暴力關係便容易使此種關係進而被強化，就算她們多次遭到虐待。

美術和文學作品對「反抗施虐型或暴君型男性的女性」會同時投以同情和責備，其中一例是「朱迪斯將亞述暴虐將軍赫羅弗尼斯斬首」的神話故事——最早記載於《經外書》（*Apocrypha*），現則成為「弱者擊敗強者」的代表性寓言故事。有些作品會描述女性如何打倒迫害者，例如描述義大利佛羅倫斯的民眾，如何勇敢地面對外國強權所帶來的威脅㊼。除了《經外書》，義大利畫家卡拉瓦喬也曾以一幅明暗對照法的血腥畫作，描繪朱迪斯這個經典象徵，在這幅畫中能清楚看見赫羅弗尼斯的斷頸噴出鮮血（當然，卡拉瓦喬對凶殺暴力並不陌生）。然而，部分殺了人的女性角色卻得到截然不同的反應，其中一例是英國小說家湯瑪士．哈代（Thomas Hardy）所著的《德伯家的黛絲》（*Tess of the D'Urbervilles*），黛絲在被比她年長、性格邪惡且喜愛操弄人心的艾力克（Alec）強姦後，人生因此走向悲劇的方向。她的愛得不到回報，還在無意間懷孕，而嬰兒最後不幸夭折。

到了故事的尾聲，黛絲意識到艾力克毀了她的人生，於是便殺了他。書中並沒有描述她殺人的那一刻，但發現艾力克遺體的工人說：「傷口雖然很小，但刀尖直達受害者的心臟。」這聽來很像夏洛特對藍尼所造成的那種傷口。有些人認為這個殺人情節象徵著「激情和英雄主義的悲劇時刻」，同時也說明了艾力克對黛絲造成了多大的傷害㊽。這部維多利亞時期的作品明確地表達：「對女人而言，幸福來自於穩定且快樂的婚姻。」然而哈代卻表示，身為神職人員的男性無法將「愛情」看得比維多利亞時期的社會傳統更重要。哈代顯然希望讀者同情黛絲，甚至覺得她的罪行情有可原，但他最終還是沒讓她逃離「試著掙脫自己遭遇的拘束」所造成的後果——她被判謀殺並被吊死。

換作二十一世紀的今天，夏洛特將會有何經歷？法庭會如何判定她的案子？她會被譴責？受到歡呼？還是介於兩者之間？

夏洛特被診斷有憂鬱症、酗酒問題、邊緣型人格障礙以及受虐婦女症候群，換作包括美國在內的其他國家，她可能會被控「三級過失殺人」的罪名。但在英國，夏洛特面對的是「蓄意謀殺罪」，下場是強制終生監禁，除非她能提出有效的辯護——「被告曾經歷虐待」這個理由在許多司法管轄區是不夠的，但也許能構成其他的法律辯護。

針對「受虐婦女的謀殺法律」的研究，揭露了世界各國如何看待這種案例。在澳洲的維多利亞州，辯護律師可能使用「社會框架證據」來解釋被告的自衛行為；而在美國，法庭則會在評估被告的自衛行為是否「合理」並考量被告曾經歷的家暴，這會影響法庭對「被告在行凶前是否真心相信自己可能受傷或死亡」的判斷。

這也可以套用在夏洛特身上，因為她在動手時一定「真心相信」藍尼會再次毆打她。但針對她使用菜刀的這件事，是否屬於「合理的武力」？香港接受「受到挑釁」這樣的辯護理由，而印度法庭也承認「慢燒型」的長期挑釁；在波蘭，曾遭受虐待或許能構成「受到挑釁」、「精神失常」或「情有可原」的辯護；巴西的判決則較為隨意，判例法會因為接受「重要的社會和道德觀等相關理由」（例如家庭虐待）而減輕其刑期；在日本和西班牙，這類案件獲得刑期減輕更早已成為常態，而在澳洲的新南威爾斯州，這類案件的被告也曾被判處非監禁刑。然而，殺害施虐伴侶的受虐婦女，在英國很難宣稱自己是為了自衛，而一旦自衛抗辯成功，被告就能被無罪開釋。

夏洛特案發時唯一的證人凱文指出，夏洛特是在被藍尼挑釁後拿刀對準他，而非在被他動手毆打的時候，因此陪審團應該不會接受「合理的武力」這個理由。但在受虐婦女的案例上，「受到挑釁」的判例法不僅複雜，還經常改變。在二〇〇一年，「受到挑釁」的抗辯（將謀殺罪減輕成過失殺人罪）不僅需要證明「死者曾說或做過什麼」而構成「挑釁」，還必須證明被告在案發時確實符合「一時失控」。

曾有些人在一九九〇年代末期試著在刑事案件上指出，對受虐婦女而言，她們可能長期處於受挑釁的狀態，儘管這並不完全符合法律對「一時失控」的定義。這些人也指出，男性能在家庭糾紛中「一時失控」地殺人，是因為他們做得到且力氣也較大。相較之下，長期受虐的婦女經常打不贏施虐者，除非——就像夏洛特的案例——她們能幸運地一刀刺進對方的心臟。也就是說，她們可能是「累積性」地失控，且必須挑選時機動手。這並非「報仇」，而是「慢性地失去自我控制」。

幸好我在剛進司法精神科時就經歷過這類案例，而醫學界的老話「觀察、實作、教學」即非常適用於這類案例。我在一九九六年迫不及待地準備首次實際運用我的法醫所學，我當時剛從雪梨工作回來，並且在當地的曼利醫院的精神病房工作了半年。我試著適應重返倫敦的生活，不時懷念起澳洲雪莉海灘（Shelly Beach）的白沙，以及下班後在北側海灘的海水裡游泳的時光。

我的上司吉姆．麥基思醫師（Dr Jim MacKeith）是司法精神科的先驅，他在丹尼斯希爾病房發展出一套「貝特萊姆法醫服務」。

麥基思醫師是名心思細膩且深具同理心的精神科醫師，我的許多同行都是他的學生，他後來專門處理翻供和司法不公的案件，與他合作的吉斯理．古瓊森（Gisli Guejonsson）是曾在冰島擔任刑警的法醫心理學家、地方法官。在一九七〇年代，被告可能單憑「認罪」被判定謀殺罪，然而，在部分有關「愛爾蘭共和軍」（IRA）的重大案件中（例如「基爾福四人案」（the Guildford Four）和「伯明罕六人案」（the Birmingham Six）），被告是在強烈的心理壓力下向警方「認罪」的，雖然這些認罪後來遭撤回，但被告仍因此被定罪並判處終生監禁㊾。吉姆、吉斯理和人權律師蓋瑞絲．皮爾斯（Gareth Peirce）曾成功說服法庭相信這些案件為司法不公，雖然當時的老貝利法院對精神科的專家證據抱持著高度懷疑的態度。

他們三人在翻供案上的努力帶來了強大的影響力，法律因此在一九八四年有所調整，並要求所有偵訊嫌犯的過程都必須錄音。另外，法律也改善了為嫌犯提供的法律代表，並限制嫌疑人在被起訴前的拘留時間。我在一九九六年於牛津刑事法院旁觀了莎拉．桑頓案的重新審理，她原本被判謀殺其丈夫馬爾康。

馬爾康．桑頓是一名酗酒者，曾多次襲擊和威脅莎拉，警方不只一次接獲通報並登門處理，馬爾康也曾被判傷害罪。一九八九年六月十四日，喝醉的他在莎拉回家後罵她是蕩婦，並威脅要殺了她和她的女兒菲歐娜（Fiona），還說會趁她睡覺的時候動手。

莎拉擔心自己的生命安全受到威脅，因此拿起一把刀。她試著讓他上床睡覺並等酒精的影響力消退，但他仍持續對她做出威脅，她因此刺了他一下，並且叫了救護車。

那一天，我和吉姆、蓋瑞絲、一名初階律師以及頭腦犀利、不怒自威的御用大律師邁克．曼斯斐（Mike Mansfield）在帕丁頓車站會合並一起上了列車。我當時繫了一條很難看的領帶——有著紅色鬱金香圖案的藍色領帶——我注意到曼斯斐對我投來惱怒的一眼。他的領帶確實比我的好——有著能夠表達獨立思考能力的深橘色的花卉紋路——但等他穿上御用大律師的黑袍和白領環，就看不見這條領帶了。

檢方表示桑頓是名病態說謊者，而這起命案是出於金錢因素，不適用於精神病抗辯。審判庭上一如往常有四名資深精神科醫師，而這四人的看法都不太一樣；曼斯斐的陳述非常有力，桑頓因此得到她的辯護團隊透過各種陳述所試圖得到的判決。一九九六年五月二十九日星期五，陪審團裁定莎拉．桑頓的謀殺罪名不成立，而過失殺人罪名則成立。然而，這無法說明她是否因受到挑釁而使責任減輕（此案例中的「心智異常」為邊緣型人格障礙）。而因為她在判決前已在牢裡待了五年，因此法官判定她已完成刑期，並得以當場離開法庭。

你可能會覺得這一切有些莫名其妙，但當時的法院不接受「長期受到挑釁」的理由，因為此種動機顯然太接近「報仇」，法院不願意開此先例。

這類案件的先例——也算是桑頓案的上訴範本——是柯蘭吉·阿魯瓦利亞案，她燒死了她的丈夫，並引發了國際關注。

柯蘭吉忍受了長達十年的家庭虐待，包括肢體暴力、挨餓和強姦。一九八九年春季的某天晚上，她的丈夫為了阻止她逃跑而試圖打斷她的腳踝，甚至還以滾燙的熨斗燙傷她的臉部。當天晚上，她便在他睡覺時往床上潑了汽油，並將他點燃。

柯蘭吉在一九八九年十二月被判謀殺。「等丈夫睡覺後才動手」的這一點，在法庭上成為「她有時間冷靜下來衡量自己的行為」的證據。換言之，她的行為被視為出於「報仇」，而非「一時失控」。

柯蘭吉的謀殺罪名因為一九九二年上訴的「責任減輕」而被推翻，但她「長期受到挑釁」的理由依舊沒被接受。

受虐者的地位並非毫無爭議。我先前說過，如果只將女性視為受害者，而不承認她是帶有某種侵略心態地參與此種關係（雖然是出於潛意識的理由），便等於否認了她的行動是出於她自己的能力。

女權主義提倡者埃琳·派齊（Erin Pizzey）發起了當代保護婦女的社會運動，呼籲世人不應將「女性受害者」和「男性加害者」一分為二，而應記得在許多虐待性質的關係中，伴侶雙方皆可能會對彼此做出口頭或肢體的攻擊，而處於此種暴力關係中的女性，也許會選擇「殺害伴侶」以外的行動。有些人則認為，伴侶雙方在部份關係中皆具有依賴性、攻擊性以及施虐與受虐等因素。

部分案例指出，並非所有殺害伴侶的女性都是受虐者，而其中一例就發生在我剛完成訓練之時，該案在當時被媒體爭相報導——在一九九六年十二月一日的清晨時分，身為兼職模特兒的吉賽爾·安德森（Giselle Anderson）坐在男友奧斯卡（其職業為公車司機）的車上，兩人因發生口角而停車，最後安德森刺了男友超過四十二刀。

在案發前，從來沒有人指證奧斯卡曾有施虐傾向——相反地，大家都說他是名快樂的年輕人。在三天後的記者會上，安德森宣稱一名肥胖的乘客從一輛福特Sierra客車下車，朝他們瞪大眼睛並因路怒症而殺了奧斯卡。警方徒勞地追查凶手，卻始終沒有人見過那輛福特Sierra。後來警方在這對情侶當時乘坐的汽車油箱裡找到凶器，安德森最終坦承自己刺死了奧斯卡，因而被判謀殺並處以終生監禁，她在坐牢十四年後獲釋。

安德森拒絕終生匿名的保護措施，據說她在牢裡完成了「憤怒管理」的課程，並在假釋出獄後於一座幽靜的水岸城鎮的美髮店工作。

第二十節

我通常會用錄音機錄下我的報告草稿，而如果期限很趕，我便會在晚上開車去打字員的家裡——我發現我大腦組成句子的速度超越我打字的速度，而訪談紀錄和證據摘要也可能使謀殺報告的篇幅超過二十頁。我現在看著我為夏洛特案寫下的報告，覺得內容有些鬆散，且證據摘要都略嫌簡短。

我過去在報告上會用「Arial字體」，這是一種較為平凡的無襯線體，在英國國民保健署的信件上很常見，但對於冗長的報告而言很傷眼睛。我隨著經驗的累積開始改用「Garamond字體」，後來則決定採用「帕拉提諾體」——來自義大利文藝復興時期的手寫字體，其輪廓醒目，即便字級小也容易閱讀。

你可能會覺得這些太枝微末節，但「第一印象」很重要，尤其如果你的讀者是法官和檢察官。周到的呈現方式和詳盡的工作內容可能使你的意見更有分量，並且使你的報告更具有說服力。

夏洛特的辯方專家報告內容鬆散（即便字級設定得超大，甚至還空兩行），並且有許多刺眼的錯字；其專家意見分散於報告的內文各處，而非整齊地列舉於結尾，其誇張的語氣也大幅降低了專家意見的重要性——這樣的報告風格，容易使讀者感覺作者在考慮所有證據前便已打定主意，有失客觀。

我坐在書房裡翻閱《布萊克刑事訴訟》（*Blackstone's Criminal Practice*），這本書是我花了兩百英鎊的巨額投資。我們雖然不是律師，卻很熟悉特定的法律領域。在讀到書裡的莎拉．桑頓案後，我詢問了一些法律權威的意見並寫下我的看法。

邊緣型人格障礙十分直截了當——情緒不穩、衝動、具有自我傷害或自殺的企圖，他們也可能有酒精依賴症候群和急性酒醉。我晚點會再談到酒醉的影響力，這在夏洛特案上不是最主要的問題。然而，無論在過去或現在，受虐婦女症候群依然沒被列入醫學診斷。「無力感」和「逃離施虐者的能力受到損害」似乎很符合夏洛特的情況，但是否能「大幅減輕」她的法律責任？她是否算是「受到挑釁」？案發時是否有人「說或做了什麼」而使「理性的人」失去自我控制？換作你是夏洛特，你會做什麼？

你要如何又屬於「心智異常」，卻又被判定為「理性的人」？此外，如果你受到挑釁，你的「心智異常」的程度是否可能造成你突然失控？這些議題極為複雜，也因此在後來促使判例法和成文法的修改，但在二〇〇一年，這兩個矛盾的概念引發了很多爭論。

皇家檢控署顯然對品質不佳的辯方報告感到惱火，因此要我在某天傍晚五點半前往貝德福德法院的會議室。我走過西奧博爾德路，經過賽馬場並來到會場，我被帶進一間莊嚴的會議室，裡頭到處都是以摩洛哥皮革封裝的法律報告，還有一張拋光發亮的會議桌。現場似乎有很多人，包括一名女性大律師、一名初階律師、一名學徒、大律師的書記員、辯方律師及其書記員。桌上擺著兩個有著貝德福德法院徽章的筆筒、一疊筆記紙，還有放在托盤上的茶和餅乾。

現在回想起來，那時候的論點其實可以非常明確，但我當時因為經驗不足而說不出太多意見。被告的確有心智異常，而我也對邊緣型人格障礙和受虐婦女症候群發表了評論。然而，針對責任大幅減輕這件事，我覺得應該由陪審團決定；刑事責任終究是道德問題而非醫學問題。

我覺得有點不自在，因為現場的每個人似乎都很在意我說的每一個字（隨著我接觸越來越多起謀殺案，我也越來越習慣這種場合）。在謀殺案件上會引發爭論的不是「誰拿了凶刀」等相關證據，而是被告在「相關時間」處於何種精神狀態？為了明白這個問題，法庭需要聽聽我的意見，但我在那一刻感到很不自在，彷彿自己坐在被告席上。我清楚記得那名御用大律師對我清清喉嚨——雖然她是「我方夥伴」，但我還是覺得頭皮冒汗。我嚥了口水，希望沒有人發現我的緊張。

「醫師，謝謝你前來，」她開口：「我們很感謝你對此案的付出。我們只是需要討論幾件事……本刑事法院需要探討被告願意承認過失殺人罪的這件事，我相信你明白。」

我維持嗓音平穩，答道：「是的，當然。我能如何效勞？」

「醫師，你曾在霍洛威監獄多次見過史密斯女士，對嗎？」

「是的。我第一次見到她，是在她被還押不久後。」

「你認為她符合邊緣型人格障礙的標準嗎？」

我不太確定她這麼問有何用意，因此我謹慎地答道：「是的。」

「而且你診斷出她患有酒精依賴症候群，就算她曾在一個受保護的環境下戒了酒？」

「是的。」

她接著問：「你是否也同意，警方在拘留她時檢查了她的血液酒精濃度，以推算她在犯案時是否處於酒醉狀態？」

「是的，我同意。」

「但此酒醉狀態想必是因為她自願喝酒，因此不是關鍵問題——這與心智異常無關是嗎？」

「是的。」我說：「她的確有很強烈的喝酒衝動，但她還是有能力選擇要不要喝。」

御用大律師點點頭，低頭查看自己的筆記。「了解，謝謝你。接下來，你能不能幫助我們瞭解，邊緣型人格障礙對心智異常的影響？」

「這個嘛……我認為美國人在此方面的標準更有用也更詳盡……如果我只能稍微回顧一下我的筆記，我會說邊緣型人格障礙的特徵是情緒不穩、衝動行為等等，意思是會有非常迅速的心情變化、不適當的發怒或難以控制的怒氣……經常鬧情緒。」

她在此時做出反擊：「可是醫師，與心智異常相比，衝動和不適當的發怒，應該更像是人格方面的問題吧？」

「是的，」我勉強答覆：「但也未必，雖然這也是事實……」

她阻止我說下去：「那好，我們先假設你定義的『心智異常』被法庭接受……還有難以控制怒氣之類的。你是否認為被告的心智異常狀態，能大幅減輕她的責任？」

「這個嘛，讓我想一下……」

「泰勒醫師，我想你明白，所謂的『大幅』在法律定義上的門檻高過『稍微減輕』，但並非『完全減輕』。」

「這個嘛，」我說：「我認為被告是否符合『責任大幅減輕』應該由法庭決定。」

她面露苦笑。「是的，泰勒醫師，你說的沒錯，這就是最大的問題。但你應該有意識到，如果此案送庭審理，法庭會合理地期待你協助陪審團瞭解——依據你的專業意見，被告是否符合大幅度的責任減輕？我們先接著討論受虐婦女症候群，你對此議題的看法顯得有些模稜兩可。我猜你應該熟悉唐斯教授在此方面的研究？」

「是的，我很熟悉，」我答覆，試著在覺得遭受威脅的同時飛快思索。「但精神科對受虐婦女症候群，並沒有一套明確且一致的診斷標準，且唐斯教授的研究是美國人對自我防衛和精神失常的定義。」

「醫師，我相信你知道這類案件會將受虐婦女症候群視為心智異常，犯案的婦女殺害了施虐男性……習得性無助、離開虐待關係的能力受損、感知威脅的能力受損等等。」

「是的。」

我聽得出來她有點不高興。

「醫師，我相信你明白法官已考量了所有證據，包括你的報告。他非常關心此案，他知道被告有四名子女跟她分開……」

我恍然大悟。皇家檢控署知道自己想要什麼樣的結局，但他們需要找個專家的意見當作理由，而因為辯方報告的品質不佳，因此這份責任被丟在我身上。

經過一番討論後，御用大律師告訴我，她無論如何都會建議皇家檢控署另外找名精神科醫師並尋求第二意見。

比較複雜的案件通常會有四個意見——檢方和辯方各兩個。我後來得知皇家檢控署找了哪名專家，我知道那人是名經驗豐富的精神科醫師，且對受虐婦女症候群充滿興趣和同情心。御用大律師明確地向我暗示了這點，而這次的討論也讓我學到了不少東西——你如果需要「專家意見」，就務必慎選「專家」。

我所謂的專家意見，並非一般人想的那種從外頭找來的「打手」。問題在於，你如果擔任兩個領域（使用各自的語言）之間的介面——也就是法律和精神科——所謂的「合理」或「可接受的」專家意見通常會有個範圍，而一旦你脫離該範圍，就可能遭到法官或同行的批評。但在某些微妙的議題上，有些專家則是出了名地傾向於某種論點，例如：受虐婦女症候群是不是一個有用的觀念？所謂的「幻覺」是不是被告在監獄中庭裡旁聽得知，而拿來當成裝病的藉口？

法律不會茫然地將所謂的「標準」和「先例」套用在審判結果上，而會以一種「結果主義」（consequentialist）的態度逆向推理。就此案而言，公正又適當的結局是什麼？我們能如何運用目前的法律來達成這點？社會是否對這名被告感到同情？還是我們應該讓她在牢裡關到死？這名被告需要的是入院治療？還是在牢裡與外界隔絕？

御用大律師要我製作一些追加報告，並遞給我三支偵訊錄影帶。我已經看過這些偵訊的文字紀錄，但他們要我觀察夏洛特在剛被逮捕後的言行舉止，並聽她親口說明案發經過，而非只是閱讀文字紀錄。錄影帶的畫質有些跳動，時間碼嗶一聲後，我看到夏洛特用顫抖的手拿著雀巢咖啡啜飲、抽菸，並在警方的要求下按時間順序說明案發經過；她的律師建議她配合這場偵訊，而不要給出標準的「無可奉告」的答覆。

這件事其中帶有一點微妙的暗示——當人們打算改變你的看法時，就會給你看些新證據，好讓你有迂迴的餘地。這些互動關係在我腦海中成形時，工作人員禮貌地送我出門。

這時差不多是二〇〇二年的春季，但空氣還是有些凜冽。我決定換個心情，因此我沿著新牛津街走向蘇活區，準備前往布魯爾街上的麗娜商店——那裡總是瀰漫著義大利乳酪的芳香，擺放著一捲捲新鮮的寬扁麵條，而充滿芬芳、鮮豔色彩的義大利罐頭和袋裝商品，也能成為嗅覺和視覺上的愉悅解藥，讓我瞬間忘掉霍洛威監獄的混濁空氣和布滿塗鴉的牆壁。

我需要找些能簡單料理的晚餐食材，我必須在睡前完成一名住院患者的法庭報告。憑著經驗和「規律辨識」，我在這方面的工作變得越來越得心應手，除非臨時發生什麼災難，打斷我精心規劃一星期的工作成果，例如患者被送去隔離病房，或是撤銷讓一卡車的警察去抓人的通緝令……這類事情的相關作業至少需要大半天。

據說無論在哪個醫學領域，主任醫師都需要五年左右才能成為老手。雖然我們的訓練能讓我們有自信地管理個案，但成為主任醫師的同時就必須展現領導力，將工作事項分成輕重緩急、分工合作，並且隨時為災難做好準備。此外，我患有所謂的「錯失恐懼症」（fear of missing out；深怕錯過了有意義的事物），要是我沒接下這起案件——不管它會給我帶來多少不便——他們是不是以後就不會給我其他案件了？我常常感覺口袋有東西在震動，最後卻發現我的手機根本不在裡頭（如果有患者說自己出現這種症狀，我們會說這是「觸覺幻覺」或「體感幻覺」）。

與人生一樣，我們唯有透過經驗，才能學會「在何時說不」的這個技能。我在泰晤士河的南岸完成所有精神科訓練後，搬去北岸成了主任醫師並認識了一批新的同行。他們大多一起受過訓，熟悉那些將案例轉介給我們的精神科醫師的怪癖和個性——這可是無比珍貴的背景資料——而我只能透過經驗學習。我接替的那名資深精神科醫師想整整我，因此開玩笑地對我說：「X醫師個性焦慮，會要求對每名患者進行精神分析。而如果Y醫師哪天轉介案例給你，你最好把那些患者直接送去布羅德莫醫院。」

是的，把安東尼．哈迪轉介給我的就是Y醫師。

我在晉升為主任醫師時，是我們家搬家的四星期後，當時我們的第一個孩子已經出生了，但我們幾乎沒時間組裝從IKEA買來的小床。

因為我和妻子都在工作，因此兒子過了一歲生日後就被送去托兒所。二〇〇一年的某個秋日，我在倫敦大學學院向一群精神科醫師授課時，突然有人大喊有架飛機撞上世貿大樓。那堂課因此提前結束，我匆忙趕去托兒所接走兒子，並和他一起坐在電視機前看新聞；我和許多人一樣深信金絲雀碼頭也會遭到攻擊。我當時不知道「九一一恐怖攻擊」很快就會影響我奉命評估的案件。在「九一一恐攻」所造成的震驚和餘波平息後，生活恢復正常了。我的第二個兒子在那年的十二月出生，而我也回歸平時的例行工作。

當時夏洛特案即將開庭，我的次子則即將滿歲，並準備和他哥哥一樣去馬路對面的托兒所。某個週日下午，我坐在辦公桌前處理我要為夏洛特案提供的額外報告。我必須在報告上堅持我的看法——受虐婦女症候群雖然不是精神疾病，但我認為它能解釋夏洛特所做出的行為——「如果法庭接受『受虐婦女症候群』屬於心智異常……那麼關於『責任大幅減輕』的特徵是……」之類的。

依照受虐婦女症候群的概念，夏洛特長期承受的「暴力循環」可能損壞了她的自信心，並造成了「習得性無助」。她被困在藍尼所造成的「致命處境」裡並「反擊」，卻引發了致命後果。

如果想讓受虐婦女症候群適用於這起案例，女性當事人必須至少經歷過一次這種循環，同時也必須出現諸多類似低自尊、自我責怪、恐懼、懷疑與「不相信現況可能改變」的症狀。

在美國，雖然各個州用來處理謀殺案的刑法各不相同，但嚴重性不同的謀殺案之間，通常有個明確的界線——一級謀殺（蓄意、預謀殺人）；二級謀殺（非預謀或事先計劃的蓄意謀殺）；三級謀殺（進行非暴力重罪的同時所犯下的任何非法殺人）；非預謀的過失殺人罪（被告的無意圖殺人，或受害者因被告的疏忽而死）；正當殺人（通常為警察所做出的行為，並非犯罪事件，有時會引發爭議）。但如果被殺的是施虐者（我無意冒犯藍尼），法律是否應該訂出「值得稱讚的凶殺案」的這個類別？

開庭的日期決定了，而我則繼續忙其他工作，將夏洛特案從腦海中擱置一邊。

後來出現了一個能讓我稍微休息的機會。我和一群同行前往加州新港灘市，參加在當地舉行的「美國精神病與法律學會年會」（American Academy of Psychiatry and the Law conference，簡稱AAPL）。

那年的大會活動很有意思，其主題包括：「辯方精神科醫師在死刑案中扮演的角色」、「弑親罪（Parricide）——四十起案件的描述」以及「關於對性罪犯進行化學去勢的最新報告」。

隨著我搭乘的維珍跨大西洋班機爬升至巡航高度後，我意識到自己終於能在毫無打擾的情況下休息至少七個小時。然而飛行到一半時，我感覺自己的休息已經足夠，而我也不想再看一部電影，於是我開始與同行討論另一起霍洛威監獄案例的報告草稿。

該案例是凱斯琳．麥克魯斯基——後來被稱作「劍橋黑寡婦」（Cambridge Black Widow）——她被控以高劑量的美沙酮（藏在自己做的雞尾酒裡）對四個海洛因上癮的人下毒。其中一起命案發生於某個週五夜晚的「性愛和毒品」派對；警方在調查的晚期，才在一些尚未沖洗的底片裡發現這場性愛派對。由海洛因驅動並引發致命後果的性愛派對，其場面確實令人怵目驚心。

判決：兩項過失殺人罪名成立。六年有期徒刑。

司法精神科醫師平時固然拚命工作，但在大會上齊聚一堂時也會拚命玩。別忘了，我們是精神科的外科醫師，經常令人難忘，且大多都有著令人難忘的幽默感。我們也很喜歡互相診斷對方有什麼毛病——「她是精神變態、自戀狂、類分裂型人格……還接近中度自閉症。」或是「他的報告囉哩叭唆，標準的見樹不見林。」（我們所說的「見樹不見林」是指某人太執著於拿出完美成果，結果卻影響了整件工作的完成度。）

我們通常都會在大會前一年互相轉介案例，或曾一起在法庭上脣槍舌戰，也因此雖然我們之間有些嚴重的分歧，但我們還是會在酒店吧檯前交換戰爭故事，並分享一些黑色幽默——這是「長期減壓」的另一種型態，對法醫醫師的生存而言至關重要。我見過部分同行因為意志消沉而離開這一行，因為他們在執行法醫工作時忽略了同行的意見。尋求同儕支持不表示一定要獲得同儕肯定，但很多時候你確實需要聽聽同行的看法。

回到英國後，我收到皇家檢控署寄給我的信，信上用一句話感謝我為夏洛特案所提供的幫助。他們接受了辯方的認罪協議。

刑期為「五年有期徒刑」（定期刑判決後可能可以在坐牢兩年半後申請假釋）。上訴庭後來將刑期減少了三年，夏洛特因此得以直接走出法庭。

殺了藍尼的夏洛特只需坐牢兩年，而李．華特森則因殺害齊雅拉．李昂尼提而坐牢二十五年，取決於不同的殺人原因，結果也會截然不同。看來法律也未必是頭蠢驢吧？

法律在二〇〇九年有所調整，受虐婦女症候群不再被視為心智異常，因為它並非「被承認的醫學狀況」。與此同時，出現了一個新的類別——「高壓控管」（coercive control），而莎莉．查倫案最符合這個定義。

莎莉在十六歲時邂逅了二十二歲的理查，後來兩人結了婚，而她則在二〇一〇年殺了他。理查雖然一開始很迷人，後來卻逐漸開始對莎莉施虐——肢體虐待、口頭霸凌、不准她去見她的朋友們……就算他自己搞外遇、逛窯子。

她試過離開他，最後卻因情緒上的依賴而回到他的身邊。兩人復合後的某一天，他叫莎莉冒雨幫他買午飯，而他自己則打電話準備與外遇對象約會。

莎莉到家後為此質問他，兩人發生爭執。隨著衝突越演越烈，她以榔頭多次毆打他——莎莉被判謀殺，終生監禁且最少服刑二十二年，後來因上訴而減至十八年。

「高壓控管」後來被承認為家暴的形式之一，特徵是心理虐待、羞辱、心理遊戲、控制受虐者的行動及與朋友們的接觸，使受虐者變得被孤立而必須依賴施虐者。（不覺得很耳熟嗎？）

二〇一七年，「婦女正義組織」（Justice for Women）針對莎莉案申請上訴，依據為精神科醫師針對「高壓控管和挑釁所造成的影響」所提出的專家報告。莎莉的罪名因此被推翻，而原先安排的重新審理也被取消，她在二〇一九年被當庭釋放。

謀殺案為容易引發爭論的議題，因此我們有時必須在這類案件上投入許多看似不必要的心血。

二〇〇六年，我在霍洛威監獄的工作即將結束。在NHS（英國國民保健署）的「內部市場」和NHS信託的競爭之下，NHS決定將精神健康的合約交給一個無法直接調動法醫病床的信託機構。而我們在霍洛威監獄的團隊則將被某個服務單位取代——該單位試圖在監獄裡治療女囚，而非將她們轉介去地方服務中心。

幾年後，有名患有精神病、等著被轉送去醫院的女子自殺身亡，使得霍洛威監獄遭受了許多批評。在當時的英國國務大臣麥可．戈夫（Michael Gove）的領導下，政府做出令人驚訝的宣告：「霍洛威監獄將被關閉。」雖然該監獄確實有些問題，但花費多年建立服務的工作人員們還是為此感到難過，例如心理治療團隊、終生監禁犯的病房以及「入獄首夜」的牢房。霍洛威監獄的囚犯大多來自倫敦，他們後來都被送去位於彼得伯勒和靠近希斯洛的私立監獄——地點偏遠且較難接觸自己的親人和孩子。監獄巡查團隊的專家們經常認為霍洛威監獄的地理位置是其最大的優點之一。

許多人都很擔心霍洛威監獄曾做出的許多創新舉動將永遠消失，儘管接替霍洛威的布朗茲菲爾德監獄是座全新的建築，但磚塊和水泥向來不是解決之道。「拆了它並從頭來過」的舉動，很可能使多年累積的專業經驗永遠喪失，尤其那些專業經驗來自於霍洛威監獄那樣複雜又令人難受的地方。

幸好近幾年布朗茲菲爾德監獄的精神健康服務獲得了許多資金，足以提供完善的療程給初次入獄的囚犯、短期還押或短期坐牢的囚犯以及終生囚。布朗茲菲爾德監獄繼承了衣缽，成為全歐洲最大的女子還押監獄，也一併繼承了霍洛威曾面對過的挑戰，例如管理高發生率的自我傷害，以及獄中母親和嬰兒等相關問題。

在我離開霍洛威監獄後的二〇〇六年，女子監獄的精神科服務開始改革；布羅德莫醫院的高度戒備精神病房關閉了，而患者們則被送去戒備程度較低的病房。我將我在霍洛威監獄學到的部分經驗寫在《獄中精神科：綜合手冊》（*Psychiatry in Prisons: A Comprehensive Handboo*）的其中一個章節裡㊿，而這麼做顯然為我帶來了極大的好處，因為在接下來的十三年裡，我便在一間戒備醫院裡負責治療這類患者。

在我最後一次前往霍洛威監獄的那天，我將車停好並準備下車，卻在站起身時撞到一塊「此處不可停車」的告示牌，這個舉動看似搞笑，但我的頭真的很痛。在進行團隊會議的時候，C1區的護理師看見我正努力以紙巾吸掉額頭上的血跡，她用傷口黏膠劑為我處理了傷勢。我們在霍洛威監獄經歷過許多具有挑戰性的案件和重大事件，而我額頭上這道淌血的傷口似乎是個合適的道別方式。

我在離開該監獄時思索自己曾在此經歷過多少事。選擇進入精神科的人，必定都對人性的極端特性抱持著強烈的興趣，而最適合研究人性的地點莫過於霍洛威監獄。我現在仍經常開車經過該監獄的外牆和警衛室——其設施已封存，並等著被大鐵球拆解——我必須誠實地說，在我待過的所有地方，包括布羅德莫醫院和布里克斯頓監獄，霍洛威監獄讓我學到最多東西。

第六章

失憶的殺人犯

個案研究：丹尼斯．柯斯塔（Dennis Costas）

第二十一節

我在一張堅硬的塑膠椅上等了將近一小時後才終於進到訪談室，離貝爾馬什監獄的「探訪時間」結束只剩四十分鐘，時間明顯不夠——我知道我必須擇日再來一趟。

我要訪談的對象是擔任零售經理的丹尼斯．柯斯塔，他在二〇一一年七月被控謀殺其女友蘇菲亞（Sofia），如今還押於此。他對警方和自己的律師說，他不記得命案當晚發生了什麼事。我訪談他時是十一月，正如許多與失憶症有關的犯罪案，柯斯塔的記憶也被他從證人陳述書裡看到的東西所影響。

在這場時間所剩無幾的訪談中，我將焦點集中於「此時此地」，也就是他目前的「精神狀態」以及他對案件的說詞，我打算下次見面時再詢問他的生平。

命案發生的前一天，柯斯塔以「坐骨神經痛」為由打電話向公司請假，並且整個下午都在酗酒。我問他，他是在哪裡打的電話？在他和妻子共住十年的雙臥室房子？還是他和女友蘇菲亞同居的公寓？

「我想不起來，」他告訴我：「我的記憶很混亂。」他說他那天下午曾小睡一陣子，不記得自己什麼時候醒來。

「我真的不知道那之後發生了什麼事。我只記得我滅了火。我的視線很模糊。我聽見說話聲，接著我走出公寓門外。等我回到公寓後就發現客廳起火了，所以我潑了水。」

「接下來發生了什麼事？」我問。

「我不知道我是怎麼回到家的。我的記憶真的很糟。是警察告訴我，我才知道發生了什麼事……我嚇壞了……我記得客廳失火，我聽見有聲音求救……我應該曾試著撥打999，但也許我撥錯號碼……也可能是聽見了佔線的聲音。」

這番說詞顯然是為了解釋某個事實——當時檢方取得了緊急勤務中心的通聯紀錄，確認他並未撥打過999。由於檢方會與辯方分享證據，因此柯斯塔想必已經看過這份文件。

「地上到處都是水……我看不見蘇菲亞在哪，所以我下樓，來到建築物外頭……我不確定我是怎麼回到家的，應該是搭公車……我的小姨子在那裡（在家裡），她正在看電視……我進了臥室便睡著了。我接下來知道的就是警察找上門了，他們逮捕了我。」

這就是他對二〇一一年六月二十一日（星期二）下午以及六月二十二日（星期三）早上所有事的印象。

這並不是我第一次遇到謀殺案被告宣稱自己有失憶症。七十年來的研究指出，有百分之三十的謀殺犯、暴力罪犯和囚犯會聲稱自己不記得犯行，因此柯斯塔不算特例。

但他不記得自己做過的**究竟是什麼**？

六月二十二日星期三的凌晨三點五十分，警方獲報來到烏普頓公園區一棟四層樓的公寓建築，附近居民說有人曾拚命地敲他們的房門、試圖強行闖入。警察抵達現場時，擔憂的居民們站在停車場。警察跑到最高的樓層，某人迎面走來——警察後來表示他們無法判斷此人的性別，對方看起來就像是恐怖片裡的怪物，其臉部和上半身皆被燒得皮肉融化。警員夏維．史都華（Harvey Stewart）在陳述書中表示，他從沒見過這樣的景象：「有那麼一秒，我覺得這一切很不真實。」

警員們試著為對方進行急救，但不確定究竟該怎麼做。後來他們確認對方為女性，自稱蘇菲亞，她說她在凌晨三點左右回到家，發現她的前男友丹尼斯．柯斯塔在裡頭等候，因為他還留著公寓的鑰匙。她說與他對峙並發生口角，他便以桶裝汽油潑了她一身，接著將她點燃。

這時候的她因為吸入濃煙而呼吸困難，抵達現場的救護人員切開她的氣管讓她呼吸——處於病危狀態的她因此被送去特殊燒燙傷病房。

公寓裡的窗簾、部分家具和地毯都被燒成焦炭，他們在廚房區發現一個塑膠汽油桶，桶子沒被燒到，而桶子裡還剩大約三公升的汽油。

警察很快便找出柯斯塔的下落，並於清晨時分在他和妻子莉娜（Lina）共住的房子裡逮捕了他。他當時還在睡覺，明顯仍處於酒醉狀態。事實上，他因為嚴重酒醉無法接受偵訊，因而被關在牢房裡等他逐漸清醒。

警方取得犯罪現場的相關監視器影像，其中一處是公寓附近的加油站。從影片上能看見一名符合柯斯塔外型的男子，以明確又有些不穩的步伐走進加油站。他買了一個五公升的塑膠汽油桶，似乎在加油機前裝汽油時遇到一點小麻煩。他用現金付了帳，然後往蘇菲亞的公寓方向走去，消失在畫面外。依據監視器畫面上的時間碼判斷，他應該是帶著汽油進了蘇菲亞的公寓並等她回來。

在拘留所等待偵訊柯斯塔的刑警們收到訊息：「蘇菲亞沒能活過今晚。」死因是心臟停止，原因是吸入濃煙及氣管燒傷而引發的呼吸衰竭。

柯斯塔清醒到足以接受偵訊後，便被帶到拘留所的警官辦公桌前，他被正式控告謀殺蘇菲亞。警官們在偵訊期間以監視器證據質問他，而柯斯塔在偵訊休息時詢問了律師，並表示監視器畫面的那人顯然是他，但他不記得自己曾去過那裡。他認為他買汽油是為了傷害自己，他堅稱他不可能對蘇菲亞縱火。「那一定是場意外，她肯定是為了阻止我傷害我自己。」

對我而言的重點是——他是真的失憶嗎？如果是真的，原因又是什麼？

和處理任何謀殺案一樣，我需要知道案件的背景、凶手和受害者的關係，以及凶手在行凶前、行凶時和行凶後的精神狀態，以便找出任何精神方面的問題。然而，我在探索任何心智異常跡象的同時也必須考量凶手可能的動機，以防此殺人行為可能出於更普通的原因。而這一切資料都必須透過分析證據才能取得，例如證人陳述書、手機基地臺數據以及監視器畫面——因為凶手不記得案發的經過。

柯斯塔當然很有可能只是在說謊。謀殺犯也許以為「什麼都不記得」能讓自己脫罪，但他們很快就會發現事情沒這麼簡單；他們也很可能以為「失去記憶」能讓自己「沒有能力受審」，然而失憶症無法使謀殺犯避開法庭，英國法律已經確認了這點，先例是一九五九年的岡瑟．波多拉案——他開槍射殺了一名警察，卻說自己想不起這件事。雖然當時出庭的精神科醫師們針對他是否說謊這件事的意見分歧，但他的失憶症主張沒有被法庭認可。他後來坦承自己犯案，並在旺茲沃思監獄裡被吊死，埋在該監獄的墓地裡。

魯道夫．赫斯（Rudolf Hess，納粹德國的副元首）也曾在紐倫堡審判（the Nuremberg trials）上用過同一招。他聲稱不記得自己在納粹掌權期間做過什麼，而法庭上的人們也相信他是真的失憶。但他很快便意識到，他將因此無法在面對指控時為自己進行合理的辯護，最終他承認自己的失憶是假的，並配合審理過程。

沒有簡單的精神科測驗能確認某人是否說謊或假裝失憶，這個問題應該由法庭判定，而非專家。英國不使用測謊機，因為這東西出了名地不可靠——精神變態者便可能因為缺乏情緒反應而通過測謊，而參加電視脫口秀（例如《傑瑞米．凱爾秀》（*The Jeremy Kyle Show*）和《傑瑞．斯布林格秀》（*The Jerry Springer Show*））的來賓，也可能因為測謊機不可靠而遭指控出軌，儘管他們真的沒說謊。法律人員會透過交叉質詢揭穿凶手供詞中的漏洞，因為謊話比實話更難記住，而他們也可能說服陪審團觀察被告的「言行舉止」（例如被告在作證時是否顯得可疑）——雖然這種做法並不可靠，但還是行之有年。

神經心理學家會使用一些測驗來判斷一個人是否假裝失憶，例如問卷裡的陷阱題或簡單的記憶工作（回想在幾秒內看過的日常物品的簡單線條，受試者若患有真正的腦部傷害或重度失智症就很可能想不起來）。裝病者也許會刻意表現得比有腦部損傷的人更糟，徒勞地試著讓心理學家相信自己是真的失憶，然而他們只是不願接受自己因「失控」或盛怒時所做出的舉動與該背負的責任。

我在等待進入訪談室時觀察了拘留室裡的柯斯塔，而裡頭的其他囚犯也正等著見護理師或醫師。他沒露出太多跡象；他不是職業罪犯，並始終低著頭。我必須維持客觀的心態才行——他在訪談室裡顯得十分拘謹，這是因為他感到震驚？或是因為提高警覺所致？沒證據顯示他正在經歷幻覺，而他也沒表現出精神變態者的冷漠態度，或前後不一致的幽默感。

我還必須考慮這是否為因「解離」（dissociative）或壓力而導致的失憶症——在經歷高度緊張和情緒化的事件時（例如在親密伴侶身上放火），大腦可能會因為這些事件太令人痛苦而將其排拒在外。如此一來，當事人在恢復正常且平靜的精神狀態後，便可能很難想起在「壓力期間」被載入大腦的回憶；我們將這稱作「狀態依賴記憶」（state-dependent memory），也可能是當事人為了壓抑痛苦事件而在「潛意識」中採取的辦法。哲學家尼采（Friedrich Nietzsche）曾說：「我的記憶說『我有那麼做』，但我的尊嚴告訴我『我不可能有那麼做』，而這個說法無法動搖。記憶終究會讓步。」真正喪失記憶可能只會忘掉其中的一部分，而記憶的完整性也會隨著時間改進，但騙徒通常會宣稱自己在犯案後完全地忘了整件事，連任何一點「零碎」的記憶都沒剩下。

解離性失憶症（Dissociative amnesia）則通常採「排除式診斷」——必須先排除其他任何可能的原因，才能推測這是否為真正的原因[51]。

因此，我必須先考慮其他可能的原因。在柯斯塔的案例上，我必須先判斷他是否因大腦功能失常，而影響了對犯罪事件的記錄、儲存或回想（稱作「器質性失憶症」（organic amnesia），因大腦疾病所造成）。雖然器質性的腦部疾患在謀殺案中十分罕見（研究指出此種案例每年只有少數幾例），但還是必須納入考慮。為了排除生理疾病因素，我詳細查看了柯斯塔的病歷，以確認他是否有腦部腫瘤、頭部損傷、失智症，或其他會影響大腦或行為的生理疾患。

過去我在五月天醫院首次擔任住院醫師時，曾收治了一名六十二歲的公務員。據說他原本的個性溫和且穩定，他有兩個孩子和三個孫子。他被送來醫院後，有幾天經常喘不過氣，我們於是透過X光和其他檢查發現他有晚期的肺癌，且癌細胞已經轉移至腦部；我們向聚在他床邊的家屬說明放射治療或化療都幫不上多大的忙。我在幾天後巡視病房時來到他的床邊，檢查他的處方表，這張紙被夾在一塊板夾上並掛在床尾上。我不小心將他的床推向小桌，因此打翻了一杯水。

他瞬間跳下床並凶狠地撲向我，我急忙避開，但他窮追不捨。我在經過最後一張病床時意識到自己已經無路可逃，幸好身旁有一支裝在輪子上的大型氧氣鋼瓶，我將鋼瓶擋在我和他之間才勉強攔住他，直到幾名可靠的搬運人員出現。

我們後來發現，他的腦部腫瘤已經擴散至額葉，而迅速增長的腫瘤壓住了大腦負責控制行為的區域，因此他的攻擊性和失控是出於「生理」因素。如果他當時真的追上我並掐死我，他在謀殺案上提出的失憶症主張就會是事實，能合法地要求責任減輕。我當時已經值班了將近三十六個小時，累得要命，但我也因此獲得了寶貴的教訓。

我們剛進入莫斯利精神病院的時候，羅伯．阿南卡斯教授（Pr Rob Anankast）對我們說過：「在一個多專業的團隊裡，會有社工、護理師以及各式各樣的治療師。別忘了你們的醫學專長。你們的醫學知識，就是你們能提供的貢獻。」和其他專家與治療師一起進行多專業工作，是讓法醫患者復健的關鍵，我有幸能與許多傑出的同行一起工作。但我也見過兩名忘了自己是團隊裡唯一醫師的同行，他們沒能拿出領導力，也沒能在生理健康、風險判斷，以及強制治療等方面做出決定。

柯斯塔沒有迫在眉睫的家庭和社會問題——至少在當時還沒有。他沒有孩子，只有名震驚又困惑的妻子在家裡。

柯斯塔也沒有肺癌的症狀，更沒有患有任何已轉移至腦部的癌症。他有沒有可能患有更難發現的疾病，例如感染或其他腦部疾患？

我見過少數幾個因「生理的」腦部病變而造成侵略行為，或甚至謀殺行為的案例，其中一例是安東尼奧．羅西（Antonio Rossi）。擔任監獄服務經理的羅西開始聽見聲音，並看見奇怪的幻影，而他似乎覺得那些都是他的妻子派來的。他相信他的妻子打算殺了他，因而將她刺死，驗屍報告指出他對她造成了至少六十八道傷；他用地毯捲起她的屍體，並離開他倆共住的公寓。

他在刺殺她的過程中嚴重地弄傷了自己的手，因而前往醫院急診室。但他不記得自己做了什麼，並且對發生的案件由衷地感到納悶。他一開始宣稱自己是在打開番茄罐頭時割傷了手，後來又說是因為自己打破了一只玻璃瓶子。這類案例是所謂的「虛談症」（confabulation）——患者的大腦會試著填補記憶中的空白處，通常只有真正因腦部損傷所造成的失憶症才會有此現象。

他會受傷是因為他在拚命拿凶器刺進受害者身體裡時，刀子碰到骨頭、遇見阻礙，使得他的手從刀柄滑到刀鋒上。「抓起手邊最近的一把刀」的凶手常見這類傷勢，因為他們用的不是匕首或戰鬥刀——刀上有防止手碰到刀鋒的護手部位。受害者的手部也經常出現類似的傷勢，通常是為了反抗而試著抓住刀子所導致的防禦傷。

羅西經由手術修補了手部的斷筋後，被送去一間戒備精神病院。他在那裡接受觀察的期間，我們還沒開始給他投藥，他的幻覺便奇蹟似地消失了。

然而，羅西失去了協調能力，例如他無法在淋浴時站著。我們詢問了神經學家的意見，並對他的肌肉纖維進行了電流測驗，最後成功地診斷出他的腦部退化——同時也解釋了他為何會出現短暫的精神病，使他於病發時殺了妻子，並在案發後出現失憶的症狀。他被送來我們的戒備病房的幾個月後，終日癱坐在輪椅上，後來因狀態急速惡化只能臥病在床，並在兩年後過世。

我們後來得知羅西患有一種罕見的腦部退化，還併發了早期的失智症和運動神經元疾病（漸凍症）。但不同於科學家史蒂芬．霍金（Stephen Hawking）的病例，羅西患有的運動神經元疾病能迅速地致命。此種疾病一開始的症狀便是短暫發作的精神病，同時伴隨著腦部受損的其他症狀，例如失控和侵略性。患者會在幾個月後出現肌肉抽搐與行動能力衰退。此種疾病的預期治療效果很差，從發病到死亡大概只有二到五年。

羅西是我少數見過的「器質性」或「神經精神疾病」的謀殺案例。這確實是起悲劇案例，但醫師和精神科醫師就像郵票收集家一樣，總想尋找「黑便士郵票」（Penny Black）那樣的稀世珍品。我為這起「極為複雜又罕見的案例」寫下了詳盡報告，老貝利法院認為這類罕見案例確實令人好奇，而我也因此獲得更多來自檢方和辯方的轉介案例，為他們省下了曠日廢時的陪審團審判。

我查看柯斯塔的病歷以確保此案中沒有任何的罕見病症，他的疾病史包括背痛、胸腔感染以及酗酒，但沒有任何跡象顯示他有腦部的病變。他在訪談中通過腦部功能的「篩檢」測驗，擁有正常的生平記憶和短期記憶，就算他還是不記得案發當晚的事件；針對額葉（負責控制行為的區域）的測驗也確認他在這方面很正常。

我若發現任何可疑之處，就會建議對他進行磁振腦部掃描和更多測驗，但我認為無此必要，就算有，法律援助單位大概也不願意出錢。他曾因輕微的頭部受傷而申請理賠（但保險公司不願意），這意味著他一定接受過許多詳盡檢查，而他現在面臨的是謀殺罪名，甚至可能因此終生監禁，但偏偏這在法律援助單位的眼裡不如保險公司的錢重要。

第二次訪談時，柯斯塔說出了他想讓我聽的背景故事。他最初是名零售助理，後來逐漸升官成了銷售顧問，接著又當上了銷售經理。他擁有精彩的社交生活，平時喜歡喝酒。他在一九九九年結婚，他的妻子後來因為胎盤早期剝離而流產，他們夫妻倆經常因爲「要不要領養小孩」而爭吵。

他的酗酒問題變得越來越嚴重。最初只是偶爾喝些健力士黑啤酒，後來每個週末都要喝些高酒精濃度的啤酒，最後又改喝烈酒，主要是伏特加。他成了「狂喝爛醉」的那種人，而非一般那種懂得自制的酒客，他有時候一個晚上就能喝掉一瓶半的蘇托力伏特加。他因此嚴重宿醉，靠著大量喝水才能勉強上班。

他和妻子依舊經常吵架。大約在二〇〇三年，他在工作場合中認識了受害者蘇菲亞，兩人很快發展出不倫戀。他開始腳踏兩條船——有些晚上和蘇菲亞一起度過，有些晚上回到妻子莉娜身邊。蘇菲亞知道他結了婚，而莉娜卻完全不知道他在搞外遇。他對蘇菲亞說他會離開莉娜，但未曾付諸行動。蘇菲亞在此方面開始施壓的時候，他說他不會離開妻子：「我不會因為她或任何人的施壓而這麼做」。他腳踏兩條船的生活因而如此持續下去。

柯斯塔的酗酒方式能否解釋他為何犯下謀殺？以及為何事後失憶？畢竟，有許多謀殺案都與酒精和非法藥物有關。二〇一八年的統計數字指出，百分之三十二的謀殺案嫌犯和百分之三十六的謀殺案受害者，在凶案發生時不是在酗酒就是在嗑藥（或兩者皆是）。有些人在喝醉時會變得友善且熱情，有些則會變得暴躁且憤怒。酒精能使「重傷害」惡化成「謀殺」，然而，酒精攝取是我們日常生活的一部分，多數人在喝酒後不會殺人，而在我的經驗中，酒醉向來不是謀殺案的唯一原因。

英國政府最近公布的統計數字指出，英國大約有六成民眾喝酒，而其中的四分之一（大約八百萬人）會在一星期裡的某一天暴飲。我們的文化顯然算飲酒文化，我本人也不例外。然而，一般人雖然都有「貪杯後記憶模糊」的經驗，但酒精依賴症卻完全是另一回事。飲酒可能是社交場合不可或缺的一部分，而人們也會利用酒精在週末來消解焦慮或取得（短暫）紓壓的效果。問題在於，當「週末習慣」的範圍擴張——從星期四晚上開始喝，直到隔週的星期二才結束——就會使為了紓壓而喝酒的做法惡化。「習慣性喝酒」成了每天的例行公事，使得飲酒量逐漸達到「酒精依賴症」的程度——每天醒來都必須先來一杯酒「解宿醉」，不只為了減緩心理的癮頭，也為了減緩強烈的生理戒斷症狀。

然而，柯斯塔屬於「偶爾狂飲」而非「每天都得喝」的狀態，他狂飲的程度高人一等。我必須考量他的酗酒可能造成哪些長期影響，以及可能如何導致他做出謀殺行為。

嚴重的酒精依賴症與狂飲可能引發各種急性症狀或長期腦部損傷，符合腦部問題和行為「器質性」的生理原因。震顫性譫妄（Delirium tremens，簡稱DT，又稱「酒毒性譫妄」）經常被誤解——在攝取大量酒精後的戒斷期間中可能發生震顫性譫妄，造成焦慮、震顫、冒汗與譫妄症（意識模糊且出現幻覺）。幻覺可能為視覺性，例如看見小動物或小蟲，我們將其稱作「視物顯小性幻覺」（Lilliputian hallucinations），有些司法精神科患者會因此說自己看見了「一堆小綠人」。

我曾評估過一名患有震顫性譫妄的男子，他用一把史丹利牌小刀，揮向他以為正在追著他跑的人群，並砍傷了一名碰巧路過的行人，幸好傷勢並不致命。震顫性譫妄通常發生於停止飲酒的後二至四天，這是需要住院的緊急狀況，若不及時加以治療，甚至可能致命。

但是，柯斯塔是在狂飲**期間**殺害了蘇菲亞，而非狂飲**結束**的後二至四天。此外，他也沒說自己看見了一堆小綠人，在警局拘留所時也沒胡言亂語。

嚴重酗酒和缺乏維生素B（寧可喝酒也不吃飯的那種人）也可能對腦部造成重大的損傷，最初的症狀包括困惑、缺乏協調且眼球移動異常；若不立刻透過靜脈注射提供維生素便可能導致永久失憶，患者將再也無法學習任何新事物。

電影《記憶拼圖》準確地描述了這種失憶症，片中的主角利用刺青和拍立得相片收集與記錄情報，以便追殺謀殺其妻的凶手。我認識一名資深醫師因嚴重的酗酒問題產生此類症狀，因而必須住院。他每天早上都會問護理人員他的妻子在哪，並在被告知她幾年前便跟他離婚後淚如泉湧。這就像是電影《今天暫時停止》的劇情，當事人被卡在同一個時間點——腦部損傷發生前的那一刻。

然而，這也不符合柯斯塔的情況。他沒有困惑的跡象，眼球移動也無異常之處，而記憶測驗也顯示他的記憶力正常——他能記住新的事物。

正常的酒醉也許會扭曲一個人的記憶，而「酒精性記憶空白」卻十分常見，這種狀況通常發生於造成「高峰值血液酒精濃度」的狂飲之後。當事人的記憶可能保存著部分零碎的記憶，也可能「一片空白」，而空白處則會隨著時間前進而持續減少；當事人在醒來後，可能會覺得自己失去了一個晚上或甚至一整個「週末」，比利・懷德（Billy Wilder）於一九四五年拍攝的《失去的週末》便是在描述此種狀況。

我曾在證人席上向法官說明此種現象，涉及該謀殺案的是三十八歲的皮爾・卡特（Pierre Carter）。卡特在自己位於漢普郡貝辛斯托克鎮的平房裡，掐死了比他年長的雷蒙・桑德斯（Raymond Sanders）——他們一起在房裡酗酒，而桑德斯多次對卡特做出性侵犯，並且可能曾在卡特的酒裡下藥。卡特後來聲稱自己因為酒精性記憶空白而產生失憶症。

法官問我：「醫師，請讓我知道我是否正確地理解此事。假設我們將一條河想像成酒精之河，你的意思是這條酒精之河退潮時，泥堆裡會出現一個個如孤島般的零碎記憶嗎？」

「一點也沒錯，法官大人。」

判決：失憶症這個理由被接受，被告因受到挑釁而過失殺人。有期徒刑四年。

「酒精性記憶空白」看似可以解釋柯斯塔的失憶症。他在狂飲時灌下的一瓶半伏特加，相當於十五品脫的啤酒，而警察在逮捕他後測量了他的血液酒精濃度，也證實他當時確實為酒醉的狀態。過去他也曾有過記憶空白——他在工作場合的一個朋友曾表示，自己在某晚接到柯斯塔喝醉時打來的電話，但柯斯塔根本不記得自己曾打過這通電話。酒後不開車，也別打電話（尤其如果你被甩了——請複習第十五節）。

我在一九九五年接受精神科訓練時，被分配到莫斯利精神病院的酒精復健病房，並目睹了長期酗酒所造成的駭人後果。酒精依賴症通常在「酗酒生涯的五十年後」才會變得顯而易見（也因此為時已晚），該狀況不僅已惡化多年、極難逆轉，同時也已經造成許多損害。我們當時提供長達六週的戒癮治療和復健入院，但英國國民保健署認為這些療程太花錢，因此早就予以取消。候補名單上的患者，會被指示持續喝酒直到入院的那天為止，為了避免他們發生危及生命的戒斷性癲癇。曾經有名患者堅持不懈地遵守這項指示，結果在搭計程車到莫斯利精神病院時，直接倒在醫院的門階上，鬍鬚還沾滿了嘔吐物。護理師和搬運人員將他抬進病房，並在醫療人員和護理師的監督下開始為他進行戒酒療程。我們提供的戒癮治療，會在五到七天內遞減地提供苯二氮平類安眠藥（樂平片和氯二氮平類的輕效鎮靜劑），這是為了降低發生癲癇的風險，並控制可能的嚴重戒斷症狀，例如冒汗、顫抖和嘔吐。

患者度過戒斷期後，會被安排接受每週兩次的個人和團體療程，我們會針對他們的精神和生理健康問題提供維生素並檢查肝功能等等。這是我首次以共同治療師的身分和一名經驗豐富的護理師一起參與團體治療，我立刻意識到能最有效挑戰「否認酗酒的酒鬼」的人，就是這個團體中的成員們。其中一名酗酒男子害自己破產且即將失去房子，他不斷表示能解決這些問題的辦法，就是認真處理忽略已久的文件，同時將杯子裡的威士忌換成蘋果汁。一名年輕女子對他提出挑戰（她過去常喝三公升裝、酒精濃度高達百分之八點四的白蘋果酒「白色閃電」）：「你滿嘴謊言，你就是沉淪得還不夠。」她繼續說下去，說得遠比我還好：「你這混蛋，你只有在鼻子撞到水底後才會開始浮回水面……你如果進了坎伯韋爾格林的酗酒學校就會明白了。」（酗酒學校中的重度酗酒者會各自拿出部分福利金，以確保人人都有酒喝。）

酒精病房的患者大多在被酒精毀了一切之前都曾有工作，他們也大多都有故事說。我們接收過各式各樣的人，包括醫師、資深警官，還有一名工會成員——他讓我聯想到我的外公，他有著同樣的體格，以及如拳擊手般、砂鍋大的拳頭。他的家族來自倫敦東區，過去大多是弗利特街的印刷工會的成員，或是史密斯菲爾德市場的搬運工。他酗酒的部分原因是為了悼念昔日的生活方式，但他也承認印刷業的飲酒文化就跟英國皇家海軍的差不多。有時候，他會在輪班結束後坐在印刷機上喝光一瓶蘭姆酒，這些機器正在印製一些書籍的初版。對一些人而言，戒酒實在太痛苦，曾有名患者為了狂飲一場而離開病房，他被送進國王學院醫院的急診室時，他的胃袋周圍的血管皆已腫脹或破裂，最後他因內出血而死。

酒精依賴症最初是由莫斯利精神病院教授格里菲斯．愛德華茲（Pr Griffith Edwards）辨明並定義為「有著生理依據的醫學狀況」，其特徵包括為了減輕戒斷症狀而不斷喝酒，以及只喝特定某種酒且耐受性提高（因而越喝越多）。雖然柯斯塔還沒成為酒精依賴者，但他確實是個不快樂的人，並且似乎出於不明原因而需要定期狂飲。

酒精就是有辦法控制人們的生活和決策能力。治療末期酗酒者的經驗，迫使我重新檢討自己的飲酒習慣——當時酒精病房的患者們令我心煩意亂，使得我失去了對沁涼啤酒和紅葡萄酒的喜好。我在那個夏季以「每次和親友出門時都主動擔任指定駕駛」為策略戒酒，而這很顯然是我在酒精病房待了半年所產生的反應。

第二十二節

儘管我找到柯斯塔失憶的可能原因，卻還是無法解釋他為何殺人。我收到與往常一樣厚的陳述書和證物，我打算在搭列車去德比市出席一場聽證會的路上閱讀這些文件。我決定騎自行車去車站並把車停在那裡，我將西裝襯衫、西裝外套、領帶和輕盈的鞋子塞進背包，連同兩疊厚重的文件。

我在沿著攝政公園路的下坡道滑向尤斯頓車站時想著這起案例。**柯斯塔潑灑並點燃高度易燃的汽油，這肯定是刻意且經過計劃的舉動吧？當時喝醉的他，怎麼有辦法逃離爆炸現場？**我想像可憐的蘇菲亞當時是什麼感受……烈火四處飛竄的畫面在我的腦海裡重複播放。我很同情那些發現她的警員，他們看著她如喪屍般蹣跚走來，蘇菲亞當時的模樣想必十分駭人，也難怪那些警員根本不知道該如何幫她。

在火災的死亡案件中有百分之八十是因為吸入濃煙——吸入有毒的氣體，尤其是一氧化碳和氰化氫，再加上氣管被灼傷，都會導致傷患在加護病房裡戴上呼吸器仍無法呼吸。我太熟悉這類傷勢，因為一九八七年國王十字地鐵站大火的當晚，身為醫學院學生的我正在急診室實習，那場火災造成三十一人死亡。我常常思索著謀殺案受害者在臨死時有何感受，以痛苦程度而言，「被燒死」一定高得難以想像。

而柯斯塔腳踏兩條船的狀態，又是如何促使他對蘇菲亞做出如此的致命行為？

他的主管說他的工作紀錄良好，沒有操行方面的問題，而警方也確認了他沒有任何犯罪前科。然而，蘇菲亞的妹妹卻描述柯斯塔喜歡控制人、愛吃醋且有點像名霸凌者。諸多證詞清楚地指出，蘇菲亞雖然沒讓家人知道柯斯塔腳踏兩條船，但她曾向一些朋友坦承，而其中一人是瑟莉絲蒂（Celeste）。

瑟莉絲蒂說他們倆剛開始交往時深愛著彼此，後來因為柯斯塔覺得蘇菲亞養的貓既骯髒又討厭而開始爭吵。柯斯塔的佔有慾很強烈，兩人總是「對彼此咄咄逼人」，在口頭上都不放過對方。這段關係持續惡化。

瑟莉絲蒂說她曾經和蘇菲亞一起外出喝酒，過程中柯斯塔拚命打電話給蘇菲亞要她回家。命案發生的幾天前，瑟莉絲蒂也與蘇菲亞在一起，期間喝醉的柯斯塔會打電話告訴蘇菲亞——他終於決定離婚，而且會好好善待她。

可惜為時已晚。蘇菲亞已經等了太久，並試著結束這段關係。她對瑟莉絲蒂說，她想拿回在他那裡的公寓鑰匙，她甚至考慮過要找警察，但最後因為不想害他有麻煩而作罷。

我繼續閱讀其他證人的陳述書。

柯斯塔的妻子莉娜描述這段婚姻一開始很美滿，但後來經常發生爭吵。她的丈夫經常會失蹤好幾天且不向她說明原因，偶爾會以需要接連地值班為由。他在被捕的兩天前離開家裡，並曾打電話給莉娜，以像是喝醉的嗓音說「他已經不愛她了、他受夠了結婚」。

我意識到列車即將進入德比車站，我把文件塞進背包，匆忙下車。

我想不起那天在德比刑事法庭裡的細節，只記得那是一般的量刑庭。我記得我又在一張堅硬的塑膠椅上等了很久，並繼續閱讀陳述書。我請前檯人員以廣播通知律師在法庭外頭跟我見面。我必須轉移注意力，將柯斯塔案擱置大約一小時，將心思放在我來此參與的案件上並做好提供證據的心理準備。沒錯，這種工作真的很忙碌，但這大概就是使我樂此不疲的原因。對我來說，「閒閒沒事做」遠比「截止日的壓力」更可怕。

對工作保有興趣向來很重要，因為我有時會考慮放棄這一行、嘗試轉換跑道。但你如果在醫學界裡選定某條專科路線，通往其他職涯的門扉就會迅速地被關上，你只能盡量把握自己已經做出的決定。雖然我的領域並非學術醫學，但我還是維持了對這方面的興趣，透過授課、協助警方（例如「公共保護」等議題）以及偶爾獨立撰寫或共同撰寫一些研究論文（議題包括霍洛威監獄的囚犯、被拘留的恐怖分子以及詐騙犯的思考方式）。大腦、心智、生平和行為之間的互動實在太有意思，很難讓人感到無聊——有什麼比「拆開一起新謀殺案的一大疊文件」更令人好奇心大作？精神科和法律相關的解謎所帶來的智力挑戰會讓你想繼續做下去，就算皇家檢控署總在你即將前往度假的一星期前交待差事給你。

我能處理柯斯塔案的時間很有限，法院給我的期限實在短得荒唐。但我不介意，因為這是一起很有意思的案子，我很高興能在搭列車返回倫敦的路上繼續閱讀相關的文件。

文件並沒有任何跡象顯示他患有器質性的腦部疾患，或明顯的精神障礙。其中一份文件是皇家檢控署沒使用的警方拘留紀錄，以及謄自錄音偵訊的冗長文稿，上頭有一堆「無可奉告」的答覆。列車駛過北倫敦郊區時，我準備再次將這些文件收進背包。

就在此時，我看到奧斯卡．諾瓦克（Oscar Novak）的陳述書。

蘇菲亞在最初與奧斯卡約會時隱瞞了親友，因為擔心在還沒解決柯斯塔的問題前，就開始與別人交往會使自己難堪。警方因為奧斯卡的電話號碼出現在蘇菲亞的通聯紀錄上（他在案發前一星期曾打給她幾次）而向他取得證詞。

警方常說，每一次謀殺案調查，都會使一至兩對情侶或夫妻分手。任何人只要與受害者有關聯或曾接近犯罪現場，就必須提供詳細且誠實的證詞（否則會犯「偽證罪」），說明自己在案發時的行蹤。而有些人在案發時的行蹤，顯然與他們對伴侶的說詞不一樣。

工作繁忙、資金不足的律師們想必遺漏了奧斯卡的證詞，因為他們在先前對我做簡報時完全沒提到這件事。這份證詞不只揭露了受害者在案發當晚的實際行蹤，也證明了蘇菲亞當時的想法——而提供這些證據的男子則是在她死前剛開始跟她交往。

奧斯卡表示，在他認識蘇菲亞的那一小段日子裡，她很少談到柯斯塔，但她曾承認自己一直在試著結束這段關係，而他也知道柯斯塔依然握有她公寓的鑰匙。他說蘇菲亞曾考慮為了拿回鑰匙而通知警方，但擔心會為柯斯塔引來麻煩或害他丟掉工作。蘇菲亞在喪命的前一天曾和奧斯卡約會，當時柯斯塔曾不斷傳訊和來電。蘇菲亞和奧斯卡那天入住普利米爾酒店，因為她擔心柯斯塔可能又會去公寓找她吵架，她告訴奧斯卡自己上一次見到柯斯塔時，柯斯塔曾試圖查看她手機的通話紀錄。

真相水落石出。我發現了一個「普通的」動機。根據證詞推論，柯斯塔在猶豫多年後終於確定要離開妻子，但為時已晚，蘇菲亞已經有了新對象。她在和新男友約會後的凌晨三點回到公寓，發現柯斯塔一直在等她——也許他當時正納悶著她去了什麼地方？為何這麼晚才回來？——喝醉的他於是對她提出質疑，兩人發生爭吵。他購買汽油的行為暗指他有「預謀」，也就是「掠奪性暴力」，但其中還可能混和著「情感性暴力」——他原本有可能只想嚇嚇她、燒傷她、威脅要燒傷自己或彼此，但酒精的催化及兩人的爭吵促使他越過界線，最終引發了致命的火勢。我先前提過，謀殺犯有時候其實知道——或在魯莽下刻意忽視——酒精或古柯鹼能讓他們獲得所需的「荷蘭人的勇氣」（指從酒精或毒品獲得的勇氣）。

儘管如此，你還是不能因為某人要離開你就燒死對方——除非當「嫉妒」被倒進這團易燃的混合物。

柯斯塔那天醉得太厲害，因此在犯案後一開始的失憶症很可能是真的。他說他的記憶已開始恢復，而他在初次接受警方偵訊（以及我的第一次訪談）時，曾說他的腦海裡有著零碎的記憶，這可能為「酒精性記憶空白」。我猜想他一開始的零碎失憶可能是真的，且他後來想起的命案細節其實比他坦承的更多，但他否認知道奧斯卡這號人物的存在——我對這方面抱持懷疑。他在被捕後持續表示自己不知道情敵的存在，這意味著他能向法庭表示——他犯下的謀殺是一時失控而非預謀蓄意。

這真是一場徹頭徹尾的「精神科的釣魚之旅」。檢方和辯方請我針對他的失憶症、可能的腦部損傷、創傷後壓力症候群、暫時性的精神病發作、精神失常、責任減輕以及適不適合受審等方面發表看法。也許真如他曾向警方暗示的，他原本打算燒傷的其實是自己或雙方，而不只是蘇菲亞。而另一種可能是，他以汽油這種凶器來讓自己跟「謀殺行為」拉開距離——他不需要毆打她或拿刀刺她，只需要潑灑燃料與點根火柴。這起案件看起來像是典型的「親密伴侶謀殺」——凶手因為失去愛戀對象，而感受到自戀心態受損並造成痛苦，對離自己而去的情人產生怒氣，最後被「開始與別人約會」所引發的嫉妒點燃怒火。

我寫好報告，並列出失憶症所有的可能解釋。我在報告中表示，我認為「伴隨著零碎記憶的酒精性記憶空白」是真的，至少在命案剛發生後是真的，然而我無法判定他後來「依然想不起事發經過」是否在說謊。我排除了腦部損傷和精神病，因此他不符合精神失常之類的抗辯。從法律和公共政策的標準來看，「自主的酒精攝取」並非謀殺的藉口，就算你不記得自己做了什麼。無論柯斯塔是否記得事發經過，他選擇承認自己犯下謀殺，並略過了審理程序。

判決：謀殺罪名成立。終生監禁；最少服刑二十一年。

嚴重的酒精相關問題雖然無法解釋柯斯塔為何犯案，但確實有造成影響。他如果在犯案前曾尋求戒酒治療，也許就不會在犯案當晚喝得那麼醉，但就算他曾尋求協助，要透過國民保健服務取得戒毒戒酒所需的治療也很困難。

戒癮和復健服務必定是項值得的投資，因為未經治療的成癮症所造成的健康和社會代價實在高昂，尤其那些伴隨非法藥物交易而來的暴力和謀殺。在二〇一八年，有三百三十二起凶殺案（英格蘭和威爾斯地區所有凶殺案的百分之四十四）都與毒品有關。

但英國如今已經不再有任何國民保健署提供的戒癮和復健療程，這都是因為二〇一二年的「蘭斯利改革」（Lansley reforms），現在大多數的人都認為這項改革為重大的公共政策過失。成癮症治療失去資金，使得相關責任被推到資金不足的地方單位上，但他們有比治療酒鬼和毒蟲更優先的事項要處理。

成癮症服務被委託給民營公司或慈善機構，然而所需資金卻一年比一年不足。當政客表示「想解決日益嚴重的持刀犯罪案，辦法就是改善毒品治療」時，讓人不禁想問他們當初為何關閉這類療程。也許「關閉」這個字眼不符合事實——他們砍掉了給國民保健署的相關資金，刻意使這個區塊枯萎。

無論如何，有些燈塔依然存在。東諾伊爾村（就在多塞特郡的邊界外側）有個稱作「雲屋」（Clouds House）的非營利復健中心，這是個世界級的毒品和酒精復健中心，所在的鄉間別墅建於藝術與工藝運動時期。療程依然存在，前提是患者要能負擔得起，或能說服保健署醫療委員會小組（Clinical Commissioning Group）提供八千九百英鎊以接受較短的二十八天治療。這樣的費用算便宜了，除非像富裕的艾爾頓．強（Elton John）選擇完全自費的療程——他曾在其自傳《我》（*Me*）中鮮明地描述戒毒、復健和長期復原的好處。

我曾在一九九五年造訪「雲屋」，當時是為了改善莫斯利醫院的酒精病房而前往取材（但院方在幾年後便決定關閉該病房）。「雲屋」的車道盡頭有個垃圾桶，方便你丟掉手邊的最後一些酒精飲料。一進入室內就必須開始接受完整的戒癮治療，大約一星期後便能成功戒除。曾有個調查團及一些個人分析，闡述了毒品與酒精問題背後的原因，「雲屋」

因此安排計劃，試圖讓患者避開可能讓他們再犯的觸發因素。

酒精戒癮和復健服務並非東諾伊爾村唯一的特色。我曾在花了一星期處理柯斯塔和蘇菲亞等案件後，於週末駕車西行（通常會帶著兒女）去多塞特探望親戚，享受離開倫敦的平靜時光。

我平時會在下了A303公路後穿過欣登村，經過一間叫「羔羊」的舊式驛車旅館。在開上A350公路並駛向沙夫茨伯里時，我總是會對通往「雲屋」的白色路牌點個頭。那塊路牌下方有塊棕色路標（我每次看到都會莞爾）指向另一個名勝——也可以說是前往「雲屋」的最後一個歇腳處——「狐狸與獵犬酒館」。

我沒去過「狐狸與獵犬酒館」，就算我哪天需要去「雲屋」復健，我也打算避開那間酒館。我有時會光顧多塞特當地的酒館，像是位於皇家塔拉德村的「約翰國王酒館」，並在那裡享用一杯「六便士金牌」啤酒。

我會試著不去想柯斯塔或在酒精病房的患者，也不去想酒精究竟會如何影響大腦，例如多巴胺分泌，或具有自制作用的神經傳導物質的調節。也不去想古代人類是如何湊巧發現果汁在發酵後會變成酒……就只是單純地品味喝酒所帶來的鎮靜效果和愉悅氣氛。

我承認我會在這樣平靜的週末結束時，開始懷念起城市的熙來攘往。但我喜歡多塞特和其他英國鄉下地區的原因之一，是因為這裡的重大暴力犯罪案相對較少，幾乎完全沒有謀殺案。

好吧，至少理論上是這樣……

第七章

因金錢而引發的謀殺

個案研究：誰殺了上校？

第二十三節

二〇〇四年一月八日的凌晨四點五十七分，赫特福德郡的救護車調動中心接獲緊急通報電話。這通電話撥自布拉芬村——位於奎恩河（River Quin）與瑞伯河（River Rib）之間，離弗諾佩勒姆村（Furneux Pelham）大約三哩路——打電話的男子要求他們派一輛救護車去「蜀葵木屋」（Hollyhock Cottage），但沒有說明原因或事件。這名匿名通報者將「弗諾佩勒姆」的拼法唸給調動人員聽時，將「弗諾」（Furneux）多加了一個「a」，拼成了「Furneaux」。此錯誤寫法出現在當地一塊老舊的村莊路標上，他和當地人一樣都將「弗諾」唸成「弗尼克斯」，當地人比較喜歡「弗尼克斯」這樣類似盎格魯撒克遜人的唸法，而非「弗諾」原有的法文發音。通報者也對調動人員說：「那裡靠近本亭福特鎮（Buntingford）。」他加強「本亭福特」的最後一個音節「福特」時的發音，充滿了濃厚的鄉下腔調。警方後來分析了這通電話的錄音，語言專家認為這名通報者應該是當地人，年紀大約為六十歲。

救護車人員來到弗諾佩勒姆村，並在村中四處尋找「蜀葵木屋」。但當時天色黑暗，村裡沒有任何動靜，而他們也找不到稱作「蜀葵木屋」的房子，只好返回基地。

擔任管家的喬瑟特·史汪森（Josette Swanson）在隔天早上來到「蜀葵木屋」，準備幫助她的客戶——年老且行動不便的萊利·沃克曼上校（Riley Workman）——迎接新的一天時，發現他癱倒在他的家門口，對其叫喚聲毫無反應。

史汪森不知道該怎麼辦，於是找來住在附近的艾德華·戴維森（Edward Davidson），他是名律師，也是一名教會委員。戴維森來到「蜀葵木屋」查看，日後他表示上校臉上的驚恐表情令他相當震驚。與此同時，救護人員來到現場並檢查他的生命徵象，最後確認他已經死亡。考慮上校的年紀，他們推測他應該死於自然因素，例如心臟病或中風，雖然確切的原因還是得透過後續的驗屍確認。禮儀師們在幾小時後到來，他們將遺體搬上輪床，在準備送進靈車的時候，注意到死者背部有一道整齊的「貫通傷」（exit wound），寬度大約不到一吋，看起來是由槍械造成。

警方因此獲報趕來。這起死亡案件突然成了待調查的謀殺案。但死者的管家、鄰居和救護人員早已踏遍現場，就算想封鎖並保存現場的法醫證據也為時已晚。根據驗屍報告和彈道分析，上校是被一種不常見的子彈所殺——發射自十二鉛徑霰彈槍的「獵鹿彈」；十二鉛徑霰彈槍通常用來打雉雞或鴿子，每一枚霰彈裡有一百七十到二百七十顆的小型彈丸，每顆重量約兩公克，彈丸以鉛製成，為了增強硬度還混合了銻。

相較之下，一枚獵鹿彈裡大約有八顆大型彈丸，每顆直徑約一公分，重量超過五十公克。此種彈藥以「制止力」（stopping power，能讓中槍目標迅速喪失運動功能）而聞名，主要搭配戰術型霰彈槍，美國的警察和民眾（用於居家自衛）最常使用。不同於一般的霰彈槍，獵鹿彈造成的射入傷和貫通傷較為狹窄且集中，乍看之下很難察覺。

在英國使用獵鹿彈的人僅限於「獵場看守人」，他們會負責確保獵場裡有足夠的大型「地面獵物」（例如狐狸）。而離案發現場最近且販賣此種彈藥的商店位於東巴奈特村，離弗諾佩勒姆村超過五十哩遠。

無論打死上校的彈丸來自何處，彈道專家都確認了這枚彈藥在發射時，距離目標大約十呎遠——這無庸置疑地是刻意謀殺。此外，犯案現場沒有任何東西遭竊，包括上校最寶貝的銀器收藏，因此這必定是場冷血的處決，也許出於某種恩怨。

史汪森最後一次見到上校是在案發前一晚的七點三十五分左右。警察挨家挨戶地詢問，盡量在「黃金二十四小時」的剩餘時間裡蒐集證據，他們得知有些證人在案發前一晚的八點二十分左右聽見一聲砰然巨響。但在弗諾佩勒姆村這種鄉下地方的晚上聽見槍聲乃稀鬆平常之事，因此沒人在意。

八十三歲的沃克曼上校是第二次世界大戰的老兵。他從牛津大學畢業後便加入陸軍，並於大戰期間待過牛津郡和白金漢郡的輕步兵部隊，該部隊後來成了「綠夾克旅」（Green Jackets Brigade）的一部分。他在服役期間大多在緬甸和日軍交戰，後來還曾駐紮於加拿大、奈及利亞、德國和賽普勒斯，也曾走遍美國。認識他的老兵們都說他是一流的軍官。

沃克曼在一九六〇年代中期從軍隊退休，並在古董業工作了一陣子，後來則在弗諾佩勒姆村定居。救護車人員之所以找不到他家，是因為他家有好幾個稱號——上校的妻子喬安娜（Joanna）喜歡「蜀葵木屋」這個名稱，但上校自己則稱它「公雞屋」，因為他在屋頂上裝了一座公雞造型的風向標。

據說喬安娜後來癱瘓的期間都是由沃克曼照顧她，他在她病逝前經常去醫院探望她。她在二〇〇三年離世，火化後的骨灰和愛犬塔拉（Tara）的骨灰混在一起。

沃克曼原本喜歡抽雪茄，或在家附近的「酒桶栓酒館」喝兩杯，但在喬安娜死後，他便成為隱居者且較少在酒館出現，他平時都待在家裡重複閱讀《魔戒》（*The Lord of the Rings*）和《哈利波特》（*Harry Potter*）系列。他在遇害的前一年，開始聘雇史汪森為管家以協助他生活，而那天早上便是她發現他的遺體。

這是典型的「誰是凶手」的調查案。警方毫無線索。

赫特福德郡警察在官網上公布了那通報案電話，希望有人能協助指認通報者的身分；為了採集證據，刑警們拿走了布拉芬村電話亭裡的話筒（那通電話便是從這裡撥出），他們後來甚至搬走了整座電話亭，地面上只留下一個洞。大約有兩百人針對那通匿名電話聯繫了赫特福德郡警察，但線索都不夠確鑿。

當地的教區牧師羅伯·諾克斯（Robert Nokes）表示，他搞不懂怎麼會有人槍殺沃克曼這樣「努力把握人生的老人」。與此同時，外界的猜測也持續擴大。大家很難想像犯下這起冷血蓄意謀殺案的人，很可能就是社區裡的成員。會不會是殺錯人？又或者凶手是跟他在服役期間有些恩怨的軍人？

警方也針對謀殺案「是否出自財務動機」進行調查，如果是，警方又該如何找出凶手？沃克曼在弗諾佩勒姆村算是相對富裕的居民，極有可能成為劫財犯罪的目標。他所住的木屋多年來增值了許多，且他領有資深軍官的豐厚退休金（按照退休前的月薪按月發給，同時配合物價指數調整）；他後來在古董業工作多年，擁有了許多高價古董和銀器的收藏……刑警們高度懷疑這是起因金錢而引發的謀殺案。

相關疑點持續增加——他是詐騙犯的受害者嗎？或是有人試圖勒索他並威脅要他交出錢財，否則就要公布關於他的真實或不實緋聞？也許凶手試圖勒索金錢或土地，要求他修改遺囑？還是他跟古董業的某人發生了糾紛？

這起案件簡直就像典型的電視劇，然而虛構故事和電視劇裡的謀殺故事，通常會過度強調凶手為了錢財而多麼精心策劃謀殺。金錢引發的謀殺其實意外地罕見——英國於二〇一八年的七百二十六起凶殺案當中，只有四十七起（百分之六）的凶手是為了竊盜或錢財而犯下，三百七十三起（百分之五十一）則是因為發生衝突、報復或一時失控。

美國也有著類似的統計數字——二〇一八年的一萬四千一百二十三起謀殺案當中，有八百五十一起（百分之六）是因金錢而引起的謀殺。這些案件中有五百四十八起是搶劫時所發生的悲劇，七十五起發生於闖空門期間，二十三起發生於暗中行竊，六起是因為賭博糾紛，而一百九十九起（所有謀殺案中的百分之一點四）則是發生於因金錢或財物所引發的爭執。搶劫殺人案一開始的動機是貪戀錢財，而非為殺而殺，之所以會發生殺人事件，是因為在威脅受害者時造成了嚴重傷勢，或因為受害者抵抗而使劫匪衝動犯下——當然，這依然屬於謀殺案。而竊盜凶殺案通常一開始也只是竊盜，卻可能因行竊時事跡敗露而引發殺意（除非案件同時含有戀物癖、竊盜、強姦和謀殺四個因素——請見第三節）。

如果排除搶劫、竊盜和賭博相關的凶殺案，冷血的金錢謀殺顯然只佔剩下那百分之一點四的凶殺案中的一小部分。

為了金錢而謀殺親密伴侶的案件也十分罕見，如同我先前所描述，親密伴侶謀殺案更可能因為一時衝動而犯下。如果一對情侶或夫妻當中的其中一人被殺，警方通常都能立刻找出凶手；一般人應該都知道，為了爭奪保險金、財產繼承或離婚糾紛而殺害配偶一定會被警察逮到——但看來還是有些人不懂這個道理。

例如最近發生的艾米爾．希利爾斯謀殺案——這名軍中健身教練被判定兩次試圖殺害妻子；他過著不為人知的雙重生活，欠下一屁股債且有召妓的習慣，還與一名在網路上認識的女子發生不倫戀。他在調查妻子的人壽險後，試著對家裡的瓦斯管動手腳以殺害她，然而這招卻失敗了。他於是改前往跳傘起降場，並破壞她的降落傘（他們倆都熱衷於跳傘運動），最後她因為傘繩糾纏而造成脊椎受傷，還跌斷了一條腿、鎖骨和肋骨，但依舊沒死於這場謀殺。

經過兩次刑事審理（一名經驗豐富的跳傘教練為此提供了專家證據），希利爾斯被判定兩項謀殺未遂罪名成立，並被判處終生監禁，最少服刑十八年。

媒體沒提到希利爾斯曾接受精神評估，但報導方式暗指了從他可能的動機和行為來判斷，他想必有精神變態者的特徵。至於這種推論是否合理，就由你自行判斷。

除了希利爾斯的案例，其他案件研究也清楚表明了精神變態者的特徵，例如狡猾、操弄人心、能言善道、表層魅力以及缺乏同理心，這些特質其實也能在部分看似奉公守法的普通人身上找到。你可能見過一些符合這種描述的人。羅伯特．哈爾（Robert Hare）是此領域的專家，曾在他的著作《穿西裝的蛇》（*Snakes In Suits*）中探討「公司裡的神經病」㊷——他認為公司裡的精神變態者的破壞力經常被忽視，因為他們經常表現出魅力十足的行為。

然而精神變態詐騙犯，也可能成為精神變態謀殺犯。金融詐騙犯值得注意的特徵，是他們通常都具有「自戀型人格」的特質，而自戀特質再加上精神變態特質，便可能使詐騙和欺騙演變成謀殺。

精神科醫師兼精神分析師潔西卡．耶凱利（Jessica Yakeley）曾描述，自戀心態是指人格特質從「虛榮」和「自我愛慕」演變成「自戀型人格障礙」的一種精神病㊸。專家認為，自戀特質存在於一支滑尺上，其中一端是健康且正常的自戀心態，能夠提供適應力，並保護當事人免於低自尊的感受。

而滑尺的另一端則是自戀型人格障礙的特徵，包括自大狂和「自我重要」心態——長期幻想自己很成功或大權在握、相信自己很特別，以及抱持著特權感——擁有這類特質的人可能傾向於剝削他人、缺乏同理心、嫉妒他人或做出傲慢的行為。專家認為自戀心態有兩種亞型，一種為「厚臉皮自戀」的傲慢和自我肯定，另一種則是「薄臉皮自戀」的過度敏感、不安、防衛心態、羞恥和焦慮。而厚臉皮表象，有時是針對薄臉皮內心所做出的心理防禦，例如自戀狂喜歡說出有損他人尊嚴的玩笑，自己卻完全無法接受這種挖苦。有些人認為，國際舞臺上的部分知名政客，便結合了類似的自我評價、自信，並且無法忍受被批評。

「自戀型人格障礙」會為工作、人際和財務方面造成問題，因為自戀狂通常需要他人隨時給予注意力與大量的仰慕，並期待自己被視為高人一等。他們會誇大自己的成就，並且滿腦子都是有關成功、權力和美貌的幻想。他們會為了達成目的而剝削或操弄他人，並且無法或不願承認他人的需求和感受。他們也許會要求擁有最好的車或辦公室，或堅持要牢房裡最舒適的床鋪；如果他們不是戒備精神病房進行評估時第一名被接見的患者，還可能因此生氣。

「自戀型人格障礙者」很難接受批評，也很難控制自己的情緒和行為。有人認為他們以「假我」取代了「真我」，並透過「無所不能」的感受，使自己免於自戀心態受損。

也就是說，自戀狂可能透過詐騙或詐欺來取得他們認為自己值得擁有的東西，同時，他們缺乏內疚或罪惡感，因此也不在乎自己的行為會為他人造成什麼影響。當他們的舉動遭到破壞或挑戰時，他們可能會做出衝動的反應，甚至因為盛怒或為了湮滅證據而殺人。

自戀心態和「精神變態者」有著密切的關係，自大心態和缺乏同理心的自戀特質，是精神變態測評量表的評估項目。部分學者認為，精神變態者就是自戀心態、反社會行為及施虐傾向的混合體。自戀心態也是司法精神科許多領域的串線，能幫助我們理解詐騙犯、騙徒、謀殺親密伴侶的凶手、跟蹤狂、詭辯者以及縱慾槍擊犯等犯罪者的行為。

在部分極端的案例上，自戀所產生的「假我」可能透過病態性說謊呈現，患者甚至可能換上全新的偽造身分。

與自戀心態有些重疊的人格特質「馬基維利主義」（Machiavellianism）——鮮為人知的觀念，並非正式的精神科病名——會使用自私的策略來操弄社交和人際方面的互動，例如詐騙、拍馬屁和情感分離。馬基維利主義、自戀心態和精神變態被稱為人格特質的「黑暗三聯徵」（dark triad），學者認為這與在工作場合所做出的負面行為，以及不當的金融舉動有關。

第二十四節

除了評估凶殺案，我也曾評估過一些詐騙案的被告，大多出自於檢方的請求。我曾共同撰寫一篇有關「詐騙犯的內心」的學術論文，並在該文中建立了一套針對詐騙犯的精神障礙分類法[54]。

我最初奉命評估黛安．惠特沃斯（Diane Whitworth），她和她丈夫設下了一套龐氏騙局，說服容易受騙的退休人士分別拿出五千英鎊進行投資，該項目的利率高得不像話。惠特沃斯夫婦從那些毫無警覺的投資人手中拿到錢後（總計超過六十萬英鎊）買了一輛豪華名車，還經常在國外奢華地度假。後來，惠特沃斯夫婦遭到英國稅務海關總署（HM Revenue and Customs）和警方調查，她在被警察拘留期間假裝癲癇發作，辯方因此試著提出她「精神不穩而不適合受審」。我在她家（一棟鄉間豪宅，外頭還停有一輛賓利）評估她的狀況時，她全程沉默不語。後來她出庭時，宣稱自己失明且半邊癱瘓。當年的我天真又好騙，我根據她所描述的症狀，判斷她可能是嚴重偏頭痛所引發的動脈痙攣，或者是中風。但經過一番嚴格的「受審能力判斷」（由另一群陪審團判斷）後，她被認為有能力判斷是否要認罪，也有能力接受審判。檢方大律師犀利地交叉質詢了一名精神科醫師（這名醫師曾在自己的私人診所治療她）並得知了一個令人難以辯駁的事實——她曾多次裝病，就為了用古怪的理由申請旅遊保險理賠。最終她和她丈夫的詐騙罪名成立，並分別被處以四年和六年徒刑。

我曾多次遇上類似的案例，有些詐騙及事後宣稱失憶的方式荒唐得近乎可笑。律師約翰．威爾默特曾憑空捏造一起有關波音噴射機引擎的交易案，試圖取得高達一千七百五十萬英鎊的增值稅退稅款；他自稱患有精神障礙，但被判斷為詐騙且「有能力接受審判」，最後被處以五年徒刑。我在一系列嚴重詐騙案上為皇家檢控署提供證據後，奉命為「重大詐騙案調查局」（Serious Fraud Office）的人員提供訓練，教他們判斷此類案件的被告是否適合受審。我從這類案件中發現，犯下詐騙案的歹徒為了逃避法律責任，可能會試著欺騙法庭和負責評估他們的精神科醫師他們患有失憶症。

我在不久後遇見的案例，展現了疑似馬基維利主義者的冷酷無情、缺乏同理心、寄生蟲般的生活方式，以及精神變態的金融詐騙行為所引發的凶殺。犯案者是阿南德．巴瑪（Anand Varma）。

巴瑪當年二十六歲，平時沉浸於金融市場遊戲，也會在線上進行「點差交易」（spread betting）。他自稱是「期貨商」，但他其實是名賭徒，負債超過十萬英鎊。

他為了還債而瞞著父母以他們的房子和名義抵押借錢，他也偽造了父母和幾名替他辦事的律師的簽名，騙取了超過二十七萬英鎊，並以這筆錢償還越滾越大的點差交易債務。

他在因此事遭到父親質詢後，於二〇〇三年十月二十六日掐死了五十九歲的父親，將屍體裝進旅行箱，並藏進他的福特汽車的行李廂。他在行凶前一天曾上網搜尋「謀殺下毒」和「謀殺殺人」等關鍵字。之後，他報警說他的父親失蹤。

他接下來做出的舉動實在驚人——我認為這是許多詐騙犯都有的心態，他們傾向於否認真相，不只欺騙他們的受害者和警察，也欺騙自己。他們會對自己說：「盜用退休金沒關係，未來我會把這筆錢還回去。」而巴瑪想必便是出於這種否認心態——他任憑父親的屍體在那輛福特裡腐爛了兩個月，眼不見為淨。

父親「失蹤」後，巴瑪也加入搜索團隊。他聲稱自己賣掉了那輛福特，並買了一輛BMW五系列，但沒有任何文件能證明這番說詞。

不可思議的是，巴瑪依然經常回到藏有父親腐屍的福特，他會拿走夾在車上的停車罰單，再收進車內的手套箱裡。這些停車罰單上都註有時間與日期，也沾有他的指紋，因此皇家檢控署能清楚證明他曾多次返回這輛車。

巴瑪的衝動心態相當強烈——他懶得處理屍體，而是忙於賭博——證據就是他將自己與屍體的存在分離開來。

我曾為一間專科診所收治的賭徒們進行精神評估，但很快便發現司法精神科在這類案件上幫不上忙[55]。賭徒對賭博的強烈癮頭，以及賭博驅使他們做出的極端詐騙行為，實在令我大開眼界。然而，就算賭博的衝動非常強烈或難以抗拒，賭徒們還是有能力抵抗，因此刑事法院一定會讓賭徒為自己的行為負責。我在經歷一場令我格外難受的法庭聽證會後，清楚意識到有名賭徒對我撒了一大堆謊。賭徒的腦部掃描指出，當事人在經歷模擬的賭博實驗時，大腦的「腹側紋狀體」(ventral striatum，負責做出獎勵的中樞部位）會啟動。而令賭徒上癮的並非「獲勝」，而是「揭曉結果前一刻的那種不確定感」，他們將這稱作「置身於遊戲當中」——這是一種受虐傾向，卻非常容易使人上癮，而這可能也是促使巴瑪犯下殺人行為的因素之一。

警方在找到屍體後將巴瑪逮捕。你肯定覺得這起謀殺案的審理就像打開、關上汽車行李廂一樣簡單（請原諒我的雙關語）。然而，巴瑪被還押於貝爾馬什監獄的期間又想出了另一套鬼話，他捏造說有人買下了那輛車。他的同牢獄友納古·莫菲（Nagu Murphy）是名低智商的快克古柯鹼成癮者，他因為輕罪而入獄，很快就會出獄。

巴瑪對這名同牢獄友施展魅力，並誘使對方提供幫助，巴瑪表示會教他玩線上交易以致富。莫菲答應了，但在出獄不久後又因另一件輕微犯行而遭到逮捕——警方發現他擁有一些跟巴瑪謀殺案有關的檢方文件，部分文件由巴瑪所寫，巴瑪相信那些虛假陳述（false statement）會由第三方交給警察（這些文件詳細描述了虛假陳述該怎麼寫，以及合作者將如何收到酬勞）。

莫菲在接受警方偵訊時坦承了整項計劃。

我奉命評估莫菲「是否適合接受警方偵訊」，「受審能力判斷」判定莫菲的認罪證詞可以呈給陪審團。巴瑪和莫菲被判「妨礙司法公正」，而巴瑪則被判謀殺了父親。

判決：謀殺罪名成立。終生監禁，最少服刑十四年。

回到沃克曼上校的命案上，殺害他的凶手很可能是詐騙犯兼謀殺犯、勒索者或敲詐者（可能具有精神變態特質），起因是上校威脅要向警察告知這個人的存在。這確實是調查方向之一，但警方似乎找不到有關金錢動機的線索（通常會分析銀行紀錄以尋找任何不尋常的交易，以及分析電話通聯紀錄等等）。有關金錢動機的線索沒被找到，至少一開始沒有。

另一個關鍵的調查方向是尋找將沃克曼槍斃的那把霰彈槍，警方在此遇見兩個問題——這起謀殺為何使用槍械？以及是以何種方式？

持槍殺人案在英國很罕見，這要感謝英國嚴格的槍械管制法——申請霰彈槍執照需要花費幾個月的時間，還需要提出合法用途的證據，例如打獵、農地害蟲控制，或身為飛靶射擊俱樂部的成員。不同於美國，英國在此方面會進行背景調查，包括病歷和犯罪紀錄，而「槍械調查員」（Firearms Enquiry Officers）也會到申請者家中進行訪談再做出決定。申請通過後，申請者的家裡還必須裝設槍械保險箱，並經過槍械調查員檢查後才能拿到證書，而每一把經過登記的霰彈槍在槍托和槍管上也都刻有無法磨除的序號。

儘管有如此多的安全措施，英國還是有超過一百萬名霰彈槍的持有者，其中大多是飛靶射擊的愛好者，而其他槍械（像是獵槍或遠程步槍）的持有者也超過五十萬人，這些槍械因為射程較遠而需要更多嚴格的檢查。整體而言，英國的槍械持有者接近兩百萬人，與美國相比並不算多——美國的人口大約為英國的五倍，而合法的槍械持有者則高達兩億六千五百萬人。

英格蘭和威爾斯地區在二〇一八年發生了二十九起槍擊謀殺案，這個數字稍微高於一般水準（前六年的數字介於二十一到三十二起）。在這些案件當中，只有少數人合法擁有槍枝，其他大多為使用非法手槍和削短型霰彈槍的幫派分子。相較之下，美國在同一年發生了一萬零兩百六十五起槍擊凶殺案，大約佔所有非法殺人案的四分之三；美國在二〇一七年發生了九百八十六起與警察有關的致命槍擊案，英國在同年只有六起，其中包括在倫敦橋和西敏市犯案的四名恐怖分子，他們當時打算做出「襲警自殺」的行為（suicide by cop，透過對警察做出襲擊舉動，並遭擊斃以達成自殺目的）。

上校案的其中一個問題是凶器是非法武器（是不是削短型霰彈槍）或是合法持有的霰彈槍——這在鄉下地區的可能性很高。命案現場沒有找到彈殼，而霰彈槍的彈丸也很難進行彈道的分析，因為霰彈槍的槍管內側沒有膛線，不會在彈丸上留下能用於鑑定的紋路。

警方調查了當地合法的槍械持有者後仍一無所獲，此案依然是個謎團。這起謀殺案雖然上了BBC頻道的《犯罪觀察》（*Crimewatch*），依舊沒能取得更多線索。

我雖然在倫敦住了超過二十年（在海外工作的日子除外），但我很熟悉英國的鄉下環境。弗諾佩勒姆村跟我在小學時住過的多塞特很相似。在我的孩子們稍微長大且適合外出旅遊後，多塞特便成為他們遠離倫敦那種拘束環境的完美解藥；他們很喜歡到多塞特旅遊——能不用擔心車輛地四處奔跑，還能收集地雞的蛋或餵兔子吃東西。這是英國作家湯瑪士．哈代（Thomas Hardy）的田園，在封建時代皆是農地，如今則成了最好的酪農場。鄰近的克蘭伯恩大通（Cranborne Chase）的丘陵上常舉辦高級的鷓鴣射擊活動；到了冬天，許多農民會在休耕期獵雉雞來燉湯，或槍擊鴿子以控制對農場有害的動物數量。簡單來說，以鄉下的生活方式而言，槍械是不可或缺的一部分。

我因為熟悉這種環境，自然對接下來發生的事感到好奇——二〇〇四年七月，我奉命評估克里斯多夫．努茲，他是當地的捕鼠專家並熱衷於鄉間活動，他曾在沃克曼上校遭到槍殺後（就在一年前）接受偵訊。

努茲當時大約二十五歲，他和父母一起住在離弗諾佩勒姆村不遠的史塔金佩勒姆村（Stocking Pelham）。他是自營的害蟲防治專家，經常有人看見他開著四驅車在此區域出現；他負責驅逐菜圃裡的鼴鼠，或幫當地農夫處理老鼠、田鼠和狐狸之類的有害動物。努茲在二〇〇一到二〇〇三年替上校清理了黃蜂窩，收取的費用是三千英鎊。

上校的謀殺案發生不久後，努茲因為一件輕微犯行而來到警察局，因此接受了關於槍擊案的偵訊。他向警方坦承，他曾在上校死前三個月與上校談過有關黃蜂窩的事，但後來便沒再與上校聯絡。沒有任何法醫證據指出努茲跟犯罪現場有關，雖然警方在他的車上發現一些霰彈槍殘留物，但這在當地很稀鬆平常。再加上沒有任何動機或證據顯示他與命案有關，他因此沒被控告並獲釋。然而，他在被警方偵訊後上了當地的報紙，而後續的公眾效應使他失去了很多客戶，難以繼續工作。警方會不公平地針對他，是因為他喜歡獨來獨往且靠捕鼠維生？是否因為槍擊案沒有其他嫌犯，使得他在當地人中顯得特別可疑？

或許有人猜想他因為「殺動物」這種工作而變得想殺人——獵殺動物者會不會哪天就將槍口對準人類，就像理查德．康奈爾（Richard Connell）於一九二四年出版的短篇小說

《最危險的遊戲》（*The Most Dangerous Game*）？美國的羅伯特·漢森案便是類似的案例，他為了性侵而擄走了十七名女子並將她們上銬，他用他的雙座輕型飛機將她們載去阿拉斯加的荒野。在抵達目的地後，他以施虐的心態放了她們，讓她們擁有重獲自由的一絲希望，最後無情地獵殺了她們——該案後來被翻拍成二〇一三年的電影《驚天凍地》（*The Frozen Ground*），由演員約翰·庫薩克（John Cusack）飾演漢森。漢森的體型瘦小，不善社交，並且經常因為說話結巴而遭取笑；他在高中時因為被女孩們拒絕而變得獨來獨往，於是他透過獵殺動物以發洩恨意，而最初的「獵殺動物」逐漸惡化成「跟蹤人類獵物」。他被判終生監禁，於二〇一四年死在獄中。

難道同樣獨來獨往的努茲，也將獵物目標從動物改成人類？撲滅菜圃鼴鼠、老鼠和其他害蟲的這份工作使得他變得想殺人，甚至讓他嘗到殺戮的快感？又或許，他曾試圖以某種方式欺詐上校？我奉命針對他一件無關於槍擊案的輕微犯行評估他。

我不能透露我在二〇〇四年七月與他進行的保密訪談中的內容，但媒體當時對努茲的描述，讓我想起我在多塞特見過的樸實居民，他們靠耕田、打獵、捕魚以及相關交易維生，就像一些漁夫從弗洛姆河（River Frome）捕來的新鮮鱒魚，來換取我母親養的雞所生的新鮮雞蛋。

努茲沒有霰彈槍執照，因此無法合法取得殺害上校的那種能發射沉重獵鹿彈的十二鉛徑霰彈槍。我後來沒再收到有關此案的消息，我以為努茲已經回去繼續做著抓老鼠之類的鄉間工作。調查工作不了了之，沃克曼上校命案未能破案。

然而，在二〇〇四年十一月三十日（就在英國的「篝火之夜」結束不久後），一名屬於「遊居群體」的年輕人弗瑞德．摩斯（Fred Moss）離家後失蹤了。

我一開始沒聽聞相關報告，因為只有艾塞克斯郡當地的新聞報導了這起案件。弗瑞德很喜歡鄉間活動，他經常帶著他養的勒車犬「奈利」（Nellie）一起去獵兔——獵兔活動會使用腳程快的視覺型獵犬，例如灰狗或混種的勒車犬，牠們會依賴視覺而非嗅覺捕捉獵物。獵兔活動是灰狗賽跑的前身，這類競賽中的犬隻會追著一隻假兔跑；灰狗賽跑如今在英國已被禁止，但在愛爾蘭共和國依然合法，並且在英國的遊居群體中仍相當受歡迎。弗瑞德擁有一間鋪柏油路公司，他用賺來的錢買下兩塊土地，打算在上頭為自己蓋一棟永久的住所。

最後一次有人看見弗瑞德．摩斯是在十一月三十日的早上，在他位於艾塞克斯郡的斯丹斯達蒙費雪特村的阿姨家裡。他帶著奈利，並開著他那輛黃色的佛賀Astra廂型車離去，然後似乎就徹底從地球上消失了。在他失蹤的三十六小時後，他的家人提出了十二萬五千英鎊的獎金，希望有人能提供有關他的消息，遊居群體有五百人自願幫忙找他。奈利在牛頓村附近被尋獲，搜救隊因此將注意力放在該區域上；這起案件一開始是失蹤人口調查，但隨著時日經過，越來越多人擔心弗瑞德可能成了犯罪事件的受害者。

二〇〇四年十二月三日星期五，弗瑞德的廂型車被發現棄置於一座停車場，此案因此轉朝謀殺案方向調查——東赫特福德郡和西艾塞克斯郡周圍區域的警察，在一年內碰上第二起鄉間的神祕謀殺案。這兩起謀殺案之間有關聯嗎？

警方說他們曾在十二月五日星期天下午質詢一名男子，但拒絕透露他被拘留在哪，只說他不是農夫、地主或遊居群體的成員。而這名男子就是捕鼠專家克里斯多夫．努茲。

我後來得知警方是依據例行程序而盤查了弗瑞德．摩斯認識的每一個人，並發現摩斯和努茲彼此認識。努茲曾幫摩斯設下捕兔陷阱，好讓摩斯訓練自己的勒車犬去追捕更大且更快的野兔。努茲因為弗瑞德失蹤案而被帶進警察局偵訊時，立即承認他們倆是朋友，但也不清楚摩斯的去向與遭遇。

弗瑞德．摩斯的遺體未被尋獲，但警方開始進行嚴密的調查並拼湊證據。手機基地臺數據分析顯示，摩斯的手機在本亭福特鎮的區域。而克里斯多夫．努茲的手機分析則顯示，他曾與摩斯在同一時間去過本亭福特鎮，警方認為他們肯定曾在那裡碰面。十一月三十日下午一點，有監視器拍下摩斯的廂型車和一輛深綠色的路華休旅車（這點與證人對努茲的車型描述吻合）一起駛過附近的一座村莊。根據摩斯的手機數據判斷，他在下午一點十五分時，很靠近利靈頓附近的海菲爾德農場。海菲爾德農場是一片偏僻的農場區，只有四驅車才開得進去。摩斯的手機在下午三點十五分和三十七分間與基地臺切斷聯繫。

警方的調查確認了努茲經常在海菲爾德農場槍殺有害動物，當地的農場主人們允許他在那裡開槍。他每週會去那裡兩次，有時候會在夜間架設燈光，因為他喜歡打兔子。換句話說，努茲對該區域瞭若指掌。

手機分析清楚地指出努茲進出農場的路線，因為他的手機曾分別接上鄰近區域和更遠區域的基地臺。我在二〇〇〇年代初期的許多謀殺案裡發現，很多凶手還不知道這個新的調查工具有多麼強大。手機相關證據成了謀殺案成功定罪的關鍵因素——努茲的說詞明顯不符合他在殺人時間點的下落，他被控告妨礙司法公正並還押於監。然而，因為始終找不到屍體，因此沒有足夠的證據能控告他謀殺。如果摩斯及其手機消失時努茲就在旁邊，那麼摩斯究竟有何遭遇？顯然只有努茲能回答這個問題。而努茲為何會多次回到這個地點？他是在找摩斯嗎？如果是，他又為何不向警方坦承？面對這些證據，努茲拿不出能讓自己脫罪的解釋。

後來警方逐漸蒐集了更多證據，但有個問題依然存在——弗瑞德．摩斯的遺體在哪？這個答案來自努茲本人。努茲被還押於貝德福德監獄的時候，曾對同牢獄友說他用一把小口徑槍械殺了摩斯，還說這麼做是出於「百分之百的私人恩怨」。他說他用小刀和鋼鋸肢解了屍體，並用車子載去焚屍地點。

這名同牢獄友表示，努茲說話的態度極為事不關己且充滿諷刺，他甚至說自己幫了摩斯的家人一個大忙——至少他們不用幫他買棺材。同牢獄友向獄卒提供了這項情報，而獄卒則轉告給調查此案的刑警。

警方開始蒐集法醫證據，並在努茲的車上發現了符合摩斯的DNA。努茲對同牢獄友說出的其他情報，使得警方找到了一把沾有血跡的鋼鋸，而經過詳盡的DNA分析後，確認這些血跡來自於摩斯。

警方持續蒐集證據，並向皇家檢控署說明案發經過——努茲誘使摩斯前往一個偏僻的地點，開槍將他擊斃並以小刀和鋼鋸將他分屍。警方判斷凶手在駕車時移動了摩斯的遺體，將其放在木製貨板上，放火將其燒成灰。努茲將摩斯的勒車犬放在九哩外的地點，是為了避免讓摩斯的家人透過獵犬找到線索。

警方花了一些時間才準備好所有的證據，而這起謀殺案一直到一年多後的二〇〇六年初，才在北安普頓刑事法院開庭。檢方做了開場陳述、提出監視器畫面，並說明法醫電信專家辛苦整理的手機相關證據。二月二十三日，辯方做出陳述，努茲卻說出了完全不一樣的供詞。

他試圖說服陪審團相信摩斯捲入了一樁毒品交易。他聲稱之前沒向警方說明此事，是因為害怕自己會被控告販毒。

努茲坦承他在摩斯失蹤幾天後，對警方說的相關說詞裡有許多謊話。至於努茲的車上為什麼會有摩斯的血，他則宣稱是因為摩斯曾在他車上不小心割傷了自己。

努茲在被捕一年後才說出這個版本的說詞，他在此期間內有足夠的時間能看清楚警方所掌握、不利於他的證據。然而，摩斯有個很成功的鋪路生意，也沒有任何證據顯示他曾涉及販毒。在此情況下，法官想必會提醒陪審團思考：「努茲為何沒有在更早之前提出這套辯解之詞？」

和努茲有關的那把染血鋼鋸沾有受害者的DNA，以及同牢獄友轉述努茲所說出的認罪告白，似乎說服了陪審團。

二〇〇六年二月二十七日，努茲被判謀殺了弗瑞德．摩斯，被判處終生監禁，最少服刑三十年。

我曾在二〇〇四年七月下旬與努茲訪談，而他在同年的十一月三十日殺害了摩斯。老實說，這讓我感到相當不自在。雖然我當時的職責並非治療努茲，並且也沒有立場以任何方式去影響他。而這一次甚至沒有「出了差錯的驗屍報告」，因為連屍體都沒有。

我必須承認自己有點被騙了，但這起案件也讓我想起了我在哈迪案所學到的教訓——冷血殺手通常不會說出自己做過什麼，除非（或直到）被抓或自首。

努茲罪行的特徵，似乎完全不符合我當時所見到的案例——一名獨來獨往、被誤解的捕鼠專家。如果我們接受陪審團所做出的結論（手機相關證據堪稱鐵證），他確實將好友摩斯騙去偏僻的地點並殺人分屍，那麼這樣的冷血行為，似乎顯示他擁有另一套人格特質和行為——狡猾、懂得操弄人心，並且缺乏悔意或罪惡感。

他為什麼殺了摩斯？難道上校也是他殺的？這兩起謀殺案之間有關聯嗎？這是我第二次碰上「我評估過的人再次殺人」，對司法精神科醫師而言，這些想法很難消化。我們就算不能準確地預測未來，也至少能找出高風險的精神病特徵。容我再次使用長期天氣預報的比方——我是否第二次將「蒲氏風級」（Beaufort scale）中的十級暴風誤判成三級微風？當我執行精神評估的對象沒說出「自己犯下不為人知」的殺人案，那我的評估就只能依據當時擁有的情報來進行，然而當此對象在日後被發現，他在接受我評估前曾殺人卻沒被抓，我所做的評估便等於毫無價值且不準確。

換言之，如果凶手沒讓你知道他做過什麼，你對「還在殺人」的連續殺人犯所進行的精神評估就等於垃圾。

二〇一〇年五月，倫敦的上訴法庭審理了努茲對殺害弗瑞德．摩斯的罪名所提出的上訴。據說對努茲不利的證據非常具有說服力，他的謀殺罪名因此維持原判。與此同時，警方持續調查沃克曼上校命案，而證人也終於出現了，雖然出現得很晚。在上校遇害的時間點，也住在弗諾佩勒姆村的自營園丁蓋瑞．錢伯斯（Gary Chambers）在家裡準備讓兒子上床睡覺時，聽見了「霰彈槍的砰聲」。不久後，他開車穿過村中，注意到有一輛路華休旅車在槍擊現場的附近行駛，而他也注意到那輛車的車牌上寫著「SOHO」。在命案發生的時間點，努茲就住在附近的史塔金佩勒姆村，而他的路華休旅車的車牌號碼是「N50HO」，另外，努茲的舅舅彼得．沃德（Peter Ward）向警方表示，自己曾在沃克曼命案發生前於努茲車上的座椅底下發現一把削短型霰彈槍。

金錢動機也終於出現。調查發現沃克曼曾在一九六〇年代過著雙重生活，身為榮譽軍官的他，曾私下造訪倫敦的同性戀酒吧（同性戀在當時是非法行為）。

有名證人曾和被拘留的努茲共處一間牢房，努茲告訴這名同牢獄友和另一名囚犯，他和沃克曼上校曾有過婚外情。儘管他殺害沃克曼的動機依然不明，但警方相信他應該曾向沃克曼勒索金錢。

在那名獄友提供了努茲的獄中說詞後，沃克曼上校案於二〇〇七年十二月被重新評估。努茲這時候已經把名字改成克里斯多夫．達徹提龐奇恩，並和一名囚犯發展出法定伴侶關係（英國同性伴侶間的合法關係）。努茲告訴同牢獄友，他是因為沃克曼威脅要將遭到勒索一事通報警方而起了殺意，他後來殺了摩斯則是因為這名旅人知道太多有關上校之死的內幕。努茲說這一切都與上校的錢有關——他威脅要揭發沃克曼的祕密同性戀生活與彼此的交往細節，並藉此敲詐金錢。

懸案調查重啟後，努茲於二〇一〇年七月被控謀殺了沃克曼上校，刑事審判於二〇一二年十一月開始。

大律師向刑事法庭如此陳述：「努茲曾告知同牢獄友，自己是在一九九八年認識了沃克曼上校，而這兩名男子之間曾發生性關係。」他描述上校既富裕又慷慨。努茲也告訴同牢獄友，案發當晚就是他撥打了那通神祕的報案電話。而從努茲的室內電話所查出的證據，也證明了他在沃克曼被殺的那晚不在家裡，這點也顯示出通聯紀錄是多麼有力的證據，而該科技證據在當時被普遍忽略。儘管如今的職業罪犯都已懂得使用「拋棄式手機」以避免被追蹤定位，但這類證據依舊抓到了部分在一時衝動下行凶，並且忘了丟掉SIM卡的凶手。

陪審團的花了大約十七個小時做出決定。努茲當時穿著深色西裝，繫著條紋領帶，法庭朗讀他的命運時，他面無表情。

有罪。

判決：謀殺罪名成立。終生監禁，最少服刑四十年。

看來真正的動機始終都是錢。警方判斷動機是勒索或敲詐——上校可能拒絕付錢並威脅要報警，使得努茲為了自保而從敲詐心態轉為謀殺心態。

努茲要等到二〇四五年左右才能獲得第一次的假釋審查，屆時他將已經過了退休年齡。也許努茲對「掌控動物生死」的權力感確實轉移到了人類身上。每當我走在多塞特的樹林和原野，碰見持有十二鉛徑自動霰彈槍的獵場看守人時，總會忍不住想起努茲——雖然我應該不會碰到跟他一樣的獵場看守人。

第八章

恐怖主義

個案研究：穆斯塔法·卡邁勒·穆斯塔法（Mustafa Kamel Mustafa）

第二十五節

剛進司法精神科的醫師若想贏得名聲，就必須處理一些我們口中的「低級土匪」，例如偷竊、竊盜或搶劫之類的侵犯財產罪犯。我在「九一一恐攻事件」的一年後逐漸從這類案件畢業，開始處理謀殺與轉介案例，面對的罪行比我曾處理過的更嚴重。我在二〇〇六年收到一疊文件，上頭印著美國司法部顯眼的白頭鷹徽章，文件上的罪名包括計劃使用大規模毀滅性武器、為恐怖分子提供實質支援和物資，以及計劃破壞或摧毀建築物。這些案子很類似「氣瓶禮車案」和金融大樓破壞計劃，我晚點會再提到這些案件。當時我也曾奉命訪談一群疑似與伊斯蘭極端主義恐怖分子有關的囚犯，但其中有一起轉介案比我所預料的更有意思。

二〇〇五年六月，我和大多數的倫敦人一樣，都忍不住一直想著有關伊斯蘭恐怖主義的問題。我當時在格雷律師學院路上的康迪托點心店稍作停留，並查看電子信箱，其中一封信的標題寫著「穆斯塔法·卡邁勒·穆斯塔法」這個名字——發信者問我，能否依據《人權法令》（*Human Rights Act*）第六條（「確保被告能獲得公平的審判」）來製作一份精神報告？

我在閱讀整份文件時，意識到穆斯塔法其實就是激進的回教教士阿布．哈姆扎（Abu Hamza）酋長，他因在芬斯伯里公園清真寺（Finsbury Park Mosque）發表激烈的演說而聞名。阿布．哈姆扎深具影響力，他的演說影響了以下這些人：「鞋子炸彈客」理查．理德（Richard Reid）、至今下落不明的九一一恐攻共犯撒迦利亞．穆薩維（Zacarias Moussaoui）、「蓖麻毒客」卡梅爾．布爾加斯（Kamel Bourgass）及「氣瓶禮車案」的其中一名炸彈客。

阿布．哈姆扎曾說過的部分言論如下：

「任何有著不公正行為的地方，任何一間妓院，任何一間販賣色情影片的錄影帶店，都是攻擊目標。」

「穆罕默德的國度必須重拾尊嚴，想拿回這份尊嚴就只能透過鮮血……」

「不要跑去問賣酒的店老闆：『請你告訴我，你為什麼賣酒？』而要確保給了這間店老闆賣酒執照的那個人，不會繼續存在於地球上。殺了他。」

「殺掉任何與你作對的卡非爾（Kafir：異教徒或非信徒）是可以的。出於任何理由殺掉卡非爾都可以——就算沒有理由也可以。」

大西洋兩側都有一大堆針對阿布．哈姆扎的指控——英國控告他在芬斯伯里公園清真寺發表的演說具有煽動謀殺的性質，而美國的起訴書則陳述了他的部分罪狀，包括曾在一九九八年十二月計劃在葉門擄獲一些人質，曾提供資金用於在阿富汗進行恐怖活動和聖戰，曾計劃在奧勒岡州建立恐怖分子訓練營。我把阿布．哈姆扎的名字加入我的訪監待辦事項，並把握時間將這些文件看完。

我在一九八五年修完了醫學院的所有理科核心課程，並在進醫院實習前獲得一個可以休息的機會，我準備好去看看外頭的世界。當時的衣索比亞和鄰國蘇丹正陷入危機，電視報導的衣索比亞飢荒難民引發了公眾的關切，並促成了一九八四年十二月的「Band Aid」募款歌曲《餵養這世界》（*Feed the World*），以及在一九八五年七月的「Live Aid」露天募款演唱會。當時的我也因此迫切地想解決這個世界的健康問題，於是決定利用一年的休息時間到東非學習緊急災難救援和熱帶醫學。

我當時的資格不足以透過援助機構在英國的總部取得這類工作的簽證，我被告知蘇丹首都喀土穆的狀況混亂多變，而當地有許多人正在聘請英文老師。該地區陷入乾旱，作物歉收，而武裝衝突也使所有的問題更加惡化。相關單位透過空運和卡車將糧食送去蘇丹西部，並建立了許多難民營，收容來自查德和衣索比亞的數萬名難民。

我過去的每個暑假都在農地打工，因此存了足夠在非洲生活一個月的錢，但我知道自己還是必須在抵達當地後找到一份能賺錢的工作。為了適應當地的氣候，我決定走陸路進入蘇丹，也因此在一九八五年夏末進了埃及，並來到南邊的亞斯文水壩（Aswan Dam）。

碼頭附近唯一的便宜旅館已經客滿，我只能與另一個人共享一間雙人房——他名叫提姆．蘭德金（Tim Lenderking），是參與這趟旅行的五名外國人之一，他畢業自衛斯理大學並靠著旅遊獎學金旅行一年。

這趟從開羅到喀土穆的旅程，無論在當時或現在，都不是一般背包客會走的路線。我們搭了整晚的船橫越納瑟湖，來到蘇丹的瓦迪哈勒法，接著坐了兩天的火車橫越阿布哈米德沙漠，意識到我們在接下來的十二個月都將置身於這樣充滿熱氣、沙塵和口渴的環境中。部分同行的乘客是蘇丹牧民，他們先前經由「四十天之路」穿越撒哈拉沙漠，並把駱駝賣去埃及，現在則是在回家的路上。那天晚上，開往喀土穆的緩慢火車的人很多，我和提姆仿效一些身手靈活的蘇丹人，從車廂間的縫隙爬到車頂上。我們坐在「餐車」（裡頭賣著煎尼羅河魚配米飯）的扁平車頂上小睡片刻；我們之所以會這麼做，是因為我們的大腦都還只介於十八歲到二十出頭之間，前額葉尚未發育完全，無法妥善地評估威脅。

千里迢迢從埃及抵達喀土穆後，我們享受了令人感到舒暢的淋浴，也初次體驗了蘇丹人的好客之情——我們在附近的一間餐廳用餐後，被告知已經有其他客人為我們買單了，他們想對難得一見的外國客人表示敬意。幾天後，一名公車司機也拒絕讓我付車費。

在喀土穆的那一個月，以及之後的一段時間，我都曾試著找工作。我和提姆也曾在亞柯波酒店見面幾次，一起享用萊姆冰水，提姆想必跟我一樣於喀土穆的那段日子獲益良多，他後來在波斯灣找到了與國際關係有關的工作。

我在喀土穆四處投遞履歷，有個非政府的人道組織終於聘了我——薪水不高，每個月大約一百二十五英鎊，但含食與宿。我被派去蘇丹和衣索比亞邊界的一個難民營，這裡有兩萬五千人住在臨時小屋裡，他們都以塑膠布遮雨。聯合國難民署每十天會送來麵粉，連同小屋需要的塑膠布。這裡為了取得淡水挖了井孔，而靠捐款和慈善機構支援的獨立援助機構也在此處提供醫療服務。

我加入的醫療團隊裡有來自歐洲的醫師和護理師，還有許多當地的工作人員，包括難民和蘇丹人。我們在有著茅草屋頂的野地醫院裡提供疫苗施打服務，也為嚴重營養不良的兒童提供營養補充。

這簡直是一場震撼教育，我因此領教了非洲的生與死和極為基本的醫療服務。這裡的難民原本是來自衣索比亞的泰格瑞州的「自給農民」（subsistence farmer），因作物歉收，以及蘇聯支持的衣索比亞政府跟泰格瑞分離主義者之間發生的內戰而逃離家園。我在此地目睹在英國沒見過的地方性疾病，包括新生兒破傷風、瘧疾、脊椎結核以及利什曼原蟲感染，而嚴重的營養不良、脫水，以及「噴液眼鏡蛇」和「地毯毒蛇」的致命毒液都使得這些病症嚴重惡化。地毯毒蛇又稱鋸鱗蝰，是一種攻擊性強的凹紋頭毒蛇，殺害的人類數量比其他蛇類都多。牠們造成的咬傷會造成大範圍的組織壞死、自發性內出血，以及致命的「泛發性血管內血液凝固症」。如果沒有抗蛇毒血清，死亡率便會落在百分之十到二十之間，但我們就是沒有抗蛇毒血清。

我也目睹了謀殺襲擊所造成的下場。我曾幫忙埋葬遭土匪滅門的一整個家庭，也曾幫忙治療一名被斧頭砍傷頭部的難民，以及一名因刀劍決鬥而受傷的游牧駱駝飼養者（是的，貝扎游牧民族至今依然佩帶著傳統的刀劍）。

我待在蘇丹的那一年，蘇丹正處於轉捩點之上。一九八五年初，獨裁者加法爾．尼邁里（Jaafar al-Nimeiri）被軍事政變推翻，部分原因是因為他從一九八三年九月開始在國內施行的伊斯蘭律法引發了一些人的不滿。接下來的一年間，臨時的軍事議會進行了相對自由的統治，並在一九八六年舉行了選舉。不同於被推翻的政權所提倡的簡樸文化，當年的民眾很喜歡當地歌手哈南．波魯．波魯（Hanan Boulu Boulu）的情歌。

當時的蘇丹所經歷的變化後來遍及了整個回教世界。一九八六年四月十五日星期三的早上，我走進市集，想喝杯蘇丹香料咖啡。當時的氣溫還沒攀升至平時的攝氏四十度，我在享受著相對涼爽的空氣並考慮在咖啡裡撒些薑粉、小豆蔻或丁香的時候，第一次感受到回教世界和西方世界之間越演越烈的衝突。

一名高大的蘇丹男子對我提出抗議，威脅要用他那支跟牛腿骨一樣粗的枴杖揍我。他的夥伴們制止了他並對我道歉，但我很快便意識到，他是對某名特定的對象感到不滿——他說英國很壞，因為首相柴契爾夫人允許USF-111轟炸機從英國薩福克郡（Suffolk）的萊肯希思空軍駐地（RAF Lakenheath）起飛。

我當時還沒聽說這些消息，但當地人一直在收聽英國BBC國際頻道和利雅德廣播電臺（Riyadh radio）的阿拉伯語新聞。美國陸戰隊於當天的凌晨兩點執行了「黃金峽谷」行動（Operation El Dorado Canyon），為了報復一九八六年發生於西柏林迪斯科舞廳的炸彈案而空襲了利比亞。據報，利比亞有四十人傷亡。

你如果住在回教世界，跟上最新時事會對你有幫助，而我整整落後了六小時才收到有關薩福克郡的最新消息。

我注意到那年夏天的氣氛開始有些變化——合作執行「摩西行動」（Operation Moses；以色列政府空運救走衣索比亞裔猶太人）的政府官員接受審判，而歌手哈南．波魯．波魯則在演唱會上被回教強硬派扔石頭。年末時，源自埃及的清教徒政治宗教運動的「穆斯林兄弟會」開始進行選舉的宣傳，我的蘇丹同事們告訴我，穆斯林兄弟（Muslim Brotherhood）花錢買了選票，而後來事實也證明了沙烏地阿拉伯當時曾積極投資，以促使蘇丹成為更接近瓦哈比派的回教社會。

東蘇丹的難民危機在此時進入尾聲，難民營的泰格瑞族決定打道回府。經過一晚的慶祝歌唱後，兩萬人收拾了行囊並走向邊界，準備回到遙遠的農地——這一幕真的很像聖經裡的場景。

援助機構也開始在衣索比亞的另一側處理另一場難民危機，但他們的人力不足，因此我在非洲的最後三個月被派駐於北索馬利亞（如今已獨立成為索馬利蘭共和國）。我作為一支醫療團隊的一員，負責協助另一座營地裡的衣索比亞難民，當地的醫療中心設於一座類似電視劇《風流軍醫俏護士》（*M*A*S*H*）裡的那種帳篷裡，就架在離歐加登沙漠（Ogaden desert）不遠的沙原上。我開始面對另一種文化和語言（索馬利亞語），以及另一批醫療和政治問題。

我當時駐紮於當地的首都哈爾格薩（Hargeisa），每星期要與聯合國難民署、聯合國兒童基金會和國際援救委員會（International Rescue Committee）等機構開會，平時則要負責將物資從一個叫吉布地（Djibouti）的國家運往難民營——長達兩天的越野車程。

當地經常發生一種因虱子細菌感染而引發的高燒疾病，我們經常需要緊急配發來自吉布地的抗生素。此外，當地的助產士和醫師也得面對因「女性生殖器殘割」而造成的嚴重婦科和產科併發症，這項陋習在當時和今日依然盛行於該區域。（不過尼姆科．阿里正試著在當地政府的支持下改變這點。）

某天下午，穿著軍服的索馬利亞政府士兵，向各個援助機構的辦公室送出邀請函，表示摩根將軍（General Mohammed Said Hersi Morgan，全名為穆罕默德．薩伊德．赫西．摩根）想邀請他們參加一場酒會。當地因為缺乏電力沒有太多的社交場合，多數晚上我們都是在汽化燈的燈光下看書、聽著BBC國際頻道，或啜飲薄荷茶及罕見的非法威士忌。我們在好奇心的驅使下參加了那場派對，我日後為此感到相當後悔。

現在回想起來，那場派對實在詭異又令人發毛。我們走過了由索馬利亞正規軍的第二十六師禁衛軍所組成的警戒線——士兵各個全副武裝，佩戴著美國提供的武器——接著走進一座大型的帳篷，所有來賓（許多是年輕女子）都看似滿懷期待地坐在桌邊輕聲交談。我們坐下並意識到桌上放著很多尚未打開的汽水，在討人厭的將軍大駕光臨前，沒人敢碰這些汽水。

等待的過程與軍隊的存在都令我們感到緊張，我的老闆（來自位於摩加迪休（Mogadishu）的總部）偷偷踢了我的腳。我們倆意識到我們根本不該來這裡，因此我們站起身，打算藉故離去。我後來透過當地的工作人員及有關非洲的報導得知，在場的許多年輕女子都是被士兵強迫到帳篷裡去取悅軍官的，她們還得先參加令人作嘔的時尚遊行和舞蹈比賽才能被選中——我真不敢相信軍隊竟如此羞辱當地女性。

當我們穿梭於餐桌之間並走向門口時，摩根將軍在保鑣的陪同下大搖大擺地走進，他在前側的豪華沙發上一屁股坐下，口渴的來賓們則紛紛打開桌上半溫的汽水。

我對這名自戀狂的模樣感到驚奇，不禁彎腰與他握了手——他就是我所見過的謀殺犯當中，殺過最多人的摩根將軍。

摩根原為獨裁者西亞德．巴雷（Siad Barre）的保鏢，後來成了他的女婿。他後來命令軍隊襲擊哈爾格薩，在索馬利亞的血腥內戰期間被稱作「哈爾格薩的屠夫」。軍隊砲轟了伊薩克氏族後開始挨家挨戶地謀殺、強姦和掠奪，導致三十萬人逃往衣索比亞的難民營；總計有超過五萬人被殺（另有估計數字為二十萬人），屍體被推土機推進亂葬坑，而哈爾格薩就像在二戰期間遭到大轟炸的德國德勒斯登市，在幾星期內化為斷垣殘壁。

這場內戰發生於美蘇冷戰的末期，當時美蘇已經換了支持的對象。蘇聯放棄索馬利亞，開始支持衣索比亞的門格斯圖將軍（General Mengistu）政權，這使得索馬利亞叛軍失去了在邊界另一頭的避風港，並促使醞釀許久的衝突爆發。戰火席捲摩加迪休之後，索馬利亞成為著名的衝突區，後來變成所謂的失敗國家（failed state），然而在戰爭初期發生的哈爾格薩大屠殺，無論在當時或之後都沒有獲得大幅的報導——當時還沒有「種族清洗」這個名詞，而這些駭人事件後來被稱作「被遺忘的種族滅絕」。

巴雷政權在一九九一年垮臺後，摩根將軍成了南索馬利亞的軍閥，他的軍隊引發了飢荒並造成數萬人死亡，在之後的幾年中則犯下了謀殺、強姦和掠奪。摩根至今在當地依然具有影響力，他於二〇一九年在濱海的邦特蘭地區參加選舉。據說人們對他在戰爭期間的惡行感到不滿，而這也是氏族間爆發衝突的諸多原因之一，這個因素以及恐怖組織「聖戰者青年黨」，使得摩加迪休難以取得長期的和平。

我後來為了兩項「尋找事實」的任務而回到索馬利蘭，目睹了哈爾格薩大屠殺的餘波，也造訪靠近布勞（Burao）的亂葬坑。我曾睡過的那間臥室的牆上，如今有個被火箭榴彈打出來的大洞。

一九八六年十月——駭人的一九八八年種族滅絕和內戰發生的兩年前——我在東非的日子結束了。

我回到倫敦繼續學業，儘管雙腳已經踏上了英國國土，但心靈仍花了一點時間才跟上。當時的我雖然只比出發前老了一歲，整個人卻成熟了許多。我開始學習一些關於文化和地緣政治的知識、非常基本的阿拉伯語以及更基本的索馬利亞詞彙。

在我作為初階醫師的那幾年，我偶爾會對患者使用這些基本的語言能力，或在「拉諾什之汁餐廳」點烤串時用來閒聊，甚至與在內戰後來到英國的索馬利亞人聊天——其中一些人現在在我的戒備病房工作。

也因此，我在進入司法精神科時已有足夠的文化意識，以及一點點的語言能力（我曾在學校學過法文，並在厄瓜多修過西班牙文），能讓我與不知所措的非英語系囚犯和精神病患裝熟，包括霍洛威監獄一名來自委內瑞拉的毒騾、一名來自厄瓜多且患有精神病的廚房搬運工、一名在本頓維爾監獄來自索馬利亞並因為咀嚼恰特草而產生精神病的囚犯，以及一名有自殺傾向而從泰晤士河裡被警察撈出來的法國人。

一點點的破冰詞彙就足以改變訪談的氣氛，無論對方是不知所措的外國患者，或是在精神病房及無窗禁閉室裡的囚犯。

我在一九九〇年代偶爾會留意中東和東非的局勢變化，例如於一九九六年被逐出蘇丹的賓拉登，以及一九九八年的肯亞和坦尚尼亞大使館爆破事件，但我的注意力大多集中於我面前的精神科案件。然而，在我試著從近代史上最嚴重的恐怖襲擊「九一一」所造成的震驚和悲痛恢復過來時，不禁開始思索我曾接觸過的伊斯蘭基本教義派，是如何持續造成現今的影響，也因而避無可避地開始分析歹徒的心態。

由於所有的「九一一恐攻」的劫機者都在大規模的謀殺兼自殺行動中死亡（只有一人下落不明），因此分析他們的心態的唯一辦法便是進行「事後心理剖析」，或訪談其他在執行行動前落網的組織密謀者。我的同事瑞德．梅洛伊曾寫下一篇研究報告，詳盡地描述了穆罕默德．阿塔（九一一恐攻事件的主謀之一）的生理和生平等相關證據[56]。

梅洛伊交叉分析了蒂莫西．麥克維（奧克拉荷馬爆破案的凶手，信奉白人至上主義和反聯邦主義），注意到部分「有暴力傾向的真正信徒」的特徵。阿塔在埃及一個非常嚴厲且虔誠的遜尼派回教家庭長大，他十分認真求學並曾去德國唸研究所。阿塔似乎不信賴女性，其個性內向且智力過人。

梅洛伊注意到阿塔在社交和地理上就像名流浪漢，他在漢堡的求學期間幾乎不和同學打交道。他曾參與漢堡的一間清真寺（Al-Quds）並成了極端主義者，他最初加入埃及團體「Gama'a al-Islamiyya」（伊斯蘭黨），後來則加入了蓋達組織。他在職涯上曾遭受羞辱和排斥，雖然他的教育程度很高，但他相信埃及社會會因為他的政治和宗教觀念而歧視他。

一九九六年，阿塔更沉浸於針對美國的敵對思想，為了發洩心中怨恨，他開始想著要如何殺害美國的平民；他後來加入了一個恐怖分子訓練營。「九一一恐攻」由一個有條有理的恐怖組織進行了長期的隱密行動，該組織和一個更大的網路有所聯繫。

阿塔的心理特徵，是否符合現有理論對恐怖分子心態的描述——他是暴力的伊斯蘭極端主義者？

一九七〇年代的主流理論是：「恐怖分子是精神變態者，喜歡恐怖活動是因為這能讓他們發洩心裡的侵略型衝動。」但因為哈爾的《精神變態測評量表》對精神變態者有著更明確的定義，使得原本的主流理論不再受到歡迎。後來的精神分析理論指出，恐怖分子患有病態型自戀心態（因而顯得浮誇且瞧不起他人）以及病態型侵略心態。但在「九一一恐攻」發生的數年後，包括心理學家約翰．霍根（John D. Hogan）在內的部分權威皆認為，恐怖分子的心理應該都算正常——唯有如此才能在恐怖組織裡獨立或共同安排暴力活動，並且做到全程保密。

有個論點表示，患有精神疾病的人會成為恐怖組織的累贅，並且會於篩選過程中被淘汰。同一個組織裡的恐怖分子們可能具有不同的職責，首領、軍需官和自殺炸彈客的角色都需要不同的心態。

「九一一恐攻」發生不久後，出現了一個機會讓我能對「群狼恐怖分子」進行心態分析，我在那時候開始評估一些被拘留或囚禁的恐怖分子。

第二十六節

美國及其盟軍不出所料地對「九一一恐攻」做出迅速、強悍且果斷的回應，畢竟這起恐怖攻擊震撼了全球，也造成了大量平民的傷亡（來自九十個國家的兩千九百九十六人死亡、六千人受傷，以及無數個家庭破碎）。然而如今回顧起這起事件，會發現美國及其盟軍做出的回應，引發了許多始料未及的不良影響。

安德魯．米爾伯恩上校（Colonel Andrew Milburn）畢業自倫敦大學學院哲學系，曾擔任美國海軍陸戰隊在伊拉克的特種作戰司令部參謀長，他在其著作《風暴醞釀之際》（*When the Tempest Gathers*）中描述針對伊拉克、阿富汗和伊斯蘭國進行的軍事行動所造成的後果，而針對恐怖主義所採取的立法、司法和非司法措施，也同樣地產生了出乎意料的影響。英國政府在二〇〇一年通過了《反恐怖主義、犯罪和安全法》（*the Anti-terrorism, Crime and Security Act*），部分外籍人士因此被視為國家安全的威脅，未經審判便遭監禁——他們不能被交給刑事法院審理，因為針對他們的證據大多是透過攔截通訊取得，如果被當成呈堂證據，就會使得「國家安全」高過其他權利。然而，這類祕密證據（我看過篇幅僅有兩頁的「大略」文件）已經足以透過「特殊移民上訴法院」讓被拘留者未經審判而遭永久拘留。

兩年後的二〇〇三年，未經審判的長期拘禁為這些人造成了嚴重的心理和精神問題，部分獄友出現憂鬱症、企圖自殺、創傷後壓力症候群，甚至精神崩潰等狀況，我和其他醫師因此奉命為他們進行精神評估。

隔年，英國上議院的上訴委員會因為「貝爾馬什九人案」（Belmarsh Nine）的上訴而判定「未經審判的拘留違反了人權法」，並推翻了之前的法律規定。霍夫曼議員（Lord Hoffman）表示：「這使我們質疑古老的自由是否存在……古老的自由是指一個人應該能免於任意地逮捕和拘留。」

然而，這些被拘留者在這三年間受到了極度嚴重的影響。

我在這些囚犯當中第一個訪談的是講法語的艾戴爾（Adel）——當時是二〇〇三年，引發爭議的法律尚未被推翻。他來自北非馬格里布地區的一個國家，在當地被指控效忠於回教激進派團體。反恐警察在二〇〇一年（「九一一恐攻」發生前）逮捕了他，他懷有身孕的妻子在當時因此精神崩潰，後來被強制入院，而艾戴爾的兒子則被送去寄養家庭。艾戴爾在貝爾馬什監獄裡試圖上吊自殺，因及時被割斷繩索而獲救。

想瞭解艾戴爾的處境，就必須先瞭解貝爾馬什監獄針對被拘留的恐怖分子的監管方式。有鑒於駭人的「九一一恐攻」及日後的「倫敦七七爆炸案」，這些囚犯理所當然地必須被關在高度戒備的環境，並且絕對不能與共犯有任何聯繫，以防他們洩漏情報、指揮或協調更多的攻擊行為。

英格蘭和威爾斯地區一共有一百一十七座監獄，而貝爾馬什監獄是八座高度戒備的監獄之一。這座監獄裡有個被稱作「英國的現代惡魔島監獄」的區域，回教囚犯們用阿拉伯語稱它為「監獄中的監獄」。這個區域的正式名稱為「高度戒備牢房」，它擁有自己的圍牆和柵欄，其地下感測器能偵測是否有人試圖越過牢房的內牆或外牆；儘管所有的工作人員和訪客在進入貝爾馬什監獄時都已經過搜身和X光檢查，但此獄區的入口仍設有更多的搜索和特殊措施，以確保任何東西的安全無虞，甚至連食物的托盤都會經過徹底的X光掃描。囚犯們隨時都可能被搜查牢房，並且每二十八天就會被送去其他牢房，以確保他們不會做出徒勞的逃獄舉動，例如挖地道或改造牢房。

囚犯們會在一個以遮棚覆蓋的狹小區域運動，也因此失去了看清楚遠方物體的能力，部分位於低樓層的牢房無法獲得自然的光線。當時多數的囚犯每天會有二十二小時都待在牢房裡，每星期只能與他人互動兩次（每次三小時），他們必須把握這段時間與家人通電話，或與大家分享同一份報紙。

囚犯們在接見合法訪客的之前和之後都必須接受徹底的體腔搜索，意思就是，如果一名囚犯在早上和下午分別和兩名辯方律師見面，就得被檢查肛門四次。

「這又怎樣？」我彷彿聽見你說：「他們是高風險囚犯，這樣的特別措施是理所當然的。」

這是事實。然而這些囚犯宣稱，他們因為「頭號公敵」的身分而被施加了龐然壓力，他們認為自己的生平和病歷資料會被獄卒賣給八卦媒體。後來在二〇一五年進行的「埃爾夫登行動」（Operation Elveden）也確認了這點，也讓曾在貝爾馬什監獄擔任獄卒的葛蘭特．皮茲（Grant Pizzey）因為「公職人員行為失當」而被判處兩年徒刑——他靠販賣情報給八卦報紙賺了將近兩萬英鎊，其中包括激進派教士阿布．哈姆扎，以及另一名恐攻嫌犯的故事。

我在與艾戴爾訪談時記錄他的心理狀態、評估他是否適合被驅逐出境，並觀察監獄環境為他造成了哪些困境，我也曾和獄中的醫療照護人員合作，以確保他的自殺風險獲得了充分的處理。他的案例沒有任何關於刑事責任或「是否適合受審」的問題，因為他是「未經審判而被拘留」，因此沒有經過任何刑事程序。

艾戴爾在耗盡所有上訴的手段後即將被引渡到法國，然而，他必須在被驅逐出境前確保沒有任何醫療方面的問題，他因此被放在一份候補名單上，並等著接受一個例行公事的小手術。這可能會使他的強制出境被延後，相關單位因此安排了高度戒備的送醫措施來解決這個最後的小問題。幾天後，艾戴爾向我說明，他已經獲准將在「不會獲得提前通知」的某一天（以防他計劃脫逃），在武裝人員押送下前往國王學院醫院（但相關單位沒幫他安排口譯員）。在大批不耐煩的武裝警察的押送下抵達醫院後，艾戴爾意識到自己只能點頭同意讓外科醫師為他進行深度麻醉並動手術——但他還是不知道自己究竟接受了什麼手術。我從艾戴爾的獄友病歷裡抽出他的手術出院摘要，為他翻譯了手術的相關細節和結果。

基本的醫學和精神科照護，會因為特殊戒備安排而變得更複雜，我注意到那名外科醫師在整條走廊擠滿武裝警察的情況下，略過了平時的「取得患者同意」步驟。我們司法精神科醫師更習慣這個狀況，如此才能避免因押解人員的存在而影響注意力。

幾年後，艾戴爾在法國出獄並和妻小團圓。目前為止，他似乎沒再犯下任何恐怖行動。也許貝爾馬什監獄讓他學到了教訓。

不久後，我見到另一名被拘留者歐瑪．薩拉（Omar Salah），他被發現與好幾個薩拉菲活動（Salafist，基於薩拉菲聖戰主義〔Jihadi〕而發起的活動）團體有關聯。他曾花時間募集資金，為車臣購買電腦和跳頻技術衛星電話，但他宣稱這麼做不是為了軍事用途。

他於二〇〇二年四月來到貝爾馬什監獄，而我則在他被捕的兩年後訪談他，當時的他有著重度憂鬱和精神病症狀，包括妄想自己遭到下毒，並三不五時採取絕食抗議。我再一次憑著少許的文化和語言能力成功破冰，贏得他的信賴；像艾戴爾和歐瑪．薩拉這類的囚犯對監獄照護人員總充滿著懷疑。我在這兩起複雜案例上取得一些進展後，律師們要我訪談下一名恐怖分子，我也因此在日後持續奉命訪談許多恐怖分子囚犯。

薩拉後來被送去一間高度戒備精神病院，囚車在武裝警察的護送下飛快地駛過M3高速公路，經由巴格肖特交流道開往布羅德莫。

我和一群同行評估了大約四十起類似的案例，並共同為精神科期刊寫了論文，描述無限期拘禁所造成的心理影響，這在當時引發了醫學界的關注㊼。我的同行賽門．威爾森指出，我們的職業還是沒能提升有關道德方面的關切，且持續躲在「醫療化」這道帷幕後面——「司法精神科」既關乎法律也關乎醫學，但在面臨道德考量時，我們通常傾向於謹言慎行。

然而，特殊時期需要特殊手段——在「後九一一時期」的反恐戰爭中，儘管監獄環境惡劣，英國政府依然必須想辦法控制這群人給社會帶來的風險。

由於部分上訴案件成功地推翻了原本的「未經審判的拘禁」，相關單位於是匆促地通過其他法律，建立了稱作「管制令」（Control Order）的一種居家軟禁，包括使用電子標識追蹤、限制使用電話和網路，有些人甚至被強制搬遷。

薩拉也因此從高度戒備醫院被釋放，改為「管制令」之下的軟禁。但他後來又再次被捕並送回高度戒備監獄，再從那裡被送到布羅德莫（他等於從一個高度戒備設施被送去另一個高度戒備設施）。這通常發生在較為麻煩的監獄案例上，監獄將此過程暱稱為「幽靈列車」。我後來聽說他最後又被送回高度戒備監獄。

薩拉顯然被視為「會對國家和國際安全造成風險」，而這類案件也提出了一個很難回答的問題：「我們該如何管理無法被關在監獄裡，或被驅逐出境的高風險個體？」

從二〇〇五年到二〇一一年有三十三人被祭出「管制令」，而這項法律措施後來則被「恐怖主義預防及調查措施」（Terrorism Prevention and Investigation Measures，堅稱TPIMs）取代。這項措施為宗旨更明確，但較無侵入性影響的措施，用來針對無法被審判（因情報來源不符法律程序）也無法被驅逐出境（可能會遭到酷刑或處決）的人士。

後來因為烏斯曼．汗（Usman Khan）和蘇德什．安曼（Sudesh Amman）分別於二〇一九年和二〇二〇年所犯下的襲擊事件，卡利爾議員（Lord Carlile，曾擔任恐怖主義相關法案的獨立審委）提出了一個看似合理的建議：「政府需要建立一套類似『限制活動及與人聯繫』的措施，甚至採取軟禁手段，以管理即將刑滿出獄的恐怖分子。」我認為這項措施不算是最糟的選項——不是以精神科醫師的身分，而是以一名擔憂的公民、倫敦地鐵乘客，以及經常光顧倫敦橋波羅市場的客人的視角——然而，無論你將監獄刑期延長多久，或如何限制一個人的人身自由，問題依然存在：「我們該如何處理這個群體，試著改變他們的心態以降低他們所構成的風險？」

二〇〇四年後，我繼續訪談了更多被拘留的恐怖分子和囚犯，並開始對特殊移民上訴法院和管制令案例進行精神評估，其中包括一名與馬德里的蓋達組織陰謀有關的嫌犯、一名後來成為蓋達組織網路專家的前任波士尼亞聖戰士、幾名疑似為恐怖分子取得資金的嫌犯（透過竊取豪華車、在零售商店搞退款詐騙和搶銀行），以及一名激進教士被控刑事罪名的兩個兒子，其中一人是「聖戰約翰」的同學。

我必須強調，「激進化」本身並非精神科的範疇，除非是因精神障礙而引起——我所屬的專業協會「英國皇家精神科醫學院」（Royal College of Psychiatrists）曾對此發表聲明。

我回想起二〇〇六年曾有八名男子，被控密謀使用武器進行大規模破壞、密謀破壞或摧毀國內外的商務建築，且持有與位在美國的攻擊目標有關的詳盡偵查資料。被告包括穆罕默德·納維德·巴提（Mohammed Naveed Bhatti）、阿布杜爾·阿吉茲·賈利爾（Abdul Aziz Jalil）、迪倫·巴洛特和其他人，這些人被稱作「盧頓恐怖小組」，他們的計劃後來被稱作「氣瓶禮車案」和「金融大樓破壞計劃」。武裝警察逮捕該小組成員時，該小組的首領正坐在理髮店的椅子上理頭髮；他們雖然在英國被捕，但犯下的卻是國際陰謀，而且明顯與「九一一恐攻」有關。二〇〇四年七月十二日，警方在巴基斯坦逮捕一名電腦專家，此人與蓋達組織及哈立德．謝赫．穆罕默德（Khalid Sheikh Mohammed；「九一一恐攻」的策劃者）有關，調查人員在他的電腦裡，發現了一些目標位於美國和英國的襲擊計劃——其中一項計劃是對紐約證券交易所縱火，文件裡詳細記錄了該交易所的防火系統、通風系統、監視器、X光安檢系統以及建築的材質。其他計劃還包括使用汽車炸彈破壞位於紐約曼哈頓和皇后區的花旗集團大樓，以及位於華盛頓特區的國際貨幣基金與世界銀行的建築。

與英國有關的襲擊計劃為文件長達三十九頁的「氣瓶禮車計劃」，其中建議使用丙烷、丁烷、乙炔和氧氣炸掉停放於部分倫敦酒店（包括麗思酒店）地下停車場的禮車。其他計劃還包括製作「髒彈」（裡頭含有能在煙霧探測器裡取得的少量同位素），並對希斯洛機場快線高速列車和開往格林威治、經過泰晤士河底下的列車發動攻擊，透過爆炸、淹水和溺斃等狀況引發混亂。

這八名男子都被還押於貝爾馬什監獄，但是辯護團隊特別擔心其中一人，因此要我評估他的心理和精神狀態是否適合受審；我後來還接觸了該恐怖小組的另外兩名成員。出於保密義務，我不能說出他們的相關細節，但重點是我必須評估這幾名被告，能否為「可能會被關進貝爾馬什監獄這種惡劣環境」的法庭審理做好準備，並且能否面對好幾箱的相關證據——無論罪名多麼嚴重、證據多麼確鑿，每名被告都有權利獲得公平的審判，而為了確保這點，監獄的相關程序則必須有所調整。

這些被告或許認為自己可能會被引渡到美國，並且可能會被判處好幾次終生監禁，因此他們都認了在英國被提出的罪名，並被判處終生監禁，最少服刑十八到四十年（上訴後減至三十年）。一般人大概以為被判刑的那一刻就是故事的結局，但我得知他們在被判刑不久後進了高度戒備監獄，並接受了「去激進化」的療程。

二〇〇六年，一場企圖炸毀從英國飛往美國的一系列班機的陰謀被攔截並中止。因為這起案件，使得登機的隨身行李裡最多只能有一百毫升的液體，我們從此都得忍受這種不便，就算大家早就忘了有關此案的細節。這個高風險團體在伍爾維奇皇家法院（Woolwich Crown Court）接受了三場審判，我奉命評估其中一名被告。

這個恐攻陰謀之所以曝光，是因為一名與蓋達組織有關的男子在行走於倫敦的一座機場時，被發現其行李內有可疑的物品。而透過後續的監視發現，該組織在東倫敦設置了炸彈工廠，且囤積了大量的過氧化氫，打算做成土製炸彈，並偽裝成汽水帶上跨大西洋班機。監視人員在發現他們開始錄製「自殺影片」（殉教錄影帶）時逮捕了他們，該團體的首領們被判定意圖使用液體炸彈殺害班機的乘客，並被判處終生監禁，每個人最少服刑三十到四十年。

司法精神科有句老話：「你如果在某個領域處理了超過三起案例，你就成了該領域的專家。」

雖然沒有人認為這些恐怖分子的刑事責任源自於精神問題，但我透過我曾進行過的評估得以稍微瞭解他們的內心，以及他們為何意圖大規模殺害班機乘客。不同於「九一一恐攻」首領之一的穆罕默德．阿塔，這些人的計劃遭到中止，也因此能活著接受訪談。「氣瓶禮車案」因為在計劃初期就遭到攔截，因此相關單位依舊在調查該計劃的目標和手段。相較之下，飛機炸彈陰謀在被攔截時已即將付諸行動，因此那些恐怖分子已經囤積了所需原料、選定班機並錄製了自殺影片。然而，這兩起案件的意圖很明顯都是因激進派回教思想而導致的大規模屠殺計劃，無論凶手是否自殺。

根據我的案例分析，這些「群狼恐怖分子」大多受過教育，或至少擁有某份穩定的工作。他們也大多去過巴基斯坦地區的正式訓練營，並在回國後銷毀了自己的護照，以取得新的「空白頁」護照。他們在被逮捕前會使用一些間諜技術，例如「反監視」技巧，而他們都受某大型組織的指揮與控制，例如蓋達組織。在某些案例中，密謀者們並不知道彼此的存在，他們會透過一種「輻輪式架構」聽命於某名首領，只有首領知道整個計劃。

這些恐攻行動背後的意識形態與動機，似乎都源自於回教徒「認為自己遭到西方社會不當對待」而產生的怨恨，例如賓拉登便對西方社會抱持著極深的怨恨。「九一一恐攻」一年後，賓拉登發表了針對美國的冗長批評，抱怨美國在中東設置軍事基地、支持以色列，以及「散佈你們的不道德行為和驕奢淫逸」。他表示自己反對「通姦、同性戀、喝酒、賭博，以及利息交易等不道德行為」。

他還說：「關塔那摩灣事件（Guantanamo Bay）將永久羞辱美國及其價值觀，並且將讓你們這些偽君子永遠無法擺脫。」

我根據訪談經驗察覺他們都對類似的問題充滿怨恨，尤其以下這些事件——他們認為歐洲沒能阻止塞爾維亞對回教徒所做出的種族滅絕；美國和英國的軍隊踏上沙烏地阿拉伯和其他中東地區的土地；印度軍隊在喀什米爾地區對回教徒所做出的惡行，以及阿富汗和伊拉克在二〇〇三年後平民所遭遇的犧牲。

然而，源自宗教、歷史和地緣政治的怨恨，如何促使一個人採取恐攻行為？倫敦大學學院的保羅．吉爾教授（Pr Paul Gill）正在研究這個問題，他透過複雜的統計分析試著瞭解，為什麼潛在的恐怖分子會在某些情況下做出特定行動？以及激進化環境對他們的影響有多大？例如被禁的組織「僑民」（Al-Muhajiroun）或暗網上的激進派聊天室。

以下是我訪談部分群狼案例後整理出來的原因。

「我小時候是國民陣線（National Front）積極活動的時代，經歷過種族歧視。」

「雖然『九一一恐攻』令我震驚，但我後來越來越明白回教徒所遭遇的不公正……我開始上網研究這些衝突。」

「我開始強烈痛恨西方世界……布萊爾（Tony Blair，前英國首相）為什麼深受布希的影響？」

「我去聽了阿布．哈姆扎的演講。」

「我看到關塔那摩灣拘押中心那些囚犯的遭遇，那對我來說是個轉捩點。」
「我當時是（透過這個行動計劃來）執行阿拉的旨意。我會（在炸掉那些飛機前）被抓，也一定是阿拉的旨意，為了透過我的審判報導把訊息宣揚出去。」

以下則是部分認知扭曲，或因「慰藉故事」而導致恐攻行為的發言：
「我想盡一份心力。」
「我覺得他做的好像是壞事，但我當時沒意識到這點。」
「我開始覺得透過爆破行動來引發混亂（但不傷害任何人）是可以接受的。」
「我不在乎後果。」

「Al Furqan」及「健康身分介入」等計劃試著處理這些想法，並重置這些密謀謀殺者的心思。「Al Furqan」計劃（意思是「分辨真偽」）會透過回教文獻的深度研讀，以及穆罕默德先知（Prophet Muhammad）的生平研究，來挑戰激進分子對回教文獻的誤解，以及對世界歷史的解讀方式。

「健康身分介入」則源自於一項研究，該研究試圖找出能幫助所有類型的犯案者放下原本的行為，並發展出良好人生的行為。此療程為一套延續性的心理治療，透過《極端主義風險指南》（*Extremism Risk Guide*）這套由二十二個問題組成的檢查表評估成效。《極端主義風險指南》雖然引發了一些爭議，但依舊能找出部分風險因素，例如「需要身分和歸屬感」、「容易被灌輸思想」、「需要對不公不義做出糾正，且需要表達怨恨」、「有政治和道德動機」以及「需要刺激、同袍情誼或冒險」。

曾有名囚犯對我說，一個人如果被重度激進化的囚犯們包圍，便很難繼續這項療程及遠離麻煩事。你的刑期如果長達二十年，便很難在遭受挑釁時維持乾淨的行為紀錄。

如何確認囚犯是真心要接受監獄所提供的去激進化治療，而非做表面功夫也是一項挑戰。與此相關的案例分別是二〇一九年和二〇二〇年在倫敦橋和斯特雷特姆區發生的孤狼式恐攻事件，兩案的凶手皆在近期出獄。監獄人員原本以為烏斯曼．汗在獄中是真心接受去激進化療程——究竟他在獄中是假意配合？或是在出獄後，又迅速地再次被激進化？

而針對那些在做出恐攻前便遭逮捕，但尚未被定罪的人，該處以何種司法措施？二十四小時武裝監視？軟禁？未經審判的拘留於高度戒備監獄？送去中情局黑牢以水刑伺候？或是讓他們穿上橘色的連身衣，丟進關塔那摩灣拘押中心被羞辱？

至於因為密謀進行恐攻而已被定罪的囚犯，或是曾成功執行恐攻或未遂的囚犯，是否該處以預先制訂的刑期？讓他們終生坐牢，最少服刑四十年？讓他們在美國的聯邦超級監獄裡關到死？燙油伺候？或是用毒劑處決他們？

這些手段都曾對恐怖分子施行過，並獲得了程度不一的成功和大眾支持。

納爾遜．曼德拉（Nelson Mandela）曾在聯合國大會上表示：「費奧多爾．杜斯妥也夫斯基（Fyodor Dostoevsky）說過：『只有待過一個國家的監獄，才能真正瞭解這個國家。判斷一個國家的方式，不是看它如何對待最高級的公民，而要看它如何對待最低級的公民……』對此，我想補充一句：『還要看一個國家如何對待它的頭號公敵，也就是激進派回教徒、極右恐怖分子拘留者和囚犯。』」

在考量這些問題的時候，最好先將「對人權的道德考量，及多愁善感的自由派敏感心思」放在一邊，並且以事證和結果主義的務實依據來判斷。我們該判斷的是，至今為止採用過的各種措施，是否已成功地對抗國土上的回教暴力極端主義，並去除了獄中那些囚犯的激進化思想？然而，以功利主義而言，如果我們允許「法外懲處」做出嚴厲但合法的刑事懲罰便確實違反了基本人權，例如《美國憲法第八修正案》保障人民免於「殘酷而不尋常的懲處」以及一九九八年的《人權法令》禁止「沒有法律依據的懲處」。

英國法官對恐怖分子做出的刑罰必定是長期監禁——長期失去自由，限制移動、洗澡、飲食、運動和接見訪客方面的自由，監控其通訊且限制其網路，且買東西也只能透過購物型錄——這肯定違反《人權法令》吧？

但英國沒有死刑，而囚犯所受到的懲罰，並不包括低於水準或完全缺乏的醫療照護。量刑委員會提供的準則，也不允許永久破壞囚犯的身體，或做出「用燙油燙掉頭皮」之類的懲罰。

而這就是迪倫·巴洛特的遭遇——氣瓶禮車案的首腦，後來改名為伊薩·巴洛特

（Easa Barot），他被判處終生監禁，最少服刑三十年。

巴洛特被其他囚犯以燙油澆灌頭部，全身有百分之十的面積遭到三度灼傷，且大部分的頭髮再也長不出來。他被送去燒燙傷病房接受臨時植皮時需要靜脈注射，也需要嗎啡以止痛。他一開始躺在獄中禁閉室裡，監獄醫師只開了普通的止痛藥給他，在他的律師提出司法審查後，他才被送去醫院。他的送醫程序不能被媒體知道——他是以匿名入院，而現場二十四小時都有看守的武裝警察，以及在上空監視的直升機。

刻意澆灌燙水（水裡混有砂糖，能讓灼燒時間比一般的水更久）的這種懲罰方式，通常是其他囚犯為了發洩心中怨恨，而對性罪犯所做出的懲罰。為了避免性罪犯遭受這種傷害，他們會被隔離於「弱勢受刑人獄所」。雖然巴洛特只是遭遇了一種在監獄裡天天都會發生的事，但燙油所造成的傷害遠比滾燙的糖水更嚴重。

因為他的嚴重犯行，社會大眾不怎麼同情巴洛特所遭受的傷害。但如果想成功地去除英國獄中恐攻囚犯的激進化思想，就必須確保這些囚犯不會認為我們允許或默許這種暴力報復，否則這團充滿怨恨和羞辱的火只會越燒越烈。英國監獄裡有許多容易被灌輸思想的年輕回教徒（貝爾馬什監獄目前的九百名獄友內就有四百人為此類），其中一些會注意到巴洛特的遭遇。

倘若無法避免使這些重大恐攻囚犯成為被襲擊的對象，就會失去道德方面的制高點。正如同那些在關塔那摩灣拘押中心裡穿著橘色連身衣、遭到公然羞辱的囚犯，也意味著獄方拋棄了道德的制高點，更不用說還有部分美國心理學家他曾積極參與那些折磨的行為。

紐約大學的精神科和法律教授詹姆斯．吉利根（Pr James Gilligan）表示，羞辱非常可能使得被羞辱的一方做出更多的暴力行為。而那些橘色連身衣的囚犯事件，也確實為我們帶來了更多伊斯蘭國以施虐手法將人質斬首、焚身的影片，一再證明了「羞辱」能引發恐懼，也能使被羞辱的一方獲得更多的支持者。

關塔那摩灣拘押中心的公然羞辱，是否促使被激進化的人們做出暴力行為？我先前提過，「氣瓶禮車案」其中一名被定罪的恐怖分子就是這麼說的。但想徹底瞭解是哪些因素影響了恐怖分子的內心，除了必須評估他們心中怨恨的來源外，也必須評估「激勵了他們」的那些人的內心。

第二十七節

相關單位跟獄方花了很多時間討論戒備相關事宜後，我終於獲准訪談穆斯塔法．卡邁勒．穆斯塔法，也就是阿布．哈姆扎酋長。我重讀他的部分證道文稿，這影響了我對他的印象，我帶著腦海中的聲音回到貝爾馬什監獄的高度戒備牢房——**我在期望什麼？**

根據他在媒體上的相片（最常見的是他將一隻鉤手放在一眼上的那張），我原以為這會是一場很困難的訪談——他是名粗魯又難以預測的極端恐怖分子，畢竟他在英國被判定多起跟煽動謀殺和種族歧視有關的罪名。

我花了至少一小時才完成相關手續，進到高度戒備牢房。

我再次被告知需要等一段時間，我在這間關著全國最危險的恐怖分子的「獄中獄」裡勾轉著雙手的拇指。我看見一名體格魁梧的獄卒與一名男護理師開玩笑，他一邊唱歌，一邊跟體型只有他一半的護理師跳起了華爾滋。這一刻，一切都很不真實。

我終於被帶進訪談室。

還是沒見到哈姆扎。

我獨自坐在房間裡，因為即將訪談的對象而感到不安。我的職責不是要評估他是否犯下了恐怖的罪行，而是要處理一些可能影響他受審的醫學與心理問題。儘管如此，我還是產生了熟悉的緊張感，我感覺胃袋深處的神經正抽搐著。

門終於打開，哈姆扎被一名獄卒帶進來。我印象中的他（來自媒體上的相片）應該穿著平時那套教士袍，顯然他在監獄裡不是那樣的打扮——他穿著簡單且寬鬆的棉質上衣，手上沒有猙獰的鉤子，而是只剩斷肢。

他坐下後沒有說話，直到獄卒離去並把門關上。

他完全不是我以為的那種不願配合的受訪者，他輕聲表示很感激我願意抽空探望他，同時，他也為他的姍姍來遲感到抱歉，並且希望能請我喝杯茶。他看起來是個聰明且有魅力的人，始終保持著禮貌與宛如慈父的態度，畢竟他受過高等教育——他有土木工程的博士學位，還參與過金斯威地下通道（Kingsway underpass）和桑德赫斯特皇家軍事學院（Royal Sandhurst Military College）的整修工程。他表示他牢記了整本古蘭經，也稍微描述了自己成為教士的過程。

他的兩條胳臂都成了斷肢，據說是因為他在後蘇聯時期的阿富汗清除地雷時發生了意外。雖然曾有人對這種說法表示懷疑，但沒人能提出更確鑿的其他解釋。正如近期媒體所報導的，他兩條胳臂的截斷處經常發生骨頭感染；他一眼失明且患有糖尿病和乾癬，還因為一種神經疾病導致其經常大量流汗，而因此每天必須至少洗兩次澡。

辯護團隊為了他的審判，準備了許多他的證道影片以及許多相關文件。他說他每次跟律師見面前後都需要接受體腔搜索，這讓他感到不舒服且受到迫害。他因為沒有手，所以很難按壓牢房裡洗手槽上方的水龍頭按鈕，但獄方不允許他裝上鉤手，擔心會被他當成武器。沒有手也使他難以服藥，或在患處塗抹皮膚藥膏——藥膏經常沾到他的眼睛，他的眼鏡也因此越來越髒，使他難以看清楚擺在眼前的案件文件。辯護團隊一直在找理由，試著將他的審判從炎熱的二〇〇五年夏天延遲到秋天，而這項有醫學根據的請求獲得了老貝利法院法官的許可。

但就在開庭日推遲後的二〇〇五年七月七日，四名恐怖分子在三班倫敦地鐵列車和一輛雙層巴士上依序引爆了四枚土製炸彈，導致來自十八個國家的五十二名英國居民罹難，並且有超過七百人受傷。這些爆破案突顯了一個駭人現實——英國正在對抗伊斯蘭的極端恐怖主義。之後沒有任何事件能減輕這個現實的嚴重性。

雖然犯下倫敦七七爆炸案（The 7 July 2005 London bombings，簡稱7／7）的小組，與哈姆扎沒有直接的關聯，但陪審團後來毫無疑慮地判定他犯下「煽動謀殺」。

他被判處七年徒刑，我曾在之後幾年多次評估他，有關超高度戒備的環境對其健康和心理所造成的影響，以及驅逐出境等問題。我曾在高等法院審理期間，詳細說明針對哈姆扎的精神科意見和相關細節，並在其中一次高等法院開庭時，針對他「反對引渡」的這項請求做出最後一次拒絕。他每次見到我時都顯得禮貌又開心，他說八卦小報經常刊登有關他的狀況的一些細節，而這令他感到難堪。我們在他於二〇一二年被引渡去美國前見了最後一面，他祝我一切順利，也感謝我的介入。「泰勒醫師，我以後寫書的時候，會提到你。」

我從這件事上學到了什麼？

我的同行們都說我被他的魅力騙了。也許吧！他的言行舉止確實容易令人卸下心防，然而他說出的信念卻又是如此極端。但我認為因為懶惰的媒體們所做出的「刻板印象」（總是選擇他頭髮凌亂，且把一隻鉤手放在眼上的那張相片），使得我們難以準確地描述他，也進而忽略了他和其他激進派教士的影響力。別再選那張鉤手相片了，請選他戴著整齊的頭巾與飛行員墨鏡、在芬斯伯里公園清真寺外頭的那張吧！他有禮貌、聰明又迷人——而且絕對充滿說服力——這些特質都是其身分和行為的一部分。

哈姆扎被引渡去美國後，在二〇一四年五月被判定犯下十一起恐攻的相關罪名，包括於一九九八年策劃在葉門綁架十六名遊客、為恐怖分子提供物資支援，以及試圖在奧勒岡州的布萊鎮（居然挑這種地方）設立恐怖分子訓練營。根據媒體報導，哈姆扎對綁架罪名提出辯護，表示自己當時是透過衛星電話試著商量「釋放人質」，而不是參與或指揮綁架行動——換言之，你眼中的人質綁架者，可能是另一人眼中的人質談判者。這番說詞顯然沒能說服陪審團，他被定罪後被判處兩次終生監禁，外加一百年徒刑，沒有任何申請假釋的可能性。

哈姆扎在曼哈頓聯邦法院被定罪後，被送去ADX佛羅倫斯聯邦超級監獄服刑，這座監獄也關著「鞋子炸彈客」理查・理德、參與「九一一恐攻」計劃的撒迦利亞・穆薩維、犯下一九九三年世貿大樓爆破案的拉姆齊・尤塞夫（Ramzi Yousef）、參與「波士頓馬拉松爆炸案」的焦哈爾・查納耶夫（Dzhokhar Tsarnaev）、「大學航空炸彈客」泰德・卡辛斯基及毒梟矮子古茲曼。「奧克拉荷馬爆破案」的凶手蒂莫西・麥克維也曾被關在這裡，他於二〇〇一年被處決。哈姆扎正在上訴，並抗議獄中環境「成了殘酷且不尋常的懲罰」。最近一張洩漏給媒體的獄中相片，能看見他滿頭白髮且身形憔悴。他針對監獄生活環境這個問題提出了合法上訴，並請求回到貝爾馬什監獄——在那裡至少能和其他獄友互動，且每天都能獲得醫療照護。

麥克．巴克拉克（Michael Bachrach）是哈姆扎的上訴律師之一，他曾說：「如果現在就能回到貝爾馬什監獄，他一定會立刻出發。」他還說：「我們強烈地相信，他的監禁環境違反了《歐洲人權公約》（*European Convention on Human Rights*）的期望，以及美國曾提出的承諾。」

佛羅倫斯監獄是座很不起眼的低矮設施，坐落於丹佛南方一百哩、洛磯山脈的山腳，收容了四十多名被定罪的蓋達恐怖分子。美國將最想嚴懲的囚犯，以及其他監獄無法收容的危險分子都送來這個地方。囚犯們每天有二十三小時待在自己的小牢房裡，三餐都在房裡打發。牢房的窗戶都被封起，因此他們看不見山脈的景色；他們有一臺十二吋的黑白電視，也可以透過看書打發時間。他們如果表現良好，也許能在「單人休閒房」裡稍微運動一段時間。

相較之下，也許貝爾馬什監獄的環境並不算惡劣。我認為佛羅倫斯監獄的前任典獄長羅伯特．胡德（Robert Hood）對這個地方的描述最為貼切：

「我們有一百二十二座聯邦監獄，但超級監獄只有一座。它就像監獄制度裡的哈佛大學，它取代了惡魔島監獄。」

胡德也如此補充：

「它是所有監獄中的究極監獄。它擁有十二座槍塔，並且裝設了大量鋒利的鐵絲網。獄友完全無法接觸彼此，就連家屬探訪也可能因為特別的管理措施而被禁止。送來監獄的每一份報紙都至少比發行日晚了三十天，而電視也只有歷史頻道等節目，獄友完全沒有機會接觸最新的時事。在這種孤立狀況下絕不可能放鬆。」

「這算是一種死刑，類似乾淨版的地獄。我不知道地獄是什麼模樣，但對渴望自由的人而言，佛羅倫斯監獄很接近地獄。」

惡行重大的恐怖分子只能在此處關到死。

第二十八節

阿布·哈姆扎和受到蓋達組織激勵而跟隨他的那些人，被我們稱為「群狼」恐怖分子。然而，恐怖主義的殺戮方式，已逐漸從「群狼」轉變成更難揭發的「孤狼」行動。倫敦大學學院的保羅·吉爾及其團隊研究了一百多起「孤狼」案例（其中不只伊斯蘭極端分子）並得出幾個有意思的發現。

不同於「群狼」，「孤狼」更可能患有精神障礙，並且懷有除了政治、宗教或歷史恩怨之外的私人恩怨。「有精神病的恐怖分子」VS「沒有精神病的恐怖分子」的錯誤二分法也遭到質疑——吉爾發現部分「孤狼」患有思覺失調症、妄想症和泛自閉症障礙，但精神障礙並非極端行為的唯一原因。通往恐怖行動的路是一條「多因素」的道路，精神障礙只是其中的一個風險因素，一旦混雜了其他因素（例如處於激進化環境）便可能引發恐怖思想。

近幾年造成最大傷害的幾起「孤狼式」攻擊，皆出於極右派政治思想——布蘭頓·塔蘭特在二〇一九年三月襲擊了紐西蘭基督城的清真寺，並在殺害了五十一人後，試圖再殺害四十人，他的動機是白人至上主義及另類的右派思想。他所持的自動武器上寫了一些有關基督教和回教衝突的文字和符號（部分為西里爾字母和希臘文），沒有跡象顯示他有精神病，儘管他顯然抱持著非常極端的思想。

相較之下，全球對安德斯·布雷維克的精神狀態則看法不一。布雷維克也是極右派的「孤狼」恐怖分子，於二〇一一年七月在挪威首都奧斯陸引爆了一輛裝有炸藥的廂型車，並殺害了八個人。然而這其實是聲東擊西之計，他真正的目標是挪威政黨工黨青年團在烏托亞島上舉行的夏令營——他當時穿著準軍事制服並假扮成警察登島，接著獵殺了六十九名年輕學生，據說他在殺人時發出歡笑。布雷維克被捕後接受了兩次詳盡的精神評估，第一次評估判斷他患有妄想症，並且可能符合法律上的精神失常；第二次評估則判斷他並非患有妄想症，而是名極端分子（但確實患有人格障礙），也因此必須為自己的行為負完全的責任。

由於他的罪行重大且死傷眾多，社會大眾理所當然地要求他被判刑事罪名，而非精神失常。此外，布雷維克也決心不讓自己的想法和行為被貼上任何精神異常的標籤。

我曾為了出席一場有關恐怖主義的座談會而造訪奧斯陸，我目睹了被炸損的建築，也見了曾參與此案的一名精神科醫師，並說出我對安德斯·布雷維克這類大規模殺手的內心的看法。

他被關在監獄裡或是高度戒備精神科設施裡，其實沒有多大差別，因為他應該不可能重獲自由。我原本相信布雷維克沒有妄想症，只是名政治極端分子，但我的所見所聞迫使我改變原本的看法。

布雷維克在得知自己於第一次報告中被診斷患有妄想症後，便決定在第二次精神評估時盡量隱藏他的怪異想法。因此，第二次評估其實很可能無效，就算診斷結果符合大眾的期待。

布雷維克在接受第一次評估時，以驚人的方式描述自己——他自稱為「聖殿騎士團」的首領，其組織是「軍事組織、殉教者組織、軍事法庭、法官、陪審團兼行刑者」。他將自己比喻成俄皇尼古拉和西班牙的伊莎貝拉女王，並相信自己將在軍事政變後成為挪威的新領袖。他表示自己能決定挪威每個人的生死，他也相信挪威有不少人都支持他的行動。他宣稱自己如果成為挪威的新攝政王，就會負責將數十萬名回教徒遣送回北非。他認為自己參與的一些事件可能會引發第三次世界大戰。

這些想法很顯然是浮誇的妄想，甚至獨特又極端得不屬於北歐新納粹分子的次文化想法。布雷維克做事有條不紊，他花了幾年時間安排這場襲擊（例如他租了一塊面積適中的農地，並解釋他為了製作炸彈所購買的肥料只是用來耕種），但意圖明確的行為並不表示他沒有妄想症。

倫敦有名患有精神障礙的男子曾做出衝動且混亂的「孤狼式」襲擊——二〇一五年十二月五日，二十九歲的索馬利亞裔英國籍男子穆海汀．邁爾，在東倫敦的萊頓斯通地鐵站持餐刀攻擊了三個人，這三名受害者的其中一人遭受重傷——幸虧一名路過現場的初階醫師控制了受害者的流血狀況，並救了對方一命——而另外兩名受害者則是受到輕微的穿刺傷。

邁爾在襲擊時宣布：「這是為了敘利亞，我的穆斯林弟兄們……你們都將流血。」

他有精神病發作和妄想的病歷，他認為自己遭到軍情五處和六處的跟蹤。案發的前一個月，邁爾的家人曾試著讓他強制入院，但相關單位認為，他並沒有對自己或其他人造成危害。

邁爾被判定犯下一項謀殺未遂罪和四項傷害罪，並判處終生監禁，最少服刑八年半。他後來被送去布羅德莫醫院接受精神科治療，雖然他在犯案時患有精神病，但他的妄想充滿了有關宗教的意識形態。

伊斯蘭國呼籲所有回教徒透過暴力行為恢復回教的榮耀，並使用「哈里發」（回教及世俗最高統治者的稱號）一詞激發回教徒想像一個在文化方面勝過萬國的伊斯蘭世界。一開始，有許多年輕的歐洲人為了成為聖戰士而前往敘利亞，但伊斯蘭國在丟失領土後開始指示追隨者們做出「低科技」的襲擊行動，此舉將「孤狼式極端暴力行為」武器化，並造成了重大的影響。《達比克》雜誌（*Dabiq magazine*）等線上刊物以及血腥的邪教式謀殺影片，鼓勵回教徒以刀械或車輛殺害非回教徒，就算行凶者只是在一張紙上潦草地畫下伊斯蘭國的符號，伊斯蘭國也能藉此宣稱這場襲擊是自己的功勞——這個符號的第一個部分是回教的「薩哈達」（shahada）宗教宣言：「萬物非主，唯有真主。」其下方的圓圈象徵著先知的封印，而圓圈裡則為此宗教宣言的第二部分：「穆罕默德是阿拉的使者。」

近幾年出現了更多使用刀械和車輛的「孤狼式」襲擊，有些使用了非常不穩定的土製炸彈，例如在曼徹斯特競技場（Manchester Arena）和帕森綠地（Parsons Green）發生的爆破案。這類因伊斯蘭國激發的「孤狼式」恐怖行動，不同於直接受伊斯蘭國指揮的恐怖行動；換言之，調查人員很難找到歹徒和伊斯蘭國聯絡人之間有關的指示、控制或聯繫的證據。

「孤狼」恐怖分子似乎透過「宗教抗議」，宣洩自己對人生的不滿以及私人恩怨（可能源自於感到自己被孤立且屈居社會劣勢，以及因教育程度不夠高、使用毒品、反社會行為以及就職和人際關係而帶來的失敗）。在二〇一七年犯下西敏橋襲擊事件的卡里德·馬蘇德便是其中一例，他以一輛租來的韓國現代圖桑汽車撞死了四個人、撞傷了五十多個人，並在西敏宮的入口持刀刺死了警員基思·帕爾默（Keith Palmer）。他有暴力前科，但沒有證據顯示他與伊斯蘭國的聯絡人間有過任何的聯繫。他曾在犯案前幾分鐘透過通訊軟體「WhatsApp」發出訊息——傳了「飛吻」的表情符號並尋求原諒，同時也表示自己發動了聖戰，為了報復西方社會在中東所做的軍事行動。

他最後做出的襲擊行為顯示他打算死得轟轟烈烈——例如襲警自殺或被自己的炸彈炸死——這類行為很接近俗話中的「瘋狂斬殺」（running amok，英國的日常用語，意指「橫衝直撞」）。「瘋狂斬殺」一詞，最初是馬來群島的居民對某種行為症候群的描述，最早由航海探險家庫克船長（Captain Cook）在十六世紀得知並記下。其他文化也有類似的狀態，例如北歐語中的「狂戰士」（berserker，指在某種精神恍惚狀態下作戰的人），而這個詞彙也被收錄在英文的辭典中。「瘋狂斬殺」通常指一個沒有暴力史的人，在經過一段與世隔絕或陷入憂鬱的醞釀期後取得武器（通常是刃器），並以看似失控的方式突然做出凶殺的攻擊，而結局通常是自殺或被旁觀者們殺掉。過去人們認為「瘋狂斬殺者」患有精神病、處於類似被催眠的恍惚或耐心耗盡的狀態——近代美國將此狀態稱作「郵政員工模式」（going postal，源自美國郵政員工曾犯下的大規模謀殺案）——但「瘋狂斬殺」也能用來形容「孤狼」恐怖分子，或縱慾殺手在死前所做出的「殺人兼自殺」行為，其行為出於私人恩怨，且不一定帶有意識形態。

部分「孤狼式」襲擊的凶手被發現患有較嚴重的精神障礙。大衛．詹姆斯曾研究二十四名「孤狼」凶手，他們在一九九〇年和二〇〇四年之間對歐洲政客做出了嚴重的襲擊行為，這些凶手當中有將近一半被診斷患有精神病，但他們對襲擊對象所抱持的強烈妄想，有時卻被誤認為是出於政治的想法。

保羅．吉爾的團隊在二〇二〇年進行研究並發現，「孤狼」恐怖分子和另一種「孤狼式」襲擊之間存在著許多共同點——他們都是懷有單一心理問題的縱慾槍手（皆在不同地點一共殺害了超過四名受害者），而他們的行為都能被視為「由怨恨所驅使的孤狼式暴力」㊺。

「孤狼」恐怖分子比縱慾槍手更可能向朋友或在臉書上——而非向襲擊對象——洩露襲擊行動的相關細節，他們會提供了讓外界介入的機會，例如監視「開源式通訊」（網路文章和臉書更新）。也因此，任何帶有殺意與恐攻意圖的訊息都該認真看待。然而，有些「孤狼」在此方面變得越來越聰明，他們會在犯案前幾分鐘才刊登線上文章（例如紐西蘭清真寺槍擊案），以降低執法人員介入的機會。

許多近期發生的「孤狼」案的結局皆是炸彈自殺（例如曼徹斯特競技場案）或襲警

自殺，他們會穿上裝有炸彈的背心（例如西敏橋案、兩起倫敦橋案以及斯特雷特姆區案）。這些願意為了理念而自殺的人，其內心究竟在想些什麼？他們是否原本就有自殺的傾向？

人們長期以來認為恐怖分子的自殺式襲擊，是出於強烈的宗教或極端主義動機，因而願意做出終極的犧牲。但已精神異常且有自殺傾向的人，其實也很有可能對自己說：「我想自殺。那我還不如為我的自殺包裝上『理念』，讓自己死得更有價值一點。」

艾里爾·梅拉里（Ariel Merari）曾研究一些因為裝置無法順利引爆而倖存的自殺炸彈客[59]。他訪談了幾名巴勒斯坦自殺式恐怖分子、一群非自殺式恐怖分子（擔任對照組）以及一群安排自殺式襲擊的策劃者。他發現打算自殺的恐怖分子，更可能擁有某些使他們容易受影響的人格特質，而部分潛在炸彈客則具有自殺傾向、憂鬱症和受虐的經歷，然而對照組和策劃者中的任何人都沒有這些特徵。

其他研究比較了來自不同團體的三十名女性和三十名男性自殺式恐怖分子——包括哈馬斯組織（Hamas）、車臣分離組織（Chechen separatists）、坦米爾猛虎組織（Tamil Tigers）及蓋達組織——發現女性自殺式恐怖分子的動機大多源自個人事件，男性則大多源自宗教或民族主義因素，而女性自殺式恐怖分子的個人事件包括毒癮、用藥過量、自殺念頭以及（聲稱自己患有）憂鬱症。

部分學者大量研究了恐怖分子小組的團隊互動，而身為精神科醫師，且在北愛爾蘭擔任資深政治家的約翰．奧爾德代斯（John Alderdice）則提出了一項公式。他表示恐怖活動蓄意以暴力使廣大群眾（不只恐攻事件的直接受害者）陷入恐懼氣氛，複製或重新演繹了幾個世代前的歷史衝突和創傷——如果這些昔日創傷未被解決，便可能陷入某種惡性暴力循環並重複發生。

這項分析攸關我先前提到的關塔那摩灣事件和獄中酷刑所造成的影響——被侮辱和羞辱的經驗，可能促使一個人使用暴力來報復源自於社會和文化方面的冒犯，並藉此扭轉這種羞辱。回教世界不會對佛羅倫斯監獄提出任何抗議，儘管該監獄的環境惡劣且簡陋，卻擁有司法的正當性，並且無意對囚犯進行公然羞辱。

這些教訓能如何幫助我們避免日後的「孤狼式」襲擊？

你眼中「從國外受訓回來的恐怖分子」可能是另一人眼中的「潛在孤狼恐怖分子」。我們該如何分辨哪些是度假回來的普通人？哪些是心懷極端主義的回教聖戰士？而誰又可能會在西敏橋或倫敦橋再次犯下孤狼式襲擊？

預測所需的時間越短便越容易——愛爾蘭海如果出現十級風暴，就意味著利物浦即將颳大風——同樣地，我們能夠合理懷疑一名即將出獄的重度激進化囚犯，很可能再次惹麻煩。

為了處理這些關鍵又困難的任務，瑞德．梅洛伊找出「孤狼」恐怖分子的八個主要警訊行為和十個次要特徵，並組成名為《恐怖分子激進化評估表》（the Terrorist Radicalization Assessment Protocol-18，簡稱TRAP- 18）的風險評估工具⑥⓪。其風險因素包括：私人恩怨和道德方面的憤怒、無法加入極端主義團體（被恐怖團體拒絕）、依賴網路上的線上社群、遭遇挫折的職涯、無法獲得性伴侶，以及患有精神障礙。《恐怖分子激進化評估表》提供了一套有架構的評估方式，儘管評估恐怖分子還是令人感到毛骨悚然。

我最近曾訪談一名被視為高風險恐怖分子的年輕男性囚犯，他有意透過「孤狼式」自殺襲擊殺害他人。

他的父親曾對他施行肢體虐待，後來與他斷絕關係。他輟學後開始吸毒，沒有工作，也沒有任何親密的關係。他曾因為無聊而造訪暗網並發現《無政府主義者食譜》（*The Anarchist Cookbook*），沈迷於觀看其中的伊斯蘭國斬首影片，他說他喜歡聖戰士吟誦的那種強勁音樂。

「觀看伊斯蘭國影片會讓我覺得我的心往下沉。我無法忍受炸彈落在無辜的民眾身上。」

「我上網看了關於阿卜杜拉．阿費薩爾（Abdullah al-Faisal）和安瓦爾．奧拉基（Anwar al-Awlaki）的影片（這兩人都是激進教士）。」

「我看了許多有關薩拉菲聖戰士的思想，最近也開始努力研讀《聖訓》和回教。」

「『哈里發』這個觀念吸引了我。我認為『哈里發』應該存在。」

「我在影片上看到人們被白磷彈活活燒死，還有無人機攻擊。我很氣這些攻擊的幕後主腦。」

「我認為敘利亞的阿塞德是個蠢蛋。阿塞德政權的行為令人作嘔。」

「我認為『塔克菲』（takfir，為他人貼上卡非爾或非信徒的標籤）是正確的。」

「我認為叛教者（脫離回教的人）應該被斬首。」

「但現在我不再感到肯定了，因為監獄的回教教長跟我說這些都是錯的。」

你應該看得出來，抱持這些態度且容易被灌輸思想的年輕人，極有可能在年紀較大、具更多經驗，且受伊斯蘭國激勵的囚犯的引導下，走向做出恐怖襲擊的道路。

伊斯蘭國也許已經在敘利亞和伊拉克的戰場上被擊敗，但一小群久經沙場的老兵、哈里發軍隊的餘黨也很可能讓伊斯蘭國死灰復燃。國際社群將聖戰士們的年輕新娘及孩子們棄置於哈爾難民營（al-Hawl refugee camp），這被伊斯蘭國視為西方社會的不當虐待。此外，我們和土耳其的軍事行動在北敘利亞造成的混亂，也很有可能使伊斯蘭國在該地區捲土重來。

就算伊斯蘭國不再崛起，網路上也有著大量的伊斯蘭國招募文宣，可能吸引懷有伊斯蘭極端主義心態的人士。而右派極端分子的宣言和大規模屠殺，例如挪威的安德斯·布雷維克和紐西蘭的布蘭頓·塔蘭特，也很有可能激發，並促使懷有私人恩怨和精神疾病的人做出謀殺的行為。

第九章

判刑、治療、復原和釋放

第二十九節

大多數的謀殺犯會在牢裡待上很長的一段時間，監獄提供懲處、保護公眾安全，並嚇阻他人做出類似行為的作用。取決於司法管轄權和罪行的嚴重性，犯人也許能獲得復健治療。在美國有許多罪行符合「終生監禁」的標準，尤其當犯人被判犯下一級謀殺——也就是經事先安排或惡意預謀的蓄意謀殺。美國的兩百三十萬名囚犯當中，有十萬多名謀殺罪名成立的囚犯正在服終生監禁刑且不得假釋，或刑期漫長（有名囚犯被判處七百五十年的刑期）且一定會死在獄中。

與此同時，只有少數幾名被判定「因精神失常而無罪」的罪犯會被送去戒備精神病院，因此有許多患有精神病的謀殺犯在美國是待在監獄而非醫院裡，並且通常很難獲得充足的照護。

英國法官在對謀殺案判處強制終生監禁時會決定最低刑期。案子的事證及加重或減輕刑責的因素，則會使最低刑期的長度延長或縮短。如果是犯下雙屍命案的成年罪犯，或過去曾犯下謀殺案（「二振出局法」），其最低刑期就是終生監禁；如果案子與槍械或爆裂物有關，最低刑期則是三十年起跳；如果攜帶刀械參加幫派地盤之爭並犯下殺人案，刑期至少為二十五年；如果是非事先安排、衝動地殺害一名受害者，刑期便是十五年起跳。部分因素會使刑期延長，例如程度不算低的事先計劃、受害者比凶手年長或有身障、受害者會在死前被施加痛苦、殺害公務員，以及隱藏或肢解屍體。而部分因素則能使最低刑期縮短，例如缺乏預謀、因為害怕自己被暴力傷害而行凶，或執行類似「安樂死」的殺人行為（殺害一名患有絕症的親屬）。受害者家屬可以選擇是否寫下個人陳述書，而法官則會藉此評估罪行的嚴重性並決定相應的刑期。

無論最低刑期多長或多短，終生監禁刑只有在罪犯死亡的那一天才算真正結束。最低刑期結束時，罪犯可以向假釋委員會申請「終生監禁刑罰特許釋放証」（release on life licence），同時還需被判定「不會為社會帶來危險」才能獲釋。因此對多數殺人犯而言，終生監禁真的就是終生監禁。

關於「終身囚」是否可被釋放必須由「三人小組」決定，這三人分別是法官、平民和精神科醫師（或臨床心理學家）。儘管「出獄後再次殺人」極為罕見，但在二〇〇七年一月和二〇一五年五月之間依舊有十二人被曾被定罪的殺人犯殺害。

在英國被強制送去戒備醫院的殺人犯的比例正持續下降（尤其使用非法藥物的殺人犯），每一年平均只有被控告謀殺的二十到三十起案例會被強制入院（送進戒備精神病）。至於凶手該被送去監獄或醫院，其治療、復原和再犯風險評估的原則，基本上是一樣的。

我在本書探討了許多殺人犯的本質和犯案因素，同時也不斷思索著：「殺人犯是如何形成的？」以及「我們能不能避免一個人殺人？」部分謀殺犯是天生的——因為基因而更可能患上思覺失調症、在精神病發作時殺人，或繼承了「冷酷無情」這類的人格特質（例如第三節的李．華特森）。然而，就算一個人患有思覺失調症，其基因也只有一半的影響力。當一個人已經成了百分之百的精神變態者，決定他日後會成為「施虐的殺手」或「公司的毒蛇」的則是環境，類似「毒品氾濫的廉價住宅區VS溫徹斯特公學」的區別。

事實上，多數的謀殺犯並非先天或後天所造成，而是先天與後天因素兼具。研究發現，許多殺人犯的背景故事裡，都有著基因和環境的複雜互動所導致的反社會行為和物質濫用[61]。基因與行為在過去對兒童發展的影響集中於兩個可能的機制——第一個機制認為，每個孩子獨特的生理構造會對其親子關係造成不同的影響；換言之，如果孩子先天有著情緒控制或脾氣方面的問題，在初期便會為母子關係造成不良的影響。蘭諾．絲薇佛（Lionel Shriver）在其著作《凱文怎麼了？》（*We Need To Talk About Kevin*）一書中描述凱文的先天問題無法靠育兒的方式調整——孩子的先天構造會影響這個孩子所在的環境。

相反地，第二個機制則認為，環境直接地影響了一個孩子的生理構造。例如，家長如果無法對孩子的需求做出適當的回應，便可能為孩子引發心理和情緒壓力，並進而引發腎上腺素分泌，而這會對孩子的情緒控管造成不良的影響。這兩個因素無法分離，因此目前的研究便專注於基因因素和環境因素在孩子的發展過程中的互動方式。

研究兒童發展的學者——例如荷蘭的瑪麗安・貝克曼斯克蘭堡（Marian Bakermans-Kranenburg）以及瑪里努斯・凡・伊詹多恩（Marinus Van Ijzendoorn）——分析了長期的世代研究，其受訪者皆自小就被追蹤觀察，並曾多次接受驗血檢查、訪談和事件紀錄研究。研究指出，受訪者的基因和環境因素（例如育兒環境和家長的敏感度）之間具有互動關係；學者認為兒童跟母親（或其他照護者）之間的依附關係，對兒童的基因和兒時環境的互動有著調節作用。特定基因可能會影響部分腦內分泌物的濃度（例如多巴胺、血清素和催產素），這些化學物質會影響一個人的大腦和行為。然而，兒童所在的環境也可能影響這些「行為方面的生理預測因子」——有項研究[62]比對了住在寄養機構的兒童，以及擁有相同基因、住在寄養家庭等較好環境的兒童，發現前者對父母的依附關係更可能受到阻擾；而就算一群孩子在同一個環境長大，不同的基因構造也可能造成不同的結果（何況每個孩子都是獨立個體，就算擁有相同生理構造的一群孩子在同一個環境長大，也可能往不同的方向發展）。

也因此，無論一個人有沒有「可能會在日後造成反社會行為的基因」，其後果也會被這個人的早期經驗所影響——通常是在出生後的十八個月內，以及與主要照顧者（母親）之間的互動。

換言之，後天能強烈地影響先天，但先天也能強烈地影響後天。

我曾接觸過的不同案例包括：年輕的反社會男子用刀械互相殺害、男人和女人殺害親密伴侶、在喝醉或嗑藥後殺人、因為暴力的極端主義而殺人……而他們會做出這些行為的部分原因，都與他們在早期和母親的互動有關；也因此對其的治療會試圖調節或扭轉這些不良兒時經驗的影響，並探索對方是否可能有著使治療過程更為困難的生理或先天因素。

我的法醫患者們經常有些不符合一般精神科診斷定義的人際問題，而「依附障礙症」這個觀念最能解釋這種問題。如果要我找出各類謀殺案之間的共同點，我會說，暴力犯罪與「依附障礙症」有著強烈的關聯[63]。

依附障礙症的理論來自於精神科醫師約翰．鮑比（John Bowlby）的研究成果，他研究了嬰兒和母親之間「正面且良好的連結」，他將這稱作「安全基地」，而瑪麗．愛因斯沃斯（Mary Ainsworth）[64]和其他學者後來研究了一群幼童所獲得的結果，也支持了鮑比醫師的理論。根據進化論，幼兒和照顧者之間的安全依附是必要的，這能使幼兒在遇到威脅時獲得避風港。早期的依附型態會反映於幼兒在成年後的人際關係，並影響一個人如何面對充滿壓力的人生事件。

嬰兒如果經歷穩固的育兒方式就會形成安全型依附，能夠將照顧者當成安全基地，進而探索周圍的環境，並在感到壓力或受到威脅時向此基地尋求慰藉。擁有安全型依附的成人注重人際關係、懂得尋求親密關係和支持，並且有能力表達心中的負面感受；而多數法醫患者，以及患有各種精神障礙的患者都有依附障礙症，他們難以調控情緒、對人際關係失望時也經常過度敏感[65]。不安的患者也因此經常對治療人員所做出的努力無動於衷，因為他們在小時候便缺乏這種支持。

有一種結構性訪談能探索這些問題，並協助相關單位判斷該提供何種治療，這種訪談的疑問包括：「你記不記得以前覺得難過、疼痛、分離、被拒絕、遭到虐待或感到失落的時候？」「你當時是否覺得：『我不確定在我需要人們的時候，他們是否一定會在我身邊？』」不難想像夏洛特會如何回答這些問題——她殺了施虐伴侶藍尼。她小時候曾被繼父虐待，而她的母親當時對此視若無睹，沒能保護她。

為獄中殺人犯提供的治療，大多也適合提供給戒備精神病院的殺人犯。然而，雖然這兩群人都可能患有人格障礙並且吸毒，但被送進精神病院的人通常是在犯案時因為精神病發作。

所有殺人犯在某種程度上都很獨特，但我可以將我接觸過、曾殺人的精神病患分成以下三大類——

第一類在精神病發作前都過著「正常的」生活，他們對「抗精神病劑」治療能立刻產生反應，復原前景看好並且願意配合治療，因此很快便能出現進展（例如第七節的喬納森．布魯克斯）。

第二類在殺人前已長期患有精神病。他們通常抗拒治療，成效可能緩慢且困難，且部分可能在返回社會後帶來危險。

第三類為「三重診斷族群」，有著被稱為「三重詛咒」的診斷——人格障礙、使用非法藥物，並且患有精神病。他們可能在小時候遭到虐待和冷落（例如夏洛特）、酗酒或吸毒（例如燒死女友的丹尼斯．柯斯塔），並且患有精神病（例如殺害母親的喬納森．布魯克斯）。他們經常處於劣勢、遭到冷落和虐待，並在教育和工作方面遭遇挫折。他們會採取一些不良的因應策略，例如做出自我傷害或反社會行為；他們嗑藥、酗酒，人生處於劣勢且做出許多錯誤抉擇，並在剛成年時精神病發作——我是指嚴重的精神疾病——最終導致他們殺人。精神科醫師兼精神分析師羅伯特．哈爾醫師（Dr Robert Hale）是一名精神科醫師，他曾在整理了兩千多起案例的論文《放風箏》中描述這個族群[66]。

復原的過程經常可能「前進兩步，後退一步」。自我破壞的行為模式，以及難以建立的人際關係，都可能使患者與照護人員或其他患者出現衝突，出現反社會、自我傷害、侵略、嗑藥及不願配合治療等行為。司法精神科的重要工作之一就是試著治療此族群。抗精神病劑能對許多患者產生效果，能使精神病的症狀因此消失。也因此，人格障礙和具有挑戰性的行為成了治療和風險管理的主要目標。

我見過的這類案例通常是患者在二十出頭時犯下凶殺案，且犯案時精神病或狂躁症發作。他們被送去戒備精神病院後，也許會對抗精神病劑和情緒穩定劑產生反應，然而他們的背景故事則更讓我確認「我不能只用藥物來治療他們的精神病」。

他們的父親多數具有暴力傾向、酗酒，或甚至拋棄他們，他們小時候與其母親都曾遭受父親的暴力虐待，而母親也多數會因憂鬱症、情緒冷漠，或專注於自己的需求（嗑藥或擁有其他施虐伴侶）而被送進醫院。

也因此，他們多數沒有機會與母親建立安全型的依附關係，他們或許經常被送去與親戚、政府機構、寄養家庭或育幼院生活，而這類生活不穩定、被委託給外界照顧的人，在學校則經常遭遇苦難。他們可能會在課堂上鬧事或注意力不集中；他們可能會與人打架、遲到、曠課，最後被停學或退學，並開始使用酒精和大麻，以及接觸不良少年；他們也許會試著接觸對他們冷漠的家長，最後大失所望。

當孩子很早就出現不當的行為，例如侵略性、欺騙性或破壞性的行為，就更可能造成「長達一輩子的反社會行為」，而非「因同儕或社交影響而在晚期出現的不良行為」。一般而言，行為不良的同儕團體或幫派，能夠提供他們在家中無法獲得的情感連結，而他們也可能因此很早就開始參與販毒活動的低層工作；幫派地盤之爭的暴力行動，也可能迫使他們向夥伴尋求保護。

我最近訪談過一名年輕人，他在十八歲時和幫派夥伴「合力」刺死了人。（判決：謀殺罪名成立。終生監禁；最少服刑十六年。）

他在「學生轉介單位」被其他孩子威脅，因此從倫敦逃去卡地夫向堂親求助，他一直羨慕堂兄弟的日子比他穩定許多。（我的表姊漢娜想必也曾羨慕我、我的哥哥和另外一些親戚能在我家過著安定且美好的日子。）

在英國，年僅十歲的犯案者就必須負擔起刑事責任，因此年輕罪犯經常進出法院、假釋和監禁。年輕罪犯因為擾亂公共秩序、搶劫手機、在布里克斯頓的Spudulike餐廳裡喝醉並竊取食物（出自於我的患者）而履行社區服務後，其犯案程度通常會惡化至「持有毒品且有意販賣」。他們會在牢裡待一段時間並試著（但不成功地）繼續追尋學業或工作。坐牢也可能導致他們成為受害者，例如被人用夾著刀片的牙刷割傷臉部。這些經歷可能使他們變得多疑，並開始天天抽大麻，尤其是更有害的「臭鼬大麻」。

另外還有因多疑和酒醉而犯案的患者，這些案件的原因一開始會被寫成「因藥物而造成」，但通常在經過我們的仔細觀察後，就會發現精神病的存在，而當事人便是在精神病發作時犯下謀殺。他們通常會使用激烈的暴力手段，來對他們所認知的威脅做出反應（可能出於嚴重的妄想症）——患有精神病的年輕男子因為相信自己遭到鄰居竊聽而拿著武器闖進鄰居家中；也可能是更為複雜的妄想，例如相信一些掌權者正試著建立一個獨裁世界（這在陰謀論者之中很常見，但是對「光明會」的執念也可能混雜著精神病性質的妄想症）。

凶手在殺人的時候，經常是情緒障礙伴隨著精神病。例如，我有名法醫患者名叫洛伊德（Lloyd），在他犯下謀殺未遂的幾天前，他的女友回到自己位於一樓的公寓並發現前門敞開，她的電視、音響、唱片、衣服甚至家具全都不翼而飛，就連新裝的水龍頭也被拆走，使得浴室裡的水一路流到地板上。

做出這種「狂躁式清空公寓」舉動的人就是洛伊德，而他的背景故事就類似我剛描述的類型。他在清空公寓後，被發現在馬路上大聲又急促地說話，他對路人說他們想拿走什麼東西都可以。之後他消失了一天，下落不明。後來在狂躁症和偏執思想的影響下，他在月臺上用破酒瓶襲擊了一名乘客。雖然他可能是因為精神病（情感性思覺失調症）而失控，但他的人生方向更傾向於反社會行為和藥物使用的結果。

那麼，這條人生的行進路線原本能如何改變？他的父親如果曾陪伴他，會不會有幫助？如果曾有及時的治療或介入，是否能避免洛伊德犯案甚至謀殺？

研究發現，嚴厲紀律其實並非有效的育兒策略，尤其如果孩子有嚴重的反社會傾向。麻木不仁、缺乏情緒的精神變態者，通常會在成長期間成為標準的霸凌者，他們會熟練地判斷如何傷害受害者、不在乎後果，並且明顯地對懲罰無動於衷。

部分研究發現了最有效的育兒策略——兒少精神科醫師史蒂芬．史考特（Stephen Scott）研究了親子互動的錄影畫面，發現懂得教育的家長更常使用胡蘿蔔而非棍子。最好的育兒方式是，透過稱讚和獎勵來增加孩子的正面行為，藉由建立關係、設下明確期望以及使用非厭惡式（非暴力）管理策略來改善親子互動，並處理孩子的不聽話或問題行為。這些原則經過調整被套用於「幫助家庭計劃」，這個十六堂課的介入式療程，使用了有架構的目標導向策略和協作療法（collaborative therapeutic），能夠改善育兒方式以及親子功能。臨床心理學家克里斯賓．戴伊（Crispin Day）正在進行一項研究[67]，觀察這種介入式療程特別容易影響在成長過程中出現發展問題的高風險兒童，這些孩子有嚴重的情緒和行為問題，而他們的家長則被嚴重的人格障礙影響。雖然部分早期研究的成果令人興奮，但想確認療程真正的效果，就必須持續進行「隨機對照試驗」並將該療程和標準的心理教育做比對。不幸的是，英國的社會大眾和政界在談及有關介入「負面童年發展」和青少年反社會行為的論點時，通常都分裂成民粹派和強硬派言論，而非依賴這類研究與證據。「恐嚇從善」（scared straight）、體能訓練營以及「短期震攝式青少年入獄」這些司法手段看似可行（民粹派政客經常擁護這些手段，以其產生的法律秩序效果說服選民），但證據顯示這些手段其實無法提供任何好處。

相較之下，「家庭介入法」則能將青少年的再犯案率降低三分之一或二分之一——這些介入法會幫助家長發展出「胡蘿蔔與棍子」的正確組合，鼓勵孩子跟「利社會」（pro-social）同儕團體接觸，判斷該從事哪些課外活動，並協助家庭積極地處理鄰里問題。然而必須承認的是，要處理倫敦廉價住宅區的鄰里問題確實十分困難。

該多常用胡蘿蔔？該多常用棍子？

研究發現，好的寄養父母（經由這些人照顧的問題兒童總能改過向善）提出正面讚美或中立意見的頻率，比負面批評高出三十倍。

秉持著此項數據，我經常自我要求要對自己的孩子多加使用正面的方式，鼓勵他們做出更多良好的行為，而不要在他們犯錯時厲聲責備。失去自制力、破口大罵的家長經常讓我感到不自在；我希望贏得孩子們的尊敬，而非要求他們尊敬我。

但我們實際上如何處理犯了案的問題少年，尤其在英國？我們將他們送進地方戒備設施或費爾塔姆少年犯機構。

犯罪學家洛琳．格爾索普認為，英國對於刑事司法政策的公共論述，反映了「晚期現代性」的這種社會過程，因為英國出現了有關「控制」的文化以及「法律與秩序」的政治化。意思是，有關少年犯該受到何種懲罰的相關討論，通常傾向於先將這些年輕人「妖魔化」[68]。部分學者表示，新自由主義的經濟模型以及「先馳得點制」的政治制度，使得社會傾向於「民粹式的法律與秩序政治」，而這種政治制度在其他「多數決民主」國家也很常見，該國的政黨必須努力爭取關鍵的中間選民。

相較之下，在「統合主義」（corporatist）或「社會民主主義」（social democracies）國家（那些備受稱讚的北歐國家），如果有名八歲、九歲或十歲的兒童犯下重大的暴力事件，則會被視為社會的悲劇性失敗，需要被合理地解決，而非將犯罪的孩子妖魔化並予以譴責[69]。

少年犯會被關進環境惡劣的監獄設施（例如費爾塔姆）後，容易引發高頻率的暴力事件、自我傷害以及針對工作人員的襲擊。費爾塔姆比我去過的任何一座成人監獄都可怕，因為成人監獄裡的獄友大多只想過著平靜的日子。羅伯特．史都華的案例顯示了費爾塔姆的環境有多麼惡劣，我曾在他殺害同牢獄友薩希德．穆巴瑞克（Zahid Mubarek）而被定罪前訪談過他。薩希德．穆巴瑞克是名青少年，因為在商店行竊而坐牢九十天，他在出獄前的那天晚上和犯行累累的羅伯特．史都華同住一間牢房。史都華過去曾表達過有關種族歧視的看法，額頭上還刺了「RIP」這三個字母的刺青。那天晚上，他抓起一根斷裂的桌腳，毆打穆巴瑞克的頭部並將其殺害。

判決：謀殺罪名成立。終生監禁；最少服刑二十五年。

後續對穆巴瑞克的調查表示，他「令人不知如何是好的大量缺點」導致了這場命案，再加上牢裡人滿為患使得工作人員們士氣低落，導致費爾塔姆這個機構在命案發生前失去了作用。

在我的經驗裡，費爾塔姆很少成功使少年犯走回正路。監禁——尤其是難以提供教育或治療機會的短期坐牢——很難使罪犯不再繼續使用毒品或犯案；甚至更可能因此導致精神病狀態和謀殺行為，使得犯案者被送去戒備醫院，並經常被診斷出思覺失調症或情感性思覺失調症。

如果患者有精神病且出現嚴重的暴力行為，我們通常必須在未經患者同意的狀況下投藥（同時堅守嚴格的保障措施）。強迫一個不想接受治療的人接受治療，對司法精神科而言是最困難的處境之一。我們會這麼做，是因為我們知道大約四分之三的患者會好轉——他們大多（可惜不是全部）能發展出洞察力（意識到治療會帶來幫助）。然而，我們在進行強制治療時，都是出自於謹慎的決策以及多方的考量。

治療情感性思覺失調症裡情感性症狀的主要工具，是鋰鹽藥物之類的情緒穩定劑，以及能拮抗多巴胺受體的抗精神病劑（我曾在先前的章節提過）。

鋰鹽藥物是經過實證有效的抗狂躁藥劑，最早於一九五〇年在丹麥的一些研究確認了它們的效果。一九六〇年代初期，我的阿姨喬治娜在樸茨茅夫市的聖詹姆斯醫院接受治療時，就曾服用鋰鹽藥物，它跟氯丙嗪（Chlorpromazine）一樣都是第一代的抗精神病劑[70]。喬治娜最近告訴我（在她出院的五十多年後）當時院方試過各種藥物，但都沒讓她覺得好轉。她當時深受「自己遭到感染或汙染」的妄想症所苦（稱作「不寧腿症候群」（Ekbom's Syndrome）），也因為親手悶死了女兒而充滿罪惡感。

這項治療失敗後（再加上她曾幾次試圖自殺），她答應接受精神外科手術，她還記得當時的精神科醫師如何與她討論這件事。喬治娜完全同意接受手術，並將前額葉切斷術分成兩次（相隔好幾年）——第一次手術並沒有完全緩解她的症狀，但第二次手術讓她獲得大幅改善。

我成功地找到了喬治娜當年的精神科醫師——伊恩．克里斯蒂醫師（Dr Ian Christie），他曾擔任兩間精神病院的醫療主任，也是新式療法的先驅。克里斯蒂醫師告訴我，部分患者在那個年代接受了前額葉切斷術，且其中有許多人都獲益良多。然而，儘管部分患者沒因為手術獲得改善，他也沒發現他們出現任何嚴重的後果。他說精神外科手術（原則上）用於「承受嚴重痛苦」的精神疾病患者，而這確實符合喬治娜在那段日子的狀態。

喬治娜接受第二次手術的時候，她的女兒漢娜已經長大了一些，並且能去醫院探望她。喬治娜還記得，年幼的漢娜因為看到母親的滿頭紗布而驚恐不安，但目睹駭人紗布，並不是給漢娜造成長期不良影響的唯一原因。喬治娜因為疾病而無法好好地當個母親，導致漢娜對母親的早期依附受到影響，這也可能使得一個人在成年後產生適應不良的問題。

湊巧的是，克里斯蒂醫師後來的職涯活動，也表達出人們在一九六〇年代和七〇年代對精神科治療的態度改變——他提出一些新穎的另類療法，至今依然被司法精神科採用。一九六八年，他和大衛．華倫霍蘭（David Warren-Holland）在樸茨茅夫市的聖詹姆斯醫院建立了一個治療性社群，稱作「粉紅別墅小屋」。

他曾在紐約的「鳳凰病房」擔任住院醫師，因而獲得了靈感。粉紅別墅小屋是位於醫院土地上的兩棟木製建築，也是歐洲第一個「概念為本」的治療性社群。粉紅別墅小屋的理念是「為個體提供完全的復健……透過挑戰且強化正面、正常的事物，好讓患者有能力克服人格裡扭曲、患病的部分」。諾斯菲爾德軍事醫院（Northfield Military Hospital）過去也曾在第二次世界大戰期間發展出這種方式，其理念是「醫院是個社群，每個成員都參與了決策的過程」。此外，大型團體也採用「面對現實」（reality confrontation）的方式，來幫助患者明白其他人如何看待他們的行為。

而在管理患有人格障礙的重大罪犯方面，治療性社群依然是黃金標準，並存在於東倫敦的米爾菲爾德病房（Millfields Unit）及靠近艾爾斯伯里郡的格蘭登監獄（HMP Grendon），被判處終生監禁的殺人犯在此能夠接受治療。

司法精神科治療會同時使用這兩種不同的方式——透過精神科藥物控制腦部功能，並透過社群體驗提供社會治療。有時也會採用這兩者之間的其他有效工具（例如團體和個人治療）來處理犯案和其他問題行為。

有許多談話治療適用於反社會人格、偏執思想、憤怒及嗑藥行為，這些治療必須為每名患者量身打造，正如我先前曾描述邊緣型人格障礙所接受的治療。這些治療方式通常處於「認知行為」的層面，我們會採取折衷的方式，哪些辦法有效就納入採用。

「思考與復健」（R&R）被使用於監獄和假釋（針對一個人的犯案行為），也曾被調整並用於醫院。這套辦法採用「問題焦點」的方式，處理單一症狀的問題，例如如何管理憤怒（生氣時別打人）。

法醫患者很可能無法表達自己的看法，他們可能會將沮喪的情緒壓在心裡，在日後爆發時做出侵略的行為，因此如果教會他們如何在R&R團體中表達自己，便能降低這種傾向。這有點像是在學習如何禮貌地將一盤沒煮熟的菜送回餐廳的廚房，而非選擇「不抱怨並忍受這份沮喪感」，最終只能對顧客發洩這份情緒。

和臨床心理學家談話（個人或團體），討論藥物使用、精神病復發、自信心、憤怒以及侵略行為的起因，能夠幫助患者漸漸瞭解精神病和精神治療之間的互動，同時瞭解人格特質（例如偏執和衝動）、非法藥物使用，以及這一切與暴力行為之間的關聯。

除了治療之外，我們也必須試著瞭解每名罪犯對「殺人」的定義。如果我們不瞭解某個犯行究竟是什麼意思，日後便很可能再出現同樣的犯行。有些人確實會在出獄後第二次、第三次殺害其親密伴侶（這實在不可原諒，但這種情況非常罕見）；有些人的謀殺未遂可能會在日後變成謀殺得逞，例如我曾有名患者在打算殺害妻子時殺掉了他的岳母，另外還有名患者在打算殺害自己的母親時殺掉了阿姨。

由於這兩起案例凶手意圖殺害的對象依然活著，我們便必須考慮到他們的安危。

精神病犯行通常是為了自保。我有名患者在行凶時用破酒瓶襲擊了某人，因為他認為對方是帶有殺意的光明會陰謀論者，並且對他做出了對峙及施虐的行為，而他是出於自保才動手。

我們必須用藥物來控制他的精神病症狀，確保他能遠離惡化偏執思想和侵略行為的非法藥物。我們必須幫助他學會相信，不是每個人都想找他麻煩；我們要幫助他減少他的衝動型攻擊行為，並讓他懂得如何更好地化解衝突。除此之外，我們的職能治療團隊還必須傳授他一些生活技能，並幫助他找到適合他的訓練，使他的生活能力遠好過於以往——至少幫助他達成一種「能準備好開始工作」的程度，或至少能執行一個架構式療程裡的有意義活動。就像心理治療師葛文．阿德希德（Gwen Adshead）說過的⑪——這感覺就像我們正在為患者提供第二次機會，讓他們能經歷一個充滿支持與可靠育兒態度的「安全基地」，以及穩固的教育和工作訓練。

當患者的精神狀態和行為夠穩固後，我們便會開始判斷能否讓他們在人員的陪伴下短暫出院，與此同時，我們會時刻觀察有沒有任何可能引發其再犯的因素、暴力風險或「類犯行行為」。凶殺案的犯人通常會在醫院待至少五年或甚至超過十年——我們有時需要治療一名患者長達十年——我們會在他們出現成果時獲得成就感，但在考慮讓他們出院之前，我們依舊必須先評估風險，並考慮統計和臨床方面的諸多因素。歷史因素大多是固定的，例如患者曾在年輕時犯下的暴力行為；沒人能改變歷史，例如洛伊德就擁有許多統計方面的風險。

我們會透過一套來自荷蘭的檢查表構思所需的策略，檢查表上的保護因素能降低暴力舉動的風險，其中包括就業、休閒活動、財務管理、社交網路、親密關係以及生活環境。這些都是我們能幫助改變的因素。

在戒備醫院的患者出院前，我們必須確保他們擁有可靠的住宿環境、有工作或訓練的計劃、嚴密監督的完整團隊，以及（如有必要）長效型注射式藥物，以確認患者正在進行藥物的治療。換句話說，我們會增強這些保護因素。

對這些層面的注重，也能改善囚犯在滿刑出獄後的前景。我曾造訪赫爾辛基的芬蘭堡開放式監獄，該監獄的政策是：「囚犯在出獄後必須有地方生活，且已經安排了工作或訓練，否則不許出獄。」但英國的囚犯在出獄時，通常只會拿到四十六英鎊的出獄補助金，以及用來裝私人物品的黑色垃圾袋。

我們在安排司法精神科患者出院時，除了採用芬蘭的作法[72]，也會跟其他機構分享情報。我們同時也會取得受害者家屬的看法，並且建立一個禁區以減少受害者家屬的不安，並控管日後可能發生的衝突與危險。

在確保一切支援機制都準備妥當、經過多年的積極治療與風險管理，以及逐漸拉長患者短期出院的日數後，我們會確實地釋放患者，然而我們仍保有立刻將他們叫回醫院的權力。幾年前，在我陪我的女兒走去上學的路上，馬路對面有名四十幾歲的男子開心地對我揮手，「哈囉，泰勒醫師。」

我禮貌地揮手，「嗨，尤金。」

我曾治療尤金多年。他將他父親毆打致死並放火燒屍，還將一支肉類溫度計插進死者的腹部。他當時患有嚴重的精神病。

「你為什麼會做出那種舉動，尤金？」

「大概是想看他煮熟了沒。」

尤金後來復原了。他在經過長期的穩定期和諸多測驗後於嚴密的監督下出了院。

「爹地，那個人是誰啊？」

「噢，只是我以前的一個合作對象。」

第三十節

我除了為中度戒備醫院的男患者提供治療，也曾在一間低度戒備醫院工作十二年，處理有著複雜需求和問題行為的女患者。她們通常都曾遭到虐待和冷落，並且（通常）患有邊緣型人格障礙，伴隨著精神疾病、藥物濫用、縱火、暴力行為與疏於照顧自己的孩子的行為，而這些大多源自於她們的精神健康問題。

她們大多有著狀況百出的家族史。一名做出嚴重自殘行為的患者，曾收到來自某名家族成員的生日卡片，卡片裡竟然以膠帶黏著一塊刀片，顯示出該家庭的互動多麼有害。

我的另一名患者潔奎琳（Jacquelyn）因再次企圖自殺而入院，她的施虐伴侶會打電話給她，對她做出口頭羞辱：「妳這肥胖的蕩婦……快動手，殺了妳自己……沒人在乎妳的死活。」

潔奎琳曾因吞下大量的液態抗抑鬱藥，而被送進加護病房，她當時懷有身孕。她的前一個孩子已經交由地方政府機構照護，部分原因是她的精神健康問題，但主因是她無法離開她的伴侶——一名有著施虐性格且酗酒的暴力狂。她就是無法在「孩子」跟「沒用的男友」這兩個選項之間做出合理的選擇。「高壓管控」或「受虐婦女症候群」的狀況似乎很符合潔奎琳（以及夏洛特）的狀況。

企圖自殺的潔奎琳，看似想帶著肚子裡的孩子一起死。而她的治療也因此變得複雜又困難，我們必須調整抗抑鬱藥以免傷到胎兒，同時又要能有效地管理潔奎琳的精神狀態和自殺風險。

我們和產前護理及社服人員合作以進行產前風險評估，最後我們三方取得共識——在一名助產士和一名社工的密切監視下，等她生下孩子並讓她抱著嬰兒幾分鐘應該沒問題，就算她曾在懷孕期間試圖輕生，而不願意等到生下孩子後再試圖自殺。

我在訪談潔奎琳的時候，她銳利的瞪視和不協調的微笑經常讓我感到毛骨悚然，就算她的處境極為艱困。她的憂鬱症逐漸好轉，我們在她的人生關鍵期攔阻了她的自殺；幾個月後，我聽說她被送去一間離她家更近的精神病房，並由專人評估她是否適合育兒，這個消息令我大大地鬆了一口氣。

依附理論的相關研究指出，目前的「兒童保護措施」明白兒童在關鍵的初期階段，需要一個充滿關懷的穩定環境，而這方面的考量高過「母親想見孩子」的這種需求。從母親的觀點來看，也許會覺得這種政策過於嚴厲——它確實嚴厲——但其目的是要盡量避免將上一代的痛苦傳承給下一代。我在照顧這群心靈痛苦的女子、處理新生兒的相關風險時，常忍不住想起我的阿姨喬治娜和表姊漢娜。

因為母親曾犯下殺嬰罪，漢娜因此成了一九七〇年代初期的「受法院監護人」。然而，不同於潔奎琳的案例，當時的兒童保護法允許喬治娜為漢娜的相關事宜做出決策，而喬治娜也沒同意讓漢娜接受長期寄養或領養。現在的法律則會為了顧及漢娜的最大利益，而剝奪喬治娜在此方面的決策權。

喬治娜再次入院時，當時大約六歲的漢娜已經與我們在多塞特的鄉村環境一起住了一年左右，我們一起度過了開心的時光。漢娜的父親這時已經與喬治娜離婚，離開這對母女的人生。喬治娜後來堅持漢娜必須住得跟自己很近，以便她定期探望，漢娜在一九七〇年代因此經常進出育幼院，並在白天的探訪時間去探望母親。

我現在思索這件事，清楚明白漢娜當時如果跟穩定的領養父母一起生活，一定會過得更好——當然，這會使喬治娜非常難受，然而育幼院的不穩定環境終究為漢娜造成了不良的影響，她後來因為憂鬱症而開始尋求治療。儘管如此，她還是成功地建立了穩定的人際關係，後來也有了小孩；她曾接受個人的心理治療，並服用抗抑鬱藥物。

但我後來與她失去了聯繫，我忙著照顧我的父母以及自己的孩子。事實上，在某一年的聖誕節結束後，我曾在我父母家將聖誕樹丟出去時，注意到我們要送給漢娜的禮物躺在房間的角落裡沒被拆開，因為我們沒能見到她。我感到有些遺憾，並下定決心要安排時間與她見面。

我在一間女子戒備醫院工作十二年的期間，通常會在星期三避開繁忙的萊姆豪斯隧道，騎自行車從醫院回家，並沿著泰晤士河穿過萊姆豪斯區和沃平區，藉此發洩工作一整天所累積的壓力。我會在隔天的星期四早上去探訪我負責的男患者們，評估讓他們短期或長期出院的相關風險。上訴法庭需要確保一名曾經殺人的患者，已不再對自己或他人構成危害，雖然最後的決策權不在我手上（我也為此感到慶幸），但我提供的建議和口頭證據依舊會被詳盡地記錄下來，以防日後出了什麼差錯。

雖然「渴望自由」是正常心態，但有些患者會刻意干擾自己的出院程序，我們經常發現一些患者出現「出獄前的燥熱症」（gate fever）——我經常發現患者在精神病院這種有著密切監視、提供支持的環境裡感到安心，他們通常也不承認自己因為「要為自己辯護」而感到焦慮，並會刻意在進行「獲釋聽證會」的幾天前，讓自己無法通過尿液藥物檢查（而這一定會使他們無法獲釋）。

我和某名即將獲釋的患者進行「出院前計劃會議」時，我問他學到了什麼。「最重要的是，我意識到我需要醫院提供的藥物，」他告訴我，並補充一句：「我已經不再嗑藥了。我學會離開那些對我咄咄逼人的人。我為我做過的事感到驚恐……我當時以為他要殺了我，但我現在明白那一切都是我的妄想症。我真希望我能把時間撥回那一刻。我只想繼續過我的人生。我想做些有用的事……工作……並且保持低調。」

患者被「有條件釋放」後，一旦精神狀態出現任何變化、沒在約診時間出現，或晚上沒回到自己的住處……就會被叫回醫院。

我曾在這本書的開頭提到，部分焦慮都與「致命結局」有關。首先，我擔心我照顧過的那些住院患者——他們如果在我的照顧期間死亡，是因為身上有些沒被發現的疾病？或是因為我開給他們的藥物造成了副作用？

接下來，我擔心他們——會不會自殺？會不會再次做出重大的犯行？而我正在照顧、最近曾予以評估或最近出院的某人，會不會犯下暴力事件？或甚至凶殺案？

我目前的工作有一半的時間是在一間戒備醫院治療男罪犯，而另一半的時間則要處理「諮詢與分類」及「威脅評估」，包括和警方及刑事司法體系有關的案件，並把需要接受治療的人送去接受治療。我感覺自己永遠需要為任何有著不良結局的案例負責，這就是我這種工作的一部分。我和不幸的重大案件之間的距離，永遠只隔著一條手機訊息。

不久前的某個新年夜（我當時完全沒想著二〇〇二年的新年夜——安東尼．哈迪的無頭屍體收藏），我將兒子送去參加一場派對後便驅車返回西倫敦，我在西邦爾公園路上的「母牛酒館」稍作停留，並在迎來「禁酒正月」前喝杯半品脫啤酒。那天晚上，我決定待在家裡，打算用烤箱烤魚搭配泰式醬汁，完全將我的法醫工作和報告截止日拋在腦後。

一月二日，我再次驅車穿越倫敦，前往我負責的女子低度戒備病房。我打起精神，準備再次迎接充滿挑戰性的病房評估工作。

我提醒自己大部分的女囚在新年期間，都只能和其他患者及護理師一起度過，她們大多遠離家人，而節慶會令她們難熬——她們會想著見不到的孩子，而那些孩子則住在寄養家庭或已經被永久領養。她們自己小時候沒能和母親建立依附關係，而這造成的影響則經常傳承給下一代：自己的孩子被強制交給別人領養，而且每年還必須進行一次「信箱接觸」（和孩子的養父母見面），這確實令人難受。

我在前門的感測器刷了證件，並將車開進停車場。我將車並排停在另一輛車旁邊，潦草地將我的手機號碼寫在一份老舊的全國地圖背面，並放在擋風玻璃底下，以便被我擋住車子的車主能聯繫我。

我在醫院食堂裡沖泡即溶咖啡時感覺到手機震動，我拿出來查看，發現是我母親打來的。但我當時沒時間回電，我看不出來這通電話很緊急。

過了一段時間後，我走到室外打電話。

響了三聲後，她接起了電話，語氣聽起來很焦急。

「怎麼了？」我問。

「我恐怕有個壞消息要告訴你，是關於你的漢娜表姊。她死了，理查。事情發生在新年夜。」

「怎麼死的？」漢娜跟我年齡相仿。

「跳樓。她自殺了。」

漢娜在事發前曾短期住院，也曾接受治療師的療程並服用抗抑鬱藥。然而治療失敗了。她留下一封遺書向母親喬治娜道歉，接著從一棟五層樓高的磚砌公寓的頂樓往下跳。

我在事發前已經有好幾年沒見過她了。

我向來無法接受一個人的生命是以自殺這種方式結束。一個人之所以自殺，必定是因為在那一刻感到無比絕望，然而漢娜的人生經歷想必也成了她的沉重負擔。她顯然認為活著比死了更痛苦，因為這種死法想必需要極大的勇氣或絕望。

到頭來，喬治娜的第三個孩子也在悲慘的情況下失去了生命。但這些案例彼此都有關聯，我確信漢娜的自殺是源自於她母親親手殺了她姊姊。

我感覺自己被開膛剖腹。我太忙著照顧自己的家人，而更令人辛酸的是，我也太忙著照顧我自己的患者，其中大多都是承受精神痛苦、有自殺傾向的女性。我每個星期都試著保護她們並協助她們復原，我在女子低度戒備病房工作的十二年來，從沒失去過任何一名患者。

但我卻忽視了自己的表姊，我沒有能力將她帶回來。

沒人能扭轉時間。

有時候，無論你多努力嘗試，終究無法透過治療扭轉謀殺行為所留下的後果。

後記

你如果曾有親友死於謀殺，我不認為你遲早能「放下這件事」，這種悲痛一定會伴隨你的餘生。

我的家族確實無法放下此事，尤其因為喬治娜所有的孩子——包括我的表姊——全都死了。有誰能從自己母親所做出的謀殺行為中倖存？

而我也不禁開始好奇，自己的家族史對「我的職涯選擇」有多少關係，我其實原本沒打算要走進這個與謀殺犯及其受害者有關的工作領域。我確實很早就知道自己想讀醫學，我一直想專攻生物學並利用所學減緩人們的痛苦。但我從沒想過要進司法精神科，而這個領域在英國也只存在於布羅德莫精神病院和幾座監獄。

然而，我也想不出還有哪個醫學專科比它更適合我的興趣。我永遠感激司法精神科找到了我。

那麼，我達成了什麼成就？我學到了什麼？又為此付出了什麼代價？

我的成就建立在與臨床心理學家、職能治療師、護理師和社工共同組成的團隊，我們試著減輕精神病患和囚犯的痛苦，無論他們是否曾殺人。雖然外人很難想像謀殺案的受害者及其親友的痛苦，但我希望我至少能幫助人們明白——一起謀殺案是為何發生？而凶手又該被如何處置？

當然，報紙不會報導一架飛機如何順利地降落，我也無法得知自己是否成功避免了謀殺案的發生，但確實有幾起有驚無險的案例讓我印象深刻。我在近二十年來一直提倡讓精神科醫師多多參與「多機構公眾保護措施」，無論如何，精神科醫師、警方、監獄和假釋工作人員如今都比過去更常合作，而這絕對不是壞事。

你在看完這本書後，應該已經清楚地明白謀殺犯大多為後天養成，而非先天決定。不良的育兒方式、受到阻礙的依附關係建立、失敗的教育以及過早開始的物質濫用，都是許多殺人犯的共同點。只要環境使然，任何人都很有可能成為殺人犯；我們與「犯下謀殺」之間的距離，往往只隔著一次精神病的發作。而另一條導火線則是與親密伴侶分手，「嫉妒」和「特權感」能促使沒有前科的普通人做出騷擾、威脅、暴力和謀殺行為——尤其是男性。

我並沒有抱持「這本書能為全球每年四十多萬起的謀殺案造成改變」的幻想，但我認為社會至少該試著處理三個問題。

首先，我們必須降低「女性遭到謀殺」的發生率。親密伴侶虐待至今依然是個重大的問題，儘管陸續有相關人士開始為此採取行動，但我們必須更加努力。

針對此危機，我無法提供任何簡單的答案。「有害的男子氣概」這種觀念必須受到挑戰，同時也必須為年輕男性提供更好的人際關係教育；針對親密伴侶暴力事件的社會和刑事司法措施也必須改善，尤其在父系社群——或許聽來頗具爭議，但現今的文化仍使許多人認為女人沒有權利選擇自己的親密關係。厭女主義、父系文化（女性的需求被放在男性的需求之下）以及其他社會主義（自由主義或社會民主主義，女性擁有自治和人身安全的相關權利）之間產生了衝突。

我們也需要採取更多行動，使女性免於「文化允許」的厭女思想、虐待和暴力危害，包括「榮譽暴力」，這比「擔心觸碰到某個文化的敏感處」的這種錯誤擔憂更重要。目前在英國已在進行部分相關計劃，包括警方、精神健康服務及受害者組織的合作。這些行動的目標是要減少「被拒絕的昔日親密伴侶」做出騷擾或甚至謀殺的行為，而如果這些計劃獲得成效（早期研究認為它們確實有效）就該優先獲得經費。

第二，政府應該提高用來處理毒品和酒精相關問題的經費——物質濫用是個重大的公眾健康問題，無法由資金不足的地方單位處理。幫派地盤之爭的起因是毒品濫用，而持刀殺人則是伴隨而來的問題。同時，我們也必須優先處理青少年的高失業率，以及為窮困區域提供就業訓練的問題。

正如司法精神科醫師約翰・克里奇頓（John Crichton）所描述的，我們必須用處理「公眾健康」的態度來處理販賣刀械的問題[73]。我們應該針對年輕男性，提供教育計劃和適當的懲罰，以減少「帶刀出門」的發生率。廚房裡並不需要又尖又長的刀械，菜刀完全可以採用別種造型。也因此，相關單位可以提議為高風險家庭免費更換廚房的刀具，避免再次發生「因衝動而犯下」的刀械命案，無論這種案件是否與精神病（例如喬納森・布魯克斯）或家暴有關（例如夏洛特・史密斯）。

最後，我們必須改善為精神病初發，或再發的患者所提供的精神評估和治療。重大精神病患經常因為「拜占庭式官僚主義」而難以接受評估和治療，「患者出院後會交給全科醫師後續追蹤」的這種委婉說法也很令人惱火。全科醫師已經因為其他問題而忙得焦頭爛額，要如何處理複雜的精神障礙患者？重大且長期的精神疾病患者，都應該繼續被登記有案，哪怕每年只評估兩次；如此一來，他們就會被人們記住——如果連精神科醫師都不記得他們，誰還會記得他們？另外，每間醫院都應該有個可靠的辦事窗口，而我們也需要更多短期的精神科住院病床——目前只有病情最嚴重的患者能住院，較不嚴重的只能迅速出院。然而，精神科醫師無法預測哪名精神病患會殺人，如果我們能為所有患者提供更好的治療、更簡單的轉介制度、更長一些的療程……也許就能避免一些精神病謀殺案的發生（就算只是少數），而這些措施能讓所有患者連帶地獲得更好的治療。

當然，這些工作有時候確實會讓我覺得充滿壓力，但這份工作為我提供了長期的興趣和智力挑戰，並且能幫助許多（可惜不是每名）患者復原，這種成就感讓我覺得自己付出的辛勞完全值得。我對這份工作的熱忱，再加上我的同行和家人提供的龐大支持，幫助我度過了較為困難的時光。日子變得難熬的時候，有一群司法精神科醫師在你身邊，感覺真的很不賴。他們懂得如何維持原則且誠實以對，但同時也能表達同等分量的同情心和關心——也許這最符合司法精神科醫師的工作內容。

我在白天的工作是與司法精神科及執法單位合作，負責管理那些會做出威脅或被判斷可能會構成威脅的人。我們將這稱作「諮詢與分類」，雖然我主要的任務是在「提供治療」的過程上予以協助，但其中也包括了「減少傷害」和「避免命案發生」等要素。我經常同時有超過六十起案例要處理，因此很難覺得無聊，我的手機也很難保持靜默。

期許每個有志成為司法精神科醫師的人，有足夠的耐力完成醫學訓練，有足夠好奇的腦袋能消化法律和精神科用語，有同理心且喜歡接受挑戰，當然，有鐵胃更好。司法精神科能提供一個獨特的機會去探索罪犯和患者的心靈最黑暗的角落。瞭解了殺人犯的內心，就能更瞭解其他人類的想法，最重要的是，能更加瞭解自己。

附錄
關於羅夏克測驗

我的阿姨喬治娜在一九六〇年代末期住院時，羅夏克測驗（Rorschach Test）很受歡迎。這項測驗雖然已經不再受英國青睞，但還是很值得一提，這能讓我們更瞭解精神科的歷史。赫曼．羅夏克（Hermann Rorschach）在一九二一年首次發表這種由十幅墨漬所組成的測驗——施測者會向受測者展示十幅標準化的墨漬，並理解受測者在雲朵中看出的圖案，這種現象的正式名稱是「空想性錯視」（Pareidoliais）。受測者會被問道：「這幅墨漬看起來像什麼？」在十幅墨漬都展示後，受測者會被要求再看一次這些墨漬，並說明自己為何覺得某一幅墨漬看起來像某種圖案——每一幅墨漬都會經過這個問答的過程。

這項測驗在二十世紀中期聲名大噪，而「羅夏克」一詞也因此在文學和文化中成了「潛意識思考過程」的同義詞；全球各地的人們如今依舊會用「羅夏克」來描述某種曖昧不明的刺激物。有人認為羅夏克測驗的「評分信度」（coding reliability）很糟（此問題後來已被糾正），但它至今依然擁有大票粉絲。最近幾年，包括約翰．埃克斯納（John Exner）在內的學者們發展了幾套系統以改善這項測驗的可信度，成果是《羅夏克墨漬測驗表現評估系統》（Rorschach Performance Assessment System，簡稱R-PAS），其宗旨為提供一套被簡化、一致且合乎邏輯的術語，並將受測者的得分與一個更大的國際參考範本進行比對——R-PAS的相關研究論文正持續增加⑭。

「墨漬被如何解讀」有著很有意思的文化差異——三號墨漬經常被解讀成「兩個人正合力進行一項活動」，例如兩名舞者正圍著營火跳舞，或兩名服務生正忙著上菜。而如果一名受測者將三號墨漬解讀成「被肢解的屍塊」或是「骸骨」，對方很有可能來自慶祝「亡靈節」的拉丁美洲文化。

而另一個可能是，對方是潛在的性謀殺犯。

這聽起來也許令人震驚，但如果將經常使用的其他測驗納入考量，也許就不會讓你感到震驚——某名知名的神經科學家曾指出，他自己的腦部掃描顯示，他的大腦構造與連續殺人犯的很相似，然而，生理構造並不等於宿命，並且總會受到社會因素和心理因素的影響。

羅夏克測驗完全無法提供「受測者以前做過什麼行為」的相關線索，也無法提供診斷，但它的擁護者們認為，這項測驗能相當準確地描述受測者的人格架構。使用羅夏克墨漬來評估一群性謀殺犯時，他們的解讀方式也確實經常與正常人不同。我曾有名同行以羅夏克墨漬測評估一名殺害多人的性虐待者，而對方針對每一幅墨漬的解讀都與女性生殖器有關，這是非常不尋常的發現。

藝術家安迪．沃荷（Andy Warhol）曾從羅夏克測驗得到靈感，他在一幅畫布上的其中半邊作畫，接著摺疊畫布，讓顏料印上另外半邊以形成鏡像。但他其實誤解了羅夏克測

驗，他以為墨漬都是由患者繪製，再由醫師解讀。

本書的英國版封面借用了羅夏克測驗的一號和三號墨漬（請見左圖）——除了骷髏頭之外，你在這幅墨漬中還看到了什麼呢？

'An intricate and brilliantly written psychiatric perspective on the most perplexing of crimes'
KERRY DAYNES, author of *The Dark Side of the Mind*

the mind of a murderer

WHAT MAKES A KILLER?

Dr Richard Taylor

作者鳴謝

我要感謝許多人的幫助，才能將我的經驗呈現在這本書中。首先，感謝安德魯・霍姆斯（Andrew Holmes）這名前輩的指導，艾拉・戈登（Ella Gordon）的編輯，以及克萊爾・鮑德溫（Claire Baldwin）和莎拉・邦斯（Sarah Bance）的潤稿與校對。感謝艾力克斯・克拉克（Alex Clarke）以及英國的野火出版社、頭條出版社和樺樹集團的團隊接受我的毛遂自薦，給予我這個重要的機會。也謝謝美術團隊為英國版書封製作的羅夏克墨漬封面。

我非常感謝羅伯・布洛克（Rob Bullock），你的鼓勵是這本書能成真的關鍵因素。

大大感謝以下人士為這本書的初稿提供了寶貴的意見：芙芮達・李頓（Freda Litton）、哈比・沃克（Hobie Walker）、葛拉漢・瑞奇（Graham Riche）、洛比・瑞奇（Robbie Riche）、尼姆克・阿里（Nimko Ali）、賽門・威爾森（Simon Wilson）、克里斯・沃克（Chris Walker）、法蘭克・法恩漢（Frank Farnham）、露西・戴維森（Lucy Davison）、大衛・瑞德（David Reed）、伊恩・克里斯提（Ian Christie）、柯洛蒂亞・迪亞茲（Claudia Diez）、麥可・泰勒（Mike Taylor）、湯姆・貝瑞塔維斯（Tom Beretvas）、艾迪・巴提斯塔・迪・馬托斯（Edy Batista de Matos）以及薇薇安・納札里（Vivian Nazari）。也感謝曾和我一同前往蘇丹的提姆・蘭德金（Tim Lenderking）、我在五月天醫院的同事們查理・伊斯蒙（Charlie Easmon）、

葛拉漢・柏林（Graham Berlyne）和萊斯・湯瑪士（Rhys Thomas），以及在羅夏克測驗方面提供建議的瑞德・梅洛伊（Reid Meloy）。

感謝所有曾與我一起工作，或幫助我在司法精神科這一行生存下來的同行和朋友們。我要感謝的對象雖然族繁不及備載，但我一定要特別提到以下這些人的名字：法蘭克・法恩漢（Frank Farnham）、夏瑞・米克海爾（Sherine Mikhail）、史考特・麥肯錫（Scott McKenzie）、麥迪・威西（Mehdi Veisi）、夏米爾・派特（Shamir Patel）、史黛芬妮・布瑞吉（Stephanie Bridger）、莎拉・亨利（Sara Henley）、艾莉絲・泰勒（Alice Taylor）、萊爾・漢米頓（Lyle Hamilton）、大衛・詹姆斯（David James）、艾倫・瑞德（Alan Reid）、戴維・波特（Dave Porter）、史提夫・庫克（Steve Cook）、提姆・透納（Tim Turner）、麥可・瓦茲（Mike Watts）、羅伯・哈希里（Rob Halsey）、吉姆・麥基思（Jim MacKeith）、東尼・麥登（Tony Maden）、吉斯理・古瓊森（Gisli Guejonsson）、保羅・波頓（Paul Bowden）、保羅・穆倫（Paul Mullen）、馬克・史考利（Mark Scally）、喬蒂絲・艾瑟瑞奇（Judith Etheridge）、丹尼・蘇利文（Danny Sullivan）、克里歐・凡・威爾森（Cleo Van Velsen）、安德魯・瓊斯（Andrew Johns）、艾德・派奇（Ed Petch）、約翰・拜爾德（John Baird）、羅瑞・歐康納（Rory O’Connor）、凱洛琳・加蘭（Caroline Garland）、芮妮・丹吉格（Renee Danziger）、賽門・拜瑞（Simon Barry）、德瑞克・歐蘇利文（Derek O’Sullivan），以及布萊德・文森（Brad Vincent）。

我必須感謝曾與我一起在各個戒備醫院、後續追蹤團隊、監獄（尤其是霍洛威監獄）

以及MAPPA策略管理委員會合作的夥伴，尤其是查爾斯．黑沃德（Charles Hayward）。

我也要感謝教育過我的各行各業人士，尤其是教過我倫理的克里斯．布朗（Chris Brown）、倫敦大學學院人類學系的羅蘭．里特伍德（Roland Littlewood）（他教過我跨文化精神病學），以及曾發表以「社會中的瘋狂」為主題的座談會、惠康醫學史研究所的麥可．尼夫（Michael Neve）。

感謝貝特萊姆皇家醫院、莫斯利精神病院以及「精神病學，心理學和神經科學研究所」的每一名成員，尤其是克莉絲汀．薩奇斯（Christine Sachs）。

也感謝我在劍橋大學犯罪學系，以及應用犯罪學與刑罰學的所有同學和工作人員，尤其是艾莉森．里柏林（Alison Liebling）、班．克魯（Ben Crewe）、洛琳．格爾索普（Loraine Gelsthorpe）、凱翠．穆勒強森（Katrin Muller-Johnson）、露西．威爾默特（Lucy Wilmott）、葛倫．卡納（Glenn Carner）、艾美．盧德洛（Amy Ludlow）、尼丁．拉美西（Nitin Ramesh），以及派德洛．波西（Pedro Bossi）。

我也要感謝我在倫敦警察廳的歷任合作夥伴，尤其是奇斯．吉爾斯（Keith Giles），謝謝你讓我成為《關鍵的少數》一書的技術顧問，感謝理查．沃頓（Richard Walton）邀請我加入蘇格蘭場MAPPA團隊，也感謝FTAC和The Hub的每一位。

至於曾與我合作的所有檢察官和辯護律師，謝謝你們的指導，但我實在受不了你們的交叉質詢。我為那些沒趕上截止日的報告向你們誠心地道歉。

感謝凱倫·洛克（Karen Lock）、夏洛特·沃爾頓（Charlotte Walton）、克莉絲汀·瑞沃（Christine Revell）、洛琳·米蘭（Loraine Millan）、克蕾兒·威爾斯（Claire Wells）、瑪尼·皮洛（Marnie Pillow）、安尼爾·塔朋（Anil Thapen）、唐娜·摩根（Donna Morgan）以及安妮·加德森（Ann Gadsen），為我在行政和打字方面提供的支援（而且通常都是臨時收到我的通知）；也感謝大英圖書館及倫敦大學學院圖書館北歐語系藏書的所有員工。

最後，我要感謝我所有的家族成員，如果沒有他們的支持和理解，這一切不可能成真。

引文出處

① Douglas, J.E., Burgess, A.W., Burgess, A.G. and Ressler, R.K., 2013. *Crime Classification Manual: A Standard System for Investigat-ing and Classifying Violent Crime*, John Wiley & Sons.

② Canter, D.V., Alison, L.J., Alison, E. and Wentink, N., 2004. 'The organized/disorganized typology of serial murder: Myth or model?'. *Psychology, Public Policy, and Law*, 10(3), p. 293.

③ Schlesinger, L.B., 2003. *Sexual murder: Catathymic and Compulsive Homicides*. CRC Press.

④ Yakeley, J. and Wood, H., 2014. 'Paraphilias and paraphilic dis- orders: Diagnosis, assessment and management'. *Advances in Psychiatric Treatment*, 20(3), pp. 202–213.

⑤ Dietz, P.E., Hazelwood, R.R. and Warren, J., 1990. 'The sexu- ally sadistic criminal and his offenses'. *Journal of the American Academy of Psychiatry and the Law*, 18(2), pp. 163–178.

⑥ MacCulloch, M.J., Snowden, P.R., Wood, P.J.W. and Mills, H.E., 1983. 'Sadistic fantasy, sadistic behaviour and offending'. *The British Journal of Psychiatry*, 143(1), pp. 20–29.

⑦ Revitch, E., 1957. 'Sex murder and sex aggression.' *Journal of the Medical Society of New Jersey*, 54, pp. 519–524.

⑧ Meloy, J.R., 1988. *The Psychopathic Mind: Origins, Dynamics, and Treatment*. Rowman & Littlefield.

⑨ Meloy, J.R. and Hoffmann, J. eds., 2013. *International Handbook of Threat Assessment*. Oxford University Press.

⑩ Meloy,J.R.,2000.'Thenatureanddynamicsofsexualhomicide: an integrative review'. *Aggression and Violent Behavior*, 5(1), pp. 1–22.

⑪ Blais,J.,Forth,A.E.andHare,R.D.,2017.'Examiningtheinter- rater reliability of the Hare Psychopathy

Checklist – Revised across a large sample of trained raters'. *Psychological Assessment,* 29(6), p. 762.

⑫ Blair, R.J.R., 2003. 'Neurobiological basis of psychopathy'. *The British Journal of Psychiatry,* 182(1), pp. 5–7.

⑬ Marshall, J., Watts, A.L. and Lilienfeld, S.O., 2018. 'Do psy- chopathic individuals possess a misaligned moral compass? A meta-analytic examination of psychopathy's relations with moral judgment'. *Personality Disorders: Theory, Research, and Treat- ment,* 9(1), p. 40.

⑭ Taylor,P.J.andGunn,J.,2008.'Diagnosis,medicalmodelsand formulations'. *Handbook of Forensic Mental Health,* pp. 227–243.

⑮ Meloy, J.R., 2006. 'Empirical basis and forensic application of affective and predatory violence'. *Australian and New Zealand Journal of Psychiatry,* 40(6-7), pp. 539–547.

⑯ Larsson, H., Viding, E. and Plomin, R., 2008. 'Callous– unemotional traits and antisocial behavior: Genetic, envi- ronmental, and early parenting characteristics'. *Criminal Justice and Behavior,* 35(2), pp. 197–211.

⑰ Kolla, N.J., Malcolm, C., Attard, S., Arenovich, T., Blackwood, N. and Hodgins, S., 2013. 'Childhood maltreatment and aggressive behaviour in violent offenders with psychopathy'. *The Canadian Journal of Psychiatry,* 58(8), pp. 487–494.

⑱ Taylor, R. and Yakeley, J., 2019. 'Working with MAPPA: eth- ics and pragmatics', *BJPsych Advances,* 25(3), pp. 157–65.

⑲ Singleton, N., Meltzer, H., Gatward, R., Coid, J., Deasy, D., 1997. Psychiatric Morbidity among prisoners. Office for National Statistics London.

⑳ Blair,R.J.R.,1997.'Moralreasoningandthechildwithpsycho- pathic tendencies'. *Personality and Individual Differences,* 22(5), pp. 731–39.

㉑ Eastman,N.,1995.'Assessingforpsychiatricinjuryand"nerv- ous shock"'. *Advances in Psychiatric Treatment,* 1(6), pp. 154–160.

㉒ Bunclark, J. and Crowe, M., 2000. 'Repeated self-injury and its management'. *International Review of Psychiatry,* 12(1), pp. 48–53.

㉓ Fazel, S., Gulati, G., Linsell, L., Geddes, J.R. and Grann, M., 2009. 'Schizophrenia and violence: Systematic review and meta-analysis'. *PLoS Med* 6(8), p.e1000120.

㉔ Wilson, S., Farnham, F., Taylor, A. and Taylor, R., 2019. 'Reflec- tions on working in public-figure threat management'. *Medicine, Science and the Law,* 59(4), pp. 275–81.

㉕ Schug,R.A.,2011.'Schizophreniaandmatricide:Anintegrative review'. *Journal of Contemporary Criminal Justice,* 27(2), pp. 204–29.

㉖ Welldon, E.V., 2018. *Mother, Madonna, Whore: The Idealization and Denigration of Motherhood.* Routledge.

㉗ Friedman, S.H., Cavney, J. and Resnick, P.J., 2012. 'Mothers who kill: evolutionary underpinnings and infanticide law'. *Behavioral Sciences & the Law,* 30(5), pp. 585–97.

㉘ Mullen, P.E. and Pathé, M., 1994. 'The pathological extensions of love'. *The British Journal of Psychiatry,* 165(5), pp. 614–23.

㉙ Mullen, P.E. and Maack, L.H. 'Jealousy, pathological jealousy and aggression'. Aggression and Dangerousness, edited by Far- ringdon, D., Gunn, J. John Wiley Chichester, 1985, pp. 103–126.

㉚ Mullen, P.E., Purcell, R. and Stuart, G.W., 1999. 'Study of stalkers'. *American Journal of Psychiatry,* 156(8), pp. 1244–1249.

㉛ Mullen, P. E., Pathé, M., and Purcell, R., 2008. *Stalkers and their Victims.* 2nd edn. Cambridge University Press.

㉜ Farnham, F.R., James, D.V. and Cantrell, P., 2000. 'Association between violence, psychosis, and relationship to victim in stalkers'. *The Lancet,* 355(9199), p. 199.

㉝ Purcell, R., Pathé, M. and Mullen, P., 2004. 'When do repeated intrusions become stalking?'. *Journal of*

Forensic Psychiatry & Psy-chology, 15(4), pp. 571–83.

㉞ McEwan, T.E., Mullen, P.E., MacKenzie, R.D. and Ogloff, J.R., 2009. 'Violence in stalking situations'. *Psychological Medicine,* 39(9), pp. 1469–78.

㉟ Schlesinger, L.B., Gardenier, A., Jarvis, J. and Sheehan-Cook, J., 2014. 'Crime scene staging in homicide'. *Journal of Police and Criminal Psychology,* 29(1), pp. 44–51.

㊱ Gelsthorpe, L. 'Female Offending: A Theoretical Overview'. Women Who Offend, edited by McIvor, I. G. 2004, pp. 13–37.

㊲ Birmingham, L., Gray, J., Mason, D. and Grubin, D., 2000. 'Mental illness at reception into prison'. *Criminal Behaviour and Mental Health,* 10(2), pp. 77–87.

㊳ Liebling, A., 2011. 'Moral performance, inhuman and degrading treatment and prison pain'. *Punishment & Society,* 13(5), pp. 530–550.

㊴ Chao, O. and Taylor, R., 2005. 'Female offenders at HMP Holloway needing hospital transfer: An examination of failure to achieve hospital admission and associated factors'. *International Journal of Prisoner Health,* 1(2/3/4), pp. 241–7.

㊵ Browne, A., 2008. *When Battered Women Kill.* Simon and Schuster.

㊶ Mezey, G. 'Battered women who kill'. [Conference presenta- tion]: *Women as Victims and Perpetrators of Violence.* Queens College Cambridge, September 2004.

㊷ Smith, R., 1997. 'Don't treat shackled patients'. *BMJ: British Medical Journal,* 314(7075), p. 164.

㊸ Bateman, A. and Fonagy, P., 2016. *Mentalization-Based Treatment for Personality Disorders: A Practical Guide.* Oxford University Press.

㊹ Grosz, S., 2013 *The Examined Life: How We Lose and Find Our- selves.* Random House.

㊺ Shedler, J., 2010. 'The efficacy of psychodynamic psychother- apy'. *American psychologist,* 65(2), pp.98-109.

㊻ Downs, D.A., 1996. *More Than Victims: Battered Women, the Syn- drome Society, and the Law.* University of Chicago Press.

㊼ McHam, S.B., 2001. 'Donatello's bronze David and Judith as metaphors of Medici rule in Florence'. *The Art Bulletin,* 83(1), pp. 32–47.

㊽ Parker, L., 1992. '"Pure Woman" and Tragic Heroine? Con- flicting Myths in Hardy's Tess of the D'Urbervilles'. *Studies in the Novel,* 24(3), pp. 273–281.

㊾ Guðjónsson, G. H. and MacKeith, J. A. C. (1988) 'Retracted Confessions: Legal, Psychological and Psychiatric Aspects'. *Medicine, Science and the Law,* 28(3), pp. 187–194.

㊿ Taylor, R. and Yakeley, J. 'Women in Prison'. Psychiatry in Prisons: A Comprehensive Handbook, edited by Cumming, I. and Wilson, S. Jessica Kingsley, 2009, pp. 86–97.

(51) Jelicic, M., 2018. 'Testing claims of crime-related amnesia'. *Frontiers in Psychiatry,* 9, p. 617.

(52) Babiak, P., Hare, R.D., 2006. *Snakes in Suits: When Psychopaths Go to Work,* Regan Books.

(53) Yakeley, J., 2018. 'Current understanding of narcissism and narcissistic personality disorder'. *Advances in Psychiatric Treat- ment,* 24(5), pp. 305–315.

(54) Wallang, P. and Taylor, R., 2012. 'Psychiatric and psychological aspects of fraud offending'. *Advances in Psychiatric Treatment,* 18(3), pp. 183–92.

(55) Yakeley, J. and Taylor, R. 'Gambling: addicted to the game'. *Addictive States of Mind,* edited by Bower, M. Routledge, 2018, pp. 125–50.

(56) Meloy, J.R., 2004. 'Indirect personality assessment of the vio- lent true believer'. *Journal of Personality Assessment,* 82(2), pp. 138–146

(57) Robbins, I., MacKeith, J., Davison, S., Kopelman, M., Meux, C., Ratnam, S., Somekh, D. and Taylor, R., 2005. 'Psychiatric problems of detainees under the Anti-Terrorism Crime and Security Act 2001'. *Psychiatric Bulletin,* 29(11), pp. 407–9.

(58) Clemmow, C., Gill, P., Bouhana, N., Silver, J. and Horgan, J., 2020. 'Disaggregating lone-actor grievance-fuelled violence: Comparing lone-actor terrorists and mass murderers'. *Terror-ism and Political Violence,* pp. 1–26.

(59) Merari, A., 2010. *Driven to Death: Psychological and Social Aspects of Suicide Terrorism.* Oxford University Press.

(60) Meloy, J.R. and Gill, P., 2016. 'The lone-actor terrorist and the TRAP-18'. *Journal of Threat Assessment and Management,* 3(1), p. 37.

(61) Golds, L., de Kruiff, K. and MacBeth, A., 2019. 'Disentangling genes, attachment, and environment: A systematic review of the developmental psychopathology literature on gene–environment interactions and attachment'. *Development and Psychopathology,* 32(1) pp. 357–381.

(62) VanIJzendoorn,M.H.,Palacios,J.,Sonuga-Barke,E.J.,Gunnar, M.R., Vorria, P., McCall, R.B., LeMare, L., Bakermans-Kranen- burg, M.J., Dobrova-Krol, N.A. and Juffer, F., 2011. 'Children in institutional care: Delayed development and resilience'. *Mono-graphs of the Society for Research in Child Development,* 76(4), pp. 8–30.

(63) Ogilvie, C.A., Newman, E., Todd, L. and Peck, D., 2014. 'Attachment & violent offending: A meta-analysis'. *Aggression and Violent Behavior.* 19(4), pp.322–339.

(64) Ainsworth, M.D.S., Blehar, M.C., Waters, E. and Wall, S.N., 2015. *Patterns of Attachment: A Pyschological Study of the Strange Situ-ation.* Psychology Press.

(65) Meloy, J.R., 2003. 'Pathologies of attachment, violence, and criminality', edited by Weiner, I.B., Handbook of Psychology: Forensic Psychology, 11, pp. 509–526.

(66) Hale, R., Dhar, R., 2008. 'Flying a kite – observations on dual (and triple) diagnosis'. *Criminal Behaviour and Mental Health,* 18(3), pp. 145–152.

(67) Day, C., Briskman, J., Crawford, M.J., Foote, L., Harris, L., Boadu, J., McCrone, P., McMurran, M.,

Michelson, D., Moran, P. and Mosse, L., 2020. 'Randomised feasibility trial of the help- ing families programme – modified: an intensive parenting intervention for parents affected by severe personality difficul- ties'. *BMJ Open,* 10(2).

⑱ Gelsthorpe,L.'CriminalJustice:ThePolicyLandscape'. *Crim-inal Justice,* edited by Hucklesby, A. and Wahidin, A. Oxford University Press, 2013, pp. 17–33.

⑲ Green, D.A., 2012. *When Children Kill Children: Penal Populism and Political Culture.* Oxford University Press.

⑳ Healy,D.,2000.'Somecontinuitiesanddiscontinuitiesinthe pharmacotherapy of nervous conditions before and after chlorpromazine and imipramine'. *History of Psychiatry,* 11(44), pp. 393–412.

㉑ Adshead, G., 2001. 'Attachment in mental health institutions: a commentary'. *Attachment & Human Development,* 3(3), pp. 324–329.

㉒ Lappi-Seppälä, T., 2009. 'Imprisonment and penal policy in Finland'. *Scandinavian Studies in Law,* 54(2), pp. 333–380.

㉓ Crichton, J.H., 2017. 'Falls in Scottish homicide: lessons for homicide reduction in mental health patients'. *BJPsych Bulletin,* 41(4), pp. 185–6.

㉔ Meloy, J.R., Acklin, M.W., Gacono, C.B. and Murray, J.F., 2013. *Contemporary Rorschach Interpretation.* Routledge

在成為凶手之前

英國逾百起命案的司法精神科權威，透過犯罪心理學直擊殺人犯內心的黑暗實錄。

作者	理查・泰勒 Richard Taylor
譯者	甘鎮隴
執行長	陳君平
榮譽發行人	黃鎮隆
協理	洪琇菁
總編輯	周于殷
協力編輯	陳寬茵
美術總監	沙雲佩
設計	方品舒
公關宣傳	施語宸
國際版權	黃令歡、梁名儀
出版	城邦文化事業股份有限公司　尖端出版 臺北市民生東路二段141號10樓 電話：(02)2500-7600　傳真：(02)2500-1971 讀者服務信箱：spp_books@mail2.spp.com.tw
發行	英屬蓋曼群島商家庭傳媒股份有限公司 城邦分公司　尖端出版行銷業務部 臺北市民生東路二段141號10樓 電話：(02)2500-7600(代表號)　傳真：(02)2500-1979 劃撥專線：(03)312-4212 劃撥戶名：英屬蓋曼群島商家庭傳媒(股)公司城邦分公司 劃撥帳號：50003021 ※劃撥金額未滿500元，請加付掛號郵資50元
法律顧問	王子文律師 元禾法律事務所 臺北市羅斯福路三段37號15樓
臺灣地區總經銷	中彰投以北(含宜花東)　楨彥有限公司 電話：(02)8919-3369　傳真：(02)8914-5524 地址：新北市新店區寶興路45巷6弄7號5樓 物流中心：新北市新店區寶興路45巷6弄12號1樓 雲嘉以南　威信圖書有限公司 (嘉義公司)電話：0800-028-028　傳真：(05)233-3863 (高雄公司)電話：0800-028-028　傳真：(07)373-0087
馬新地區經銷	城邦(馬新)出版集團　Cite(M) Sdn.Bhd.(458372U) 電話：(603)9057-8822　傳真：(603)9057-6622
香港地區總經銷	城邦(香港)出版集團　Cite(H.K.)Publishing Group Limited 電話：2508-6231　傳真：2578-9337 E-mail：hkcite@biznetvigator.com
版次	2023年6月1版2刷　Printed in Taiwan
ISBN	978-626-316-029-3

國家圖書館出版品預行編目(CIP)資料

在成為凶手之前：英國逾百起命案的司法精神科權威，透過犯罪心理學直擊殺人犯內心的黑暗實錄。理查・泰勒Richard Taylor著；甘鎮隴譯. -- 1版. -- 臺北市：城邦文化事業股份有限公司尖端出版：英屬蓋曼群島商家庭傳媒股份有限公司城邦分公司發行, 2021.10

面；　公分

譯自：The mind of a murderer

ISBN 978-626-316-029-3(平裝)

1.犯罪心理學　2.犯罪動機

548.52　　110012251